(Post-)Operaismus

Martin (pyrx) Birkner und
Robert (Fuzi) Foltin

(Post-)Operaismus

Von der Arbeiterautonomie zur Multitude. Geschichte & Gegenwart, Theorie & Praxis

Eine Einführung

Reihe
Theorie.org

Schmetterling Verlag

Bibliografische Informationen *Der Deutschen Bibliothek*
Die Deutsche Bibliothek verzeichnet diese Publikation in der Deutschen Nationalbibliografie; detaillierte Daten sind im Internet über http://dnb.ddb.de abrufbar.

Schmetterling Verlag GmbH
Lindenspürstr. 38b
70176 Stuttgart
www.schmetterling-verlag.de
Der Schmetterling Verlag ist Mitglied von aLiVe, der assoziation Linker Verlage.
ISBN 3-89657-597-X
1. Auflage 2006
Printed in Germany

Lektorat: Jörg Exner, Esslingen
Satz und Reproduktionen: Schmetterling Verlag
Druck: GuS-Druck GmbH, Stuttgart
Binden: IDUPA, Owen

Inhalt

Vorbemerkungen

Das vorliegende Buch ist das Produkt zweier Autoren. So sehr sich die Gedankengänge ähneln bzw. ergänzen, so grundverschieden ist der stilistische Ausdruck. Dies ist auch im «Endprodukt» merkbar. Wenngleich versucht wurde, die gröbsten Ecken und Kanten etwas abzurunden, so ist daraus doch kein einheitlicher Text geworden. Wie schrieb doch John Holloway in seiner Einleitung zu «Die Welt verändern, ohne die Macht zu übernehmen» so schön: Identifizierung bedeutet Herrschaft!

Da wir die meistdiskutierten postoperaistischen Theorieansätze vorstellen möchten, war eine gewisse Tendenz zur «Kanonisierung» leider unvermeidlich. Dies hat nicht nur zur Folge, dass andere Beiträge zur postoperaistischen Debatte unterbelichtet bleiben, sondern führt auch und vor allem zur Huldigung «großer Männer». Wir sind uns dieser Problematik bewusst, was auf den folgenden knapp 200 Seiten hoffentlich deutlich wird.

Prinzipiell bemühen wir uns um eine nicht-sexistische Schreibweise – ausgenommen die Fälle, in denen wir auf männliche Dominanz besonders aufmerksam machen möchten, wie z. B. beim theoretischen Konzept des «Massenarbeiters».

Wir danken:
Bernhard Amanshauser, Dario Azzellini, Clemens Berger, Rainer Hackauf, Käthe Knittler, Karl Reitter, Steffi Weiss, den GenossInnen der grundrisse-Redaktion, aber auch all jenen, denen der Kampf gegen Herrschaft und Ausbeutung gleichermaßen Lebensfreude und Notwendigkeit ist.

Fuzi & pyrx, im Juni 2006

I. Einleitung

Der vorliegende Band ist eine Einführung in Theorie und Praxis, Geschichte und Gegenwart des Operaismus. Der Begriff («Arbeiterismus» wäre seine exakte wie unglückliche deutsche Übersetzung) ist heute allerdings nicht mehr angemessen.[1] Schon längst haben sowohl die Theorie als auch die Praxis die Fabrik verlassen: «Wir wollen alles!» oder «Nehmen wir uns die Stadt» waren wichtige Parolen der italienischen radikalen Linken der 1960er bzw. 1970er Jahre, die bereits den gesamtgesellschaftlichen Charakter der Kämpfe in dieser Periode zeigen. Weil es also um mehr ging und geht als um Auseinandersetzungen am Arbeitsplatz und in der (fordistischen) Fabrik, wurde dem Wort ein «Post» vorangestellt. Dieses «Post» steht aber auch für die Zeit nach der «Konterrevolution» (Paolo Virno) Ende der 1970er Jahre: Theoretische und aktivistische Intentionen werden auf die ganze Sphäre des Lebens ausgeweitet. Dieses Leben als politischer Begriff zollt der autonomen Frauenbewegung und ihrer Thematisierung von Reproduktion und Sexualität ebenso Tribut wie der Informatisierung der Ökonomie und der Bedeutung der affektiven Arbeit im Postfordismus. Jenes Paradigma, das bereits den Operaismus von anderen marxistischen Strömungen unterschied, bleibt aber auch im postoperaistischen Denken von zentraler Bedeutung: Die Kämpfe, einst die des «Massenarbeiters», heute jene der «Multitude», sind sowohl Ausgangspunkt als auch politischer Einsatz der Theorie. Parteien freilich werden heute – im Gegensatz zu «damals» – nicht mehr aufgebaut, der Anspruch auf eine grundlegende Transformation des gegenwärtigen Wirtschafts- und Gesellschaftssystems bildet aber nach wie vor den Horizont postoperaistischen Denkens.

Diese Einführung beschäftigt sich mit der historischen und aktuellen Aneignung der Theorie des Operaismus, aber auch mit den Erweiterungen zum Postoperaismus durch die Auseinandersetzung mit Feminismus, Biopolitik etc. Wir verwenden

1 Genau genommen war er es schon bald nach seiner Erfindung nicht mehr. Die von traditionellen Organisationen unabhängigen, autonomen Kämpfe des Fabrikproletariats in den 1960er Jahren waren gegen die Arbeit und gegen das Ausgebeutet-Sein qua ArbeiterIn-Sein gerichtet. Der Operaismus ist genau genommen ein Anti-Operaismus.

einen weiten Begriff von Operaismus, der die angloamerikanischen Spielarten des «Autonomist Marxism» und auch jene des verwandten «Open Marxism» mit einbezieht, obwohl diese in weitaus stärkerem Maße an die Kritische Theorie anknüpfen als dies der französisch beeinflusste Postoperaismus tut. Die Gemeinsamkeiten all dieser Strömungen – Ablehnung jeglicher Strategien der Machteroberung, Antistaatlichkeit, Zentralität der sozialen Kämpfe, Präferenz netzwerkartiger Organisierungsansätze – lässt uns diesen weiten Operaismusbegriff als gerechtfertigt erscheinen.

Was aber macht die Faszination dieser Theorie(n) aus? Es ist ihr Bezug zur Praxis, auch im Sinne von Theorie als Praxis. Als die jungen, vom Operaismus beeinflussten Intellektuellen der «Studentenbewegung» zu den ArbeiterInnen in die Betriebe zogen, war dies fast immer mit einer «Arbeiteruntersuchung» verbunden. Dabei sollte die Struktur des Betriebes, die Arbeit und besonders das Verhältnis der ArbeiterInnen zur Fabrikorganisation erfasst werden. In der ersten Hälfte der 1960er Jahre schärfte diese «conricerca» (Mituntersuchung) den Blick für Widerstandsformen und Praktiken wie Sabotage und Arbeitsverweigerung, die von der «bewussten» ArbeiterInnenbewegung bis dahin ignoriert worden waren. Freilich ging es in einer frühen Phase noch vor allem darum, im leninistischen Sinne das Bewusstsein der ArbeiterInnen zu erfassen, um es durch «die Partei» beeinflussen zu können, oder das Konstrukt eines mit den ArbeiterInnen verschmolzenen organischen Intellektuellen zu verwirklichen. Das änderte sich im Laufe der Kämpfe. Die Bedeutung des Wissens für die Organisation der Ausbeutung im Kapitalismus wurde nun anders bewertet. Aus dem Maschinenfragment der «Grundrisse» (Marx 1974, 582 ff.) wurden die Begriffe «General Intellect» und der «Massenintellektualität» (vgl. Lazzarato 1998, Müller 2004, Virno 2004) übernommen und so interpretiert, dass die Organisation von Arbeit und Wissen schon im Kapitalismus tendenziell über diesen hinausweise. Mensch muss nicht so weit gehen wie der Theoretiker und Historiker Karl Heinz Roth in seiner «Wiederkehr der Proletarität», der die (linken) Intellektuellen durch die Prekarisierung und Flexibilisierung in einer ähnlichen Arbeits- und Lebenssituation sieht wie große Teile der Bevölkerung (Roth 1994, 275), um zu erkennen, dass das Verhältnis von Theorie und Praxis anders gelagert ist, als es sich die klassisch-marxistischen Ansätze vorgestellt haben: TheoretikerInnen tragen nicht mehr ihr Wissen ins Proletariat, sondern Wissen ist als Produktionsmittel und Werkzeug Teil der Organisation der Klasse. Texte können so nicht mehr Agitationstexte sein, sondern sind Werkzeuge (im Sinne von Foucault), die in die allgemeine Kommunikation eingespeist werden und dadurch den Diskurs beeinflussen. So ist die Theorie Teil einer Praxis. Und es ist das Wissen der ArbeiterInnen, der «Multitude» (Hardt/Negri), von «uns» (Holloway), das es möglich macht, Selbstorganisation und Selbstemanzipation als Überwindung des Kapitalismus zu denken.

Die Verbindung der Theorien von Marx mit der Machtanalyse Foucaults (und nicht zuletzt mit dem Denken von Deleuze/Guattari) in Rückbezug auf die vielfältigen Bewegungen – von den kulturellen Revolten gegen Normen und Disziplinen über den Feminismus bis hin zu den verschiedenen Ausformungen des Proletariats (MassenarbeiterInnen, Prekäre, immaterielle ArbeiterInnen etc.) – werden durch den von Spinoza übernommenen Begriff der «Multitude» (Negri 1983; Hardt/Negri 2000, 2004; Virno 2005) besser erfasst als durch den der «Arbeiterautonomie».

Richtete sich der klassische Operaismus am Kampf in den industriellen Zentren aus, so findet die globale Protestbewegung ihre Bezugspunkte in vielfältigen, über die ganze Welt verteilten Bewegungen – vom bewaffneten Maoismus in Nepal und Indien über ArbeiterInnenkämpfe in Südkorea und Aufstände gegen Regime und Islamismus in Algerien bis hin zu einer Reihe von Revolten in Lateinamerika: Aufstände in Ecuador, Bolivien, Argentinien, die Landlosenbewegung in Brasilien und die bolivarianische Revolution in Venezuela als widersprüchliche Prozesse zwischen Regime und Basisbewegungen. So ist es auch nicht zufällig, dass die revolutionäre Theorie neben dem angloamerikanischen Raum dort besonders intensiv rezipiert und weiterentwickelt wird.

Für viele bedeutete das Buch «Empire» eine Überwindung der theoretischen Sprachlosigkeit. Durch den Erfolg dieses Buches, aber auch durch die Bekanntheit Negris, werden im Folgenden hauptsächlich seine Vorschläge diskutiert, die gute Ansätze bieten, aber in eine kritische Diskussion eingebettet werden müssen. Der Operaismus/Postoperaismus wird (hoffentlich) auch dadurch zu neuen sozialen und theoretischen Auseinandersetzungen führen, die in enger Tuchfühlung mit den Bewegungen neue Ansätze zu einer revolutionären Theorie und Praxis bieten. Durch das Verdienst der Gruppe Wildcat, besonders aber seit dem Erscheinen von «Den Himmel stürmen» (Wright 2005) wird die operaistische Theorie auch im deutschsprachigen Raum wieder diskutiert. Und es ist kein Zufall, dass die Zeitungen ak/Fantomas und Arranca (und zum Teil auch die Zeitschrift grundrisse, deren Redaktion wir angehören), die sich in einem Naheverhältnis zu sozialen Bewegungen sehen, diese Diskussionen aufgreifen – Debatten, die mit der postoperaistischen Theorie verbunden sind, aber auch, wie etwa in Sachen Biopolitik, auf zentrale Themen autonomer und feministischer Strömungen zurückgreifen. Ob sich dabei der «arbeiterwissenschaftlich» orientierte operaistische Traditionalismus und die philosophisch beeinflussten PostoperaistInnen gegenseitig bereichern, wird nicht zuletzt die Zukunft der sozialen Kämpfe zeigen.

Die vorliegende Einführung ist in fünf Hauptteile gegliedert. Nach einer längeren theorie-, aber auch bewegungshistorischen Einleitung zur Entwicklung des Operaismus in Italien wird anhand der drei wichtigen Beispiele Frankreich, (West-) Deutschland und angloamerikanischer Raum die Verstreuung operaistischer Theorie und mit Einschränkungen auch Praxis in der Diaspora behandelt. Anschließend werden wir uns ausführlich mit drei wesentlichen Beiträgen postoperaistischer Theoriebildung auseinandersetzen: «Empire» und «Multitude» von Michael Hardt und Antonio Negri, «Die Welt verändern ohne die Macht zu übernehmen» von John Holloway und schließlich Paolo Virnos «Grammatik der Multitude». Das nachfolgende Kapitel «Kritik & Kopplung» referiert sowohl wichtige Kritikpunkte an postoperaistischen Theorien, etwa aus weltsystemtheoretischer und feministischer Perspektive, zeigt aber auch mögliche Anknüpfungspunkte und Schnittstellen zu anderen theoretischen Ansätzen auf. Abschließend werden vier Formen politischer Organisierung und/oder Bewegung vorgestellt, die Bezüge zum Postoperaismus aufweisen und anhand derer sowohl Stärken als auch Schwachpunkte des Ansatzes aus Sicht der politischen Praxis aufgezeigt werden sollen. Die Website zum Buch (www.theorie.org) bietet einen kommentierten Überblick über die wichtigsten deutsch- und vor allem englischsprachigen (post-)operaistischen Webseiten.

II. Fabrik & Massenarbeiter

«Auch wir haben erst die kapitalistische Entwicklung gesehen und dann die Arbeiterkämpfe. Das ist ein Irrtum. Man muß das Problem umdrehen, das Vorzeichen ändern, wieder vom Prinzip ausgehen: und das Prinzip ist der proletarische Klassenkampf.» (Tronti 2002, 87)

Der Operaismus ist eine italienische Erfindung. Obwohl auch in anderen Ländern wirksame marxistische Erneuerungsbewegungen existierten, so ist es doch in erster Linie der Operaismus (von it. operaio, Arbeiter), der auch heute, mehr als vierzig Jahre nach seiner Entstehung, für Diskussionsstoff in der Linken sorgt. Die Restrukturierung der radikalen Linken ausgehend vom zapatistischen Aufstand von 1994, nicht zuletzt aber die globale Protestbewegung seit Seattle 1999 brachte die Frage nach einer grundsätzlichen antikapitalistischen Gesellschaftsveränderung wieder aufs Tapet und fand so in den Theorien des Postoperaismus einen diskursiven Anknüpfungspunkt. Aber auch die zunehmende Schwächung der Ära der repräsentativen Demokratien und damit der Parteienherrschaft trugen zum verstärkten Interesse an postoperaistischen Theorien bei. Deren Entwicklungsgeschichte wird im Folgenden nachgezeichnet.

Das spezifisch Italienische des Operaismus ist sowohl den historischen als auch den sozioökonomischen (und geographischen) Besonderheiten der Halbinsel geschuldet. Dass aus dieser Gemengelage heraus sich allerdings ein Theoriestrang emanzipatorischen Denkens entwickeln konnte, der weit über die Grenzen Italiens hinaus wirksam wurde, bezeugt die Verallgemeinerungsfähigkeit (post-)operaistischen Denkens, sowohl was die Analyse untergründiger, nicht immer auf den ersten Blick sichtbarer gesellschaftlicher Entwicklungen als auch seinen politischen Einsatz für die Überwindung kapitalistischer Verhältnisse anbelangt. Dazu aber später. Im ersten Abschnitt werden zunächst die historischen Wurzeln operaistischen Denkens und seine enge Verbundenheit mit der Geschichte der ArbeiterInnenbewegung in den zwei Jahrzehnten nach dem Zweiten Weltkrieg freigelegt. In einem zweiten Schritt soll dann die Herausbildung des operaistischen Denkens rund um die

1960 gegründete Zeitschrift «Rote Hefte» («Quaderni Rossi») und seine Verbindung mit den sich zeitgleich entwickelnden autonomen ArbeiterInnenkämpfen dargestellt werden.

Der zweite Abschnitt behandelt die Phase des Höhepunktes der autonomen Kämpfe des Massenarbeiters und das Auftauchen neuer sozialer Subjekte in den Auseinandersetzungen im und nach dem «heißen Herbst» von 1969. Zunächst werden jedoch die vielgestaltigen Entwicklungen sowohl der Theoriebildung als auch der politischen Organisierung zwischen der ersten Artikulation des Massenarbeiters im Jahre 1962, dem Aufkommen der autonomen Frauenbewegung und der staatlich organisierten Zerschlagung der Autonomia 17 Jahre später nachgezeichnet – von der Entdeckung der Arbeiterautonomie über die Gründung neoleninistischer Organisationen zur Auflösung der Gruppe Potere Operaio (Arbeitermacht) in die «Gebiete» und die damit verbundene Radikalisierung der radikalen Linken.

Anmerkung zur Schreibweise: Im Einleitungskapitel wird nicht durchgehend eine geschlechtersensible Schreibweise verwendet. Dies verweist nicht nur auf die nahezu ausschließlich männliche Zusammensetzung der kämpfenden Subjekte der Fabrikkämpfe der 1960er Jahre, sondern soll auch die männliche Dominanz in den Organisationen und theoretischen Begriffen zum Ausdruck bringen. Selbst die nicht zuletzt durch die autonome Frauenbewegung wesentlich mitbestimmte Veränderung sozialer Subjektivitäten nach 1968/69 wurde noch mit dem männlichen Begriff des «operaio sociale» (gesellschaftlicher Arbeiter[2]) bezeichnet und wird deshalb hier auch so wiedergegeben.

1. Entstehungsbedingungen, Genese und Entwicklung des Operaismus in Italien

Im folgenden Abschnitt wird die Geschichte des Operaismus im «Laboratorium» Italien rekonstruiert. Da seine theoretische Entwicklung aufs Engste mit jener der sozialen Kämpfe verzahnt ist (er bezeichnete sich nicht umsonst selbst als «Arbeiterwissenschaft»), wird im Weiteren auch immer wieder auf historische Momente dieser Kämpfe eingegangen. Diese Darstellung erhebt keinen Anspruch auf Vollständigkeit. Vielmehr

2 Siehe dazu den Exkurs zum Begriff der Klassenzusammensetzung weiter unten.

sollen die Eck- und Wendepunkte der Entwicklung des Operaismus in den Blick genommen werden, vor allem vor dem Hintergrund seiner postfordistischen Transformation, die im Zentrum dieser Einführung steht.[3]

Historischer Ort 1945: Tradition und Krise des historistischen Marxismus

Nicht zuletzt dank der bedeutenden Rolle, die die kommunistischen PartisanInnen bei der Befreiung des Landes vom Faschismus innehatten, war die Kommunistische Partei Italiens (KPI) Teil der ersten Nachkriegsregierung und stellte mit Parteichef Palmiro Togliatti auch deren Justizminister. Doch bereits kurz nach der Befreiung kam es zu einem gespannten Verhältnis zwischen der Mehrzahl der kommunistischen PartisanInnen, die ihre Waffen nicht abgeben wollten und auf eine Weiterführung des Befreiungskampfes in Richtung Sozialismus drängten, und der Spitze der KPI, der schon damals nichts ferner lag als das. Die zweite große Enttäuschung war der Amtsakt, mit dem Togliatti sein Ministeramt einleitete: Er begnadigte nahezu sämtliche der mittlerweile inhaftierten Faschisten (Hausmann 1997, 22). Doch trotz dieser Gesten konnte sich die KPI nicht in der Allparteienregierung der antifaschistischen Einheit halten. Bereits im Mai 1947 wurde sie aus der Regierung geworfen und blieb fortan Zeit ihrer Existenz in Opposition, wenn auch nicht aus eigenem Antrieb.

Die Theorie des Marxismus knüpfte nach 1945 dort an, wo sie durch den Faschismus gewaltsam unterbrochen wurde: bei der historistischen Lesart der marxschen Theorie durch Antonio Gramsci. Gramsci, 1937 wenige Tage nach seiner Entlassung aus dem faschistischen Gefängnis verstorben, hatte ebendort sein geniales, nicht zuletzt aufgrund von Lektürebeschränkungen in der Haft aber fragmentarisch gebliebenes Hauptwerk, die so genannten Gefängnishefte, geschrieben.

3 Für einen umfassenderen Blick auf die Geschichte der sozialen Bewegungen in Italien sei auf den materialreichen Band von Balestrini/Moroni (2002) verwiesen, für einen Gesamtüberblick über die italienische Geschichte ab 1943 auf das Standardwerk von Friederike Hausmann (1997). Eine Theoriegeschichte des Operaismus gibt Wright (2002, dt. 2005), eine sozio-ökonomische Analyse des Übergangs Italiens vom Fordismus zum Postfordismus aus Sicht der Regulationstheorie bietet Sablowski (1998) und ein kurzer und hochpolitischer Überblick über die neueren Entwicklungen (vor allem) der sozialen Bewegungen in Italien findet sich bei Azzellini (o. J.).

Nach dem Zweiten Weltkrieg wurde die Theorie Gramscis unter KPI-Parteiführer Palmiro Togliatti allerdings zunehmend zu einer Legitimationstheorie der KPI «weiterentwickelt». (De Giovanni 1978, Togliatti 1958) Die Kommunistische Partei Italiens löste sich zwar zunehmend von der Dominanz Moskaus, statt einer alternativen Theorie und Praxis sozialistischer Revolution mündete diese Unabhängigkeit aber in die eurokommunistisch-nationalistische Theorie des «Italienischen Weges zum Sozialismus». Beginnend mit der Akzeptanz der bürgerlichen Verfassung nach der Niederschlagung des Faschismus über die Beteiligung am nationalen Projekt des kapitalistischen Wiederaufbaus bzw. der nachholenden Industrialisierung bis hin zur disziplinierenden Rolle in den aufkeimenden sozialen Kämpfen der 1960er Jahre und der schließlich offen antirevolutionären Phase des historischen Kompromisses der 1970er sowie der Pro-NATO-Politik[4] lässt sich die Politik der Kommunistischen Partei kaum anders als sozialdemokratisch beschreiben. Dennoch ist die Geschichte der KPI und der bedeutend kleineren Sozialistischen Partei neben der Gewerkschaftsbewegung der zentrale Bezugs-, bald jedoch Abstoßpunkt der marxistischen Erneuerungsbewegungen in Italien.

Die Erneuerung des Marxismus in Italien

Nach dem Zweiten Weltkrieg war, wie erwähnt, der geschichtsphilosophisch orientierte, an Gramsci anknüpfende Marxismus die einzige philosophische Linie der offiziellen ArbeiterInnenbewegung. Doch bereits in den 1950er Jahren begann der Philosoph Galvano Della Volpe mit der Entwicklung einer antihegelianischen, wissenschaftlichen Lesart der marxschen Texte. Seine Herangehensweise, die als Dellavolpismo schulbildend werden sollte (vgl. Della Volpe 1969 und 1973, Kallscheuer 1986, 168 ff., Wright 2005, 35 ff., Colletti 1976 und 1977), wandte sich gegen den von Hegel inspirierten «Dialektischen Materialismus» als Philosophie des Marxismus, da Philosophie von ihm als Gegensatz zur Wissenschaft begriffen und damit notwendigerweise als idealistisch und unmarxistisch angese-

4 Giorgio Napolitano, damals Mitglied des Präsidiums der KPI, antwortet im Jahre 1975 Eric Hobsbawm auf die Frage nach dem Verhältnis der Partei zur NATO: «Wie du weißt, werden wir bei einem eventuellen Eintritt der KPI in die Regierung nicht den einseitigen (sic!) Rückzug Italiens aus der NATO fordern». (Hobsbawm / Napolitano 1977, 101) Auch Parteichef Enrico Berlinguer gab in einem Interview 1976 an, dass er sich in der NATO «sicherer fühle». (vgl. Timmermann, 1978, 78 f.)

hen wurde. Bereits in dieser philosophiekritischen Haltung lässt sich eine später den verschiedenen radikalen Linken gemeinsame, stärker soziologische Herangehensweise ausmachen. Unter den von Della Volpe beeinflussten MarxistInnen waren auch junge Intellektuelle, die später zur Gründergeneration des Operaismus gehören sollten, unter ihnen Raniero Panzieri und Mario Tronti. Bei allen politischen Differenzen, Della Volpe galt politisch als stalinistischer Hardliner, teilten die späteren Mitarbeiter der Zeitschrift «Quaderni Rossi» seine wissenschaftliche und stärker soziologisch ausgerichtete Herangehensweise sowie die kritische Distanz zu den geschichtsphilosophischen Theorien Gramscis und damit zur Mehrheitsströmung der italienischen ArbeiterInnenbewegung. (Wright 2005, 35–41)

Ende der 50er Jahre sammelte sich um Raniero Panzieri, Mitglied des Zentralkomitees der sozialistischen Partei (PSI), ein Kreis unzufriedener Intellektueller aus verschiedenen organisatorischen Zusammenhängen, die das Ignorieren der unmittelbaren Arbeits- bzw. Ausbeutungsbedingungen der ArbeiterInnen durch ihre Organisationen (KPI, PSI, Gewerkschaften) kritisierten. Die großen Organisationen der ArbeiterInnenbewegung hatten sich samt und sonders erst dem «Wiederaufbau» und dann den «großen Problemen der Nation» gewidmet. Dem wurde die Politik der Fabrik und somit des unmittelbaren Klassenkampfes geopfert, selbst die Gewerkschaft diente (hier waren ausnahmsweise Theorie und Praxis tatsächlich in Übereinstimmung) hauptsächlich als Transmissionsriemen der Vorstellungen der Partei in die ArbeiterInnenklasse. Von einer Transmission der Wünsche und Kämpfe der ArbeiterInnen selbst in die Sphären der «hohen Politik» hingegen war nicht die Rede. In dieses Vakuum stieß die vorerst theoretisch agierende, alsbald jedoch auch praktisch-politische Wirkungen zeitigende Zeitschrift «Quaderni Rossi» («Rote Hefte») und das von ihr entwickelte methodologisch-politische Konzept der Mit-Untersuchung («conricerca»). In ihm liegt ein wesentliches Moment der Kontinuität zwischen dem «klassischen» Operaismus und postoperaistischen Theorien und Praxen. Nach einer Phase «militanter Untersuchungen» in den 1990er Jahren hat in letzter Zeit in Verbindung mit der politischen Erforschung der Prekarisierung von Arbeit und Leben auch die «Untersuchung» in linksradikalen Zusammenhängen wieder an Bedeutung gewonnen. Sie wird uns deshalb auch im Verlauf dieses Buches noch öfters begegnen.

Historischer Ort 1960/62: Zur Genese des Operaismo

Die Gründung der Zeitschrift Quaderni Rossi gilt als Geburtsstunde des Operaismus.[5] Ausgangspunkt war die Unzufriedenheit einiger marxistischer Intellektueller sowohl aus der Sozialistischen als auch aus der Kommunistischen Partei und ihres Gewerkschaftsverbandes CGIL mit der politischen Ausrichtung dieser Organisationen. In der Phase des italienischen Wirtschaftswunders, beginnend mit 1955 (vgl. Hausmann 1997, 51–61), wurde die Bezugnahme auf das fordistische Paradigma[6] gesellschaftlicher und wirtschaftlicher Planung von allen politischen Kräften akzeptiert: Die einen sahen darin die einzige Möglichkeit, in einer auf Massenkonsum und großer Industrie aufbauenden Gesellschaft einigermaßen kontinuierliches und stabiles Wachstum (und somit die Reproduktion kapitalistischer Verhältnisse) zu gewährleisten und die ArbeiterInnenklasse ruhig zu halten, die anderen die Chance, über eine gleichzeitige Ausdehnung und Demokratisierung der Staatsplanung einen «Italienischen Weg zum Sozialismus» zu beschreiten[7].

5 Zu den Vorläufern des Operaismus gehörten in den USA entwickelte industriesoziologische Methoden, soziologische Untersuchungen von Danilo Montaldini, eines aus der KPI ausgeschlossenen Linksskommunisten, aber auch die Gruppe Socialisme ou Barbarie in Frankreich, die in den 1950ern einen heterodoxen Marxismus entwickelte (siehe Wildcat 64/65 [1995], S. 99 ff.).

6 Der ursprünglich von Gramsci stammende Begriff «Fordismus» bezeichnet das kapitalistische Regime des modernen Wohlfahrtsstaates, das aus der Trinität von Fordismus, Taylorismus und Keynesianismus besteht. Das fordistische Moment (nach Henry Ford) besteht in der serienmäßigen Herstellung von Massenprodukten wie Autos, Fernseher und Nylonstrümpfe für den Konsum der «Massen» – darum die Zahlung hoher Löhne. Taylorismus bezeichnet die Organisation der Arbeit durch die Aufteilung der Arbeitsschritte nach wissenschaftlichen Kriterien, typischerweise am Fließband. Der Keynesianismus ist eine makroökonomische Theorie der Regulierung sowohl der Binnenökonomien innerhalb der Staaten als auch der internationalen Wirtschaft. Kerngedanke ist die Hebung der Nachfrage durch Interventionen des Staates, was zur Befriedung von Klassenkämpfen durch die Integration der ArbeiterInnen über niedrige Arbeitslosigkeit und hohem Konsum führen soll. «Das zentrale Merkmal des Keynesianismus», so John Holloway, «war die Anerkennung der organisierten Macht der Arbeiterklasse.» (Holloway 1996b)

7 Im so genannten «Goldenen Zeitalter» (Hobsbawm) des Wirtschaftswunders war die Idee der Planung nicht auf den realen Sozialismus und die kommunistischen Parteien beschränkt, sondern hatte im Westen

Bereits 1961 schrieb Raniero Panzieri gegen den Plan-Fetischismus seitens der traditionellen Linken:

«Die Planung steht keineswegs im Gegensatz zur Funktionsweise des Kapitals, sondern erscheint auf der Ebene der unmittelbaren Produktion direkt als wesentlicher Aspekt jenes Arbeitsprozesses, dessen Entwicklung von der Entwicklung des Kapitals abhängt. Zwischen Planung und Kapital besteht natürlich kein Widerspruch.» (Panzieri 1972, 62)

Den Intellektuellen rund um Panzieri ging es um das Begreifen der Herrschaft des Kapitals dort, wo der gesellschaftliche Reichtum produziert wird: in der Fabrik. Die Quaderni Rossi waren also anfänglich durchaus darum bemüht, die Verbindung zwischen Partei(en) und Fabrik wiederherzustellen (Rieland 1974 und 1977).

Die Fabrik und die in ihr ablaufenden Ausbeutungsmechanismen sowie der Widerstand gegen sie, eben die Klassenkämpfe in den Fabriken, waren im Zentrum der Forschungen der Gruppe um Panzieri. Gegen die vorherrschenden «philosophischen» Tendenzen im Marxismus orientierten sich die Quaderni Rossi hauptsächlich an den wissenschaftlichen Werken des späten Marx, allen voran am «Kapital». Zentral für die theoretische Arbeit der Gruppe war nicht nur eine erneute Lektüre des marxschen Werkes, vielmehr geriet nun die Kritik der politischen Ökonomie zum Angelpunkt der Marxrezeption: «‹Das Kapital› wird zum ersten Mal in Italien ‹gelesen›» (Pozzoli 1972, 7). Gegen die Verherrlichung von «Plan» und «demokratischer Programmierung» durch die KPI wurde vielmehr die Untrennbarkeit von kapitalistischer Ausbeutung und kapitalistischem Plan aufgezeigt. Die Produktivkräfte[8] wurden nicht länger als rein technischer Aspekt der gesellschaftlichen Arbeitsteilung gesehen, die den kapitalistischen Produktionsverhältnissen äußerlich gegenüberstehen; im Gegenteil: «[D]ie Produktionsverhältnisse liegen in den Produktivkräften, die Produktivkräfte tragen den ‹Stempel› des Kapitals» (Panzieri 1972, 69).

Aus dieser Perspektive kam bald die spezifische Rolle der kapitalistischen Maschinerie in das Blickfeld der Gruppe. Sie wur-

---

Konjunktur, beginnend mit dem New Deal in den USA der 1930er über den Faschismus bis zum Erhardschen Wirtschaftswunder in der Bundesrepublik. Aber auch auf internationaler Ebene wurde «geplant», etwa durch das Abkommen von Bretton Woods, wo der Internationale Währungsfonds und die Weltbank gegründet wurden.

8 Marx: «Von allen Produktionsinstrumenten ist die größte Produktivkraft die revolutionäre Klasse selbst.» (MEW 4, 181)

de nun nicht mehr als vermeintlich «neutraler» Aspekt der Entwicklung der Produktivkräfte, sondern hauptsächlich als Disziplinierungs- und Unterdrückungsmoment betrachtet. Dabei orientierten sich die Quaderni Rossi insbesondere an den Ausführungen Marxens im «Kapital» über «Maschinerie und große Industrie» (MEW 23, 391 ff.) und seinem relativ unbekannten Text über die «Resultate des unmittelbaren Produktionsprozesses» (Marx 1969). Die Lektüre war dabei mehr soziologisch denn philosophisch-theoretisch orientiert, wobei sich die Gruppe auch mit der Frage einer adäquaten, d. h. wissenschaftlichen und zugleich parteiischen Forschungsmethode auseinander setzte, die sie schließlich mit der Arbeiteruntersuchung, dem Konzept der Mit-Untersuchung, entwickelte (Quaderni Rossi 1972, Alquati 1974). Historischer Anknüpfungspunkt war der 1880 von Karl Marx entworfene «Fragebogen für Arbeiter». (MEW 19, 230 ff.)

In den 1950ern hatten die linken Parteien nach der Niederschlagung des ArbeiterInnenaufstandes in Ungarn 1956 Mitglieder verloren, besonders hatten sie aber in den Fabriken des Nordens Federn lassen müssen, weil diese entweder erst neu aufgebaut wurden oder massive Umstrukturierungen durchführten. Unter der Leitung von Romano Alquati wurden Untersuchungen bei Fiat und Olivetti durchgeführt, zunächst in der Absicht, die Propaganda des Fiat-Managements über die «wunderbaren» Arbeitsbedingungen zu widerlegen. Die Ergebnisse zeigten darüber hinaus die weitgehende Nicht-Identifikation der ArbeiterInnen mit «ihrer» Arbeit, brachten aber auch eine Distanz zu den linken Parteien zum Vorschein. (Alquati 1974, Quaderni Rossi 1972) Explizites Ziel der Forschungen war es nicht, wissenschaftlich quantifizierbare Ergebnisse zu produzieren, sondern gemeinsam mit den unmittelbar betroffenen ArbeiterInnen (deshalb auch Mit-Untersuchung) einen Einblick in deren reale Ausbeutungssituation zu bekommen, um daraus – wiederum gemeinsam – Strategien des Klassenkampfes entwickeln zu können, oder, wie Romano Alquati schreibt:

«In gemeinsamer Arbeit mit den Protagonisten des Kampfes der arbeitenden Klassen selbst die Ziele und die Formen [zu] suchen, mit denen der aktuell geführte Kampf selbst die Richtung auf die bewusste Verwirklichung eines sozialistischen Systems nehmen kann; die Umwandlung der objektiven Kräfte in subjektive, politisch bewusste Kräfte, in einer Perspektive der Überwindung des bestehenden Systems, die die partikularen Forderungen, Resul-

tate der unterschiedlichen Ebenen [...] verbindet zu allgemeinen hypothetischen Synthesen, die sich der Lebensnerven des Systems bedienen und die aus dem Innern der Bewegung des Klassenkampfes selbst die Orientierung seiner entwickeltsten Spitzen geben.» (Romano Alquati, Dcoumenti sulla lotta die classe alla FIAT; zit. n. Quaderni Rossi 1972, 12)

Tatsächlich konnten die AktivistInnen im Umfeld der «Quaderni Rossi» besser auf die aufbrechenden Kämpfe reagieren, auch wenn sie diese nicht voraussagen konnten. Im Zuge der sich zuspitzenden Auseinandersetzungen um und nach 1968 und der nachfolgenden Phase des Organisationsaufbaus wurden die Untersuchungen zugunsten der direkten militanten Interventionen etwas zurückgestellt. Ein Teil der GenossInnen wurde in den Betrieben aktiv.

Obwohl insgesamt lediglich sechs Ausgaben der «Quaderni Rossi» erschienen, revolutionierte die Zeitschrift die Herangehensweise marxistischer Forschung und übte einen enormen Einfluss sowohl auf Teile der offiziellen ArbeiterInnen- und vor allem Gewerkschaftsbewegung aus als auch auf viele junge radikale Intellektuelle. Diese sollten bald zu den BegründerInnen jener «Arbeiterwissenschaft» gehören, die als Operaismus vor allem, aber nicht nur in Italien zur treibenden Kraft marxistischer Erneuerung wurde, nachdem sie sich mit den neu aufkommenden Klassenkämpfen verband.

Um die enge Verbindung von Theorie und Politik zu verdeutlichen, sollen nun kurz die bedeutendsten Entwicklungen der sozialen Kämpfe in jener für die Erneuerung des italienischen Marxismus so zentralen Periode zusammengefasst werden. Sowohl die Entwicklung der methodologischen Zugänge und Kernbegriffe als auch deren Transformationen können adäquat nur über die Einbeziehung des Verhältnisses von theoretischer und politischer Praxis verstanden werden. Die Gliederung des vorliegenden Teils in «historische Orte» versucht dieser gegenseitigen Beeinflussung und Verschränkung gerecht zu werden.

Der Massenarbeiter und seine Organisationen

Der historische Moment, der die Bedeutung der politischen Praxis der ArbeiterInnenklasse wieder ganz oben auf die Tagesordnung setzte, war das Jahr 1962. Im Juli kommt es auf der Piazza Statuto in Turin zu schweren Auseinandersetzungen zwischen Fiat-ArbeiterInnen und der Polizei. Dem vorausgegangen war eine Sondervereinbarung des sozialdemokratischen Gewerkschaftsverbandes UIL, der auch von den in der UIL organisierten ArbeiterInnen als Verrat ausgelegt wurde.[9] Die Schlacht an der Piazza Statuto gilt als der Ausgangspunkt der militanten Bewegung der 60er Jahre, da erstmals Tausende von Arbeitern unabhängig von der Gewerkschaft direkt in Aktion traten. Die Forderungen gingen weit über die gewohnten korporatistischen Themen der Gewerkschaften hinaus. Im Zuge der Kämpfe von 1962 wurde der berühmte Slogan «Vogliamo tutto!» («Wir wollen alles!») geprägt. (Azzellini o. J., 63 ff., Balestrini/Moroni 2002, 80 ff.) In den heftigen Auseinandersetzungen um die Erneuerung der Tarifverträge findet auch die inhaltliche Erneuerung der italienischen ArbeiterInnenbewegung einen ersten Ausdruck, der Massenarbeiter («operaio massa») tritt auf den Plan. An den Fließbändern der norditalienischen Großfabriken arbeitend und in den Schlafsiedlungen der Großstädte wohnend, sollte er bald zur zentralen Figur der autonomen Klassenkämpfe werden:

«Die Figur des Massenarbeiters bildet sich in jenen Jahren im Rahmen der Modifikation im Produktionszyklus und mit dem Auftauchen eines neuen Klassenwissens voll aus. Nach Jahren des Schweigens ergreift der Massenarbeiter während der Erneuerung der Tarifverträge heftig das Wort und überrascht damit sogar jene, die dies teilweise angekündigt hatten [...] Die Erneuerung der Tarifverträge im Jahre 1962 kann vom Gesichtspunkt der Arbeiterkämpfe aus als eine Wasserscheide zwischen der Periode des disziplinierten Wiederaufbaus und der Periode eines Wiederbeginns der Konfliktbereitschaft gesehen werden, die sieben Jahre später zu dem großen Ereignis des ‹Heißen Herbstes› führen wird.» (Balestrini/Moroni 2002, 81; Herv. i. O.)[10]

9 In Italien existiert keine Einheitsgewerkschaft. In den 1960er Jahren gab es drei Gewerkschaftsdachverbände: Der größte war die kommunistisch dominierte CGIL (Confederazione generale italiana del lavoro), die CISL (Confederazione italiania sindacati lavoratori) stand der Christdemokratischen Partei nahe, die UIL (Unione italiana del lavoro) war rechtssozialdemokratisch orientiert. Außerdem existierten zahlreiche «gelbe», den Unternehmern hörige und von ihnen zum Teil erst geschaffene Gewerkschaften.

10 Von der Bewegung in Italien wird oft von einem «schleichenden Mai» gesprochen. Während 1968 die Kämpfe der Studierenden erste Höhepunkte erreichten, spitzten sich die Kämpfe der ArbeiterInnen, die bereits im Frühjahr bei Fiat begonnen hatten, im «heißen Herbst» von 1969 zu. Im Dezember wurden auch diese Auseinandersetzungen mit einem gewerkschaftlichen Kompromiss beendet.

Schon 1962 wird die Frage der Sabotage aufgeworfen. In der entstehenden operaistischen Theorie ist das, was später «Kampf gegen die Arbeit» der entfremdeten MassenarbeiterInnen genannt werden wird, ein wichtiges Element des Klassenkampfes, wenn auch vorerst noch die Lohnfrage im Zentrum steht. (vgl. Tronti 1974, 233 ff.) Dabei zeigen sich jedoch unterschiedliche Sichtweisen und Bewertungen auch innerhalb der Quaderni Rossi, die letztlich zur Trennung der Gruppe führen werden. Vorerst konzentriert sich der Konflikt zwischen den verschiedenen Flügeln der Quaderni Rossi (vgl. Rieland 1974) allerdings noch auf die Frage nach der Haltung zu den traditionellen ArbeiterInnenorganisationen. Die Gruppe um Panzieri hielt nach wie vor eine Orientierung an ihnen für sinnvoll, während der Kreis um Mario Tronti die in den Kämpfen von 1962 vor allem bei Fiat praktizierten Formen der militanten direkten Aktion auch gegen den Gewerkschaftsapparat begrüßten und stärker auf autonome politische Artikulationen der ArbeiterInnen abzielten. Diese Differenzen führten schließlich 1963 zur Spaltung: Die Gruppe um Tronti und Negri gründete die stärker politisch akzentuierte Zeitschrift Classe Operaia, die als eigentliche Grundlage der Entwicklung der politischen Theorie des Operaismus gilt. (Wright 2005, 75 ff.)[11]

Die Entstehung neuer Zusammenhänge und autonomer Klassenkämpfe wurde durch die Krise der Kommunistischen Partei noch verstärkt. (Balestrini/Moroni 2002, 101 ff.) Teile von Classe Operaia (unter anderem Toni Negri) formierten ab 1969 die Gruppe Potere Operaio (Arbeitermacht). Potere Operaio zählte neben der ebenfalls operaistisch orientierten Lotta Continua (Lotta Continua 1972), der von der KPI abgespaltenen bzw. ausgeschlossenen Gruppe rund um die noch heute existierende Tageszeitung il manifesto (il manifesto 1972) und der Avanguardia Operaia zu den wichtigsten Organisationen der radikalen Linken nach 68; die Gruppe war die zentrale Scharnierstelle des Operaismus nach seiner Abwendung von den traditionellen Organisationen. Verbindende Merkmale der sich

11 Für die Entwicklung der linken Theorie und Politik in Italien waren die Zeitschriften von zentraler Bedeutung, bildeten deren Redaktionen doch so etwas wie die Zentren der unterschiedlichen Strömungen. Dieses Phänomen weist auch auf Brüche theoretischer Natur hin: Die 1973 u. a. von Sergio Bologna gegründete Zeitschrift Primo Maggio (1. Mai) unterschied sich durch einen stärker historisch-untersuchenden Zugang wesentlich von den Projekten der späteren «Autonomia organizzata» um Toni Negri und der Zeitung Rosso, die eine unmittelbar politisch-agitatorische Linie vertrat.

auf den Operaismus beziehenden Organisationen in dieser Phase der Reinstitutionalisierung waren – wenngleich auch in unterschiedlicher Intensität – die Überzeugung von der Notwendigkeit einer revolutionären Partei, der damit verbundene Bezug auf den Leninismus (am schwächsten noch bei Lotta Continua) sowie die Sympathie mit der Chinesischen Kulturrevolution. Ebenso teilten diese Gruppen die Konzentration ihrer politischen Forderungen auf die Lohnfrage. Dabei wurde die Forderung nach mehr Lohn nicht nur als Mittel zur rein quantitativen Verbesserung des Lebensstandards der ArbeiterInnen betrachtet, sondern auch als Hebel, um den Kapitalismus über sich selbst hinauszutreiben – «Bietest du Hundert, wollen wir Tausend», lautete ein Slogan. Da das Lohnverhältnis als Machtverhältnis gesehen wurde, ging es darum, mit der Durchsetzung von Lohnsteigerungen über die Produktivitätssteigerungen hinaus das Kapital in die Krise zu treiben. Durch die Erhöhung des Lohns verändert sich das Verhältnis zwischen Kapital und Nicht-Kapital bis hin zum Ende des Kapitalismus. (Tronti 1974, 233 ff.) Die kapitalistische Antwort darauf war die «Lohnreduktion» in der Konsumsphäre durch die rapide Inflation.

Die Konzentration auf die Lohnfrage ging für die radikale Linke einher mit einer Ablehnung der Forderung nach Verbesserung der Arbeitsorganisation in den Fabriken, wie sie von den Gewerkschaften erhoben wurde. Hierin wurde ein Zurückweichen hinter die bereits erreichten Positionen im Kampf gegen die kapitalistische Arbeit als solche gesehen. Weiterer wichtiger Gesichtspunkt für die «Arbeiteravantgarden» war der Kampf gegen Akkord und Bezahlung «nach Qualifikation» sowie die damit verbundene Einteilung der ArbeiterInnen in Kategorien. Dahinter stand ein radikal egalitärer Ansatz, der freilich mit dem gewerkschaftlich favorisierten Zusammenhang von Leistung und Entlohnung nichts zu tun haben wollte (vgl. Regini/Reyneri 1973). Zwei Strophen der «Ballade der Fiat» von Alfredo Bandelli verdeutlichen diese Aspekte:

«Signor Padrone, diesmal
wirst du dran sein
Du willst verhandeln, dann merk dir:
Von heute an wird nicht mehr verhandelt!
Du kaufst uns nicht mehr
Mit fünf Lire mehr Lohn
Du bietest uns zehn, wir wollen hundert
Bietest du hundert, wollen wir tausend

Signor Padrone, uns täuschst du nicht mehr
Mit Neuerungen und Delegierten
Deine Pläne sind jetzt geplatzt
Und wir, wir kämpfen gegen dich
Und gegen Qualifikationen und Kategorien:
Wir wollen sie alle abgeschafft haben
Die Spaltungen sind zu Ende
Am Band sind wir alle gleich![12]

Spätestens seit 1968 und der damit einsetzenden Krise, hervorgerufen durch die sozialen Kämpfe, die das Kapital mit der Neuorganisation der Produktion beantwortete, musste die Konzentration auf die Lohnfrage neu überdacht werden. Sie erfuhr eine drastische Veränderung bzw. Erweiterung in der zuerst durch Potere Operaio aufgestellten Forderung nach einem «politischen Lohn» für alle. Es ging um einen Kampf für die Trennung von Arbeit und Lohn. Dabei wurde auch das Einkommen aus Sozialleistungen, besonders aber aus Lohnfortzahlungen bei Kurzarbeit und Entlassungen (finanziert aus der so genannten «Cassa Integrazione»[13]) als zu erkämpfender «Lohn für Nichtarbeit» angesehen. Die sich Anfang der 1970er Jahre aus den operaistischen Organisationen «herausentwickelnden» feministischen Gruppen – allen voran «Lotta Femminista» – nahmen diesen Faden auf und spannen ihn zur Forderung nach «Lohn für Hausarbeit» weiter, eine Kampagne, die bald weit über die Grenzen Italiens hinaus von großer, wenngleich nicht unumstrittener Bedeutung für die neue Frauenbewegung werden sollte. (Vgl. Wunderle 1977, 18 ff.; Dalla Costa 1973) Auch die wachsende Inflation, die die in den Kämpfen der

12 Zit. nach Balestini/Moroni 2002, 240 ff., Übersetzung geringfügig verändert. Die Liedermacher der Bewegung – der bekannteste ist wohl Pino Masi von Lotta Continua – sind untrennbar mit der Geschichte der radikalen Linken in Italien verbunden. Sie gaben grundsätzliche programmatische Entscheidungen wieder, vor allem aber waren sie die Chronisten der besonders harten Auseinandersetzungen und Straßenschlachten. Ihre Lieder wurden zu einem wichtigen Identifikationsmerkmal der Bewegung. Eine empfehlenswerte, unabgeschlossene Reihe zur Liedkultur der autonomen ArbeiterInnenbewegung findet sich unter
http://www.raketa.at/raketa.php?rid=257

13 Die «Cassa Integrazione» war ein staatliches Instrument zur Abfederung kapitalistischer Umstrukturierungsmaßnahmen: Der Staat finanzierte bei Kurzarbeit oder Freisetzungen die Löhne der ArbeiterInnen (vgl. Wright 2005, 182; er betrachtet diese Maßnahmen allerdings nur als Herrschaftstechnik und nicht auch als durch Klassenkämpfe errungene Leistung).

1960er Jahre erstrittenen, teilweise drastischen Lohnerhöhungen wieder zunichte machte, erforderte ein Umdenken der bisherigen Politik. So interpretierten die OperaistInnen die Inflation als staatliche und institutionelle Antwort auf die Machtlosigkeit der KapitalistInnen in der Fabrik. Jetzt gehe es darum, den Staat aus den Angeln zu heben, den Kampf auf die Ebene der mittlerweile auf die ganze Gesellschaft ausgedehnten Fabrik (fabbrica sociale) auszuweiten. (Potere Operaio 1972, 12)

Der «heiße Herbst» von 1969 stellte die Weichen für die gesamte Linke neu. Das verbindende Element der verschiedenen operaistischen Schattierungen blieb jedoch das «Vom-Klassenkampf-aus-Denken», welches den grundlegendsten Unterschied zum Objektivismus der marxistischen Orthodoxie darstellte.

Exkurs Fiat

Die Autofabrik von Fiat in Turin war mit über 170.000 Beschäftigten die mit Abstand größte Fabrik Italiens. Ausgehend von den autonomen Klassenkämpfen 1962 wurde Fiat zum Orientierungspunkt der gesamten Linken und darüber hinaus auch zum Maßstab der innerlinken Auseinandersetzung. Wann immer es um das Verhältnis der radikalen Linken zur Gewerkschaftsbewegung und die Analyse jeweils aktueller Veränderungen kapitalistischer Strukturen ging, richtete sich der erste Blick auf Fiat, was mit Einschränkungen bis heute gilt. Und auch die sich mit dem Proletariat verbindenden rebellierenden StudentInnen von 1969 sammelten sich nicht zufällig vor den Toren dieser Fabrik.

Wichtig für das Verständnis der Kämpfe bei Fiat ist die Tatsache, dass es dem Fiat-Management in den 1950er Jahren gelungen war, die linken Gewerkschaften zu vertreiben und durch eine betriebseigene, «gelbe» Gewerkschaft, die SIDA (Sindacato Italiano dell' Automobile), zu ersetzen. Erst mit den Kämpfen zu Beginn der 1960er Jahre sollte diese an Einfluss verlieren und die CGIL wieder im Betrieb Fuß fassen können (vgl. zur Problemstellung Alquati 1974, 39–91).

«Standen die Kämpfe von 1968 noch vollkommen unter der Kontrolle der Gewerkschaften, so lässt bereits die Art, wie die Kämpfe von 1969 beginnen, erkennen, daß in diesen Kämpfen die Gewerkschaften mit der Initiative der Arbeiter in Konflikt geraten werden.» (Rieland 1970, 61) Die Tatsache, dass die Geschäftsführung von Fiat bereits in den 1950er Jahren die Kader

der Gewerkschaft und der KPI vor die Tür gesetzt hatte, sowie die enorme Binnenmigration aus dem agrarischen Süden (Anfang der 1970er Jahre waren bis zu 80 % der bei Fiat beschäftigten Arbeiter aus dem italienischen Süden eingewandert, vgl. Rieland 1970, 57) führten zu einer Klassenzusammensetzung im Werk, die gerade nicht durch die disziplinierende Schule der traditionellen ArbeiterInnenbewegung gegangen war. Nicht zuletzt das ermöglichte überhaupt erst eine autonome und militante Bewegung wie jene des «heißen Herbstes». Die in den Kämpfen aktiven radikalen Gruppen lehnten teilweise sogar die von den Gewerkschaften geförderte Einrichtung von Delegiertenversammlungen ab. Diese, so argumentierte z. B. Lotta Continua, blockierten die autonome Initiative der ArbeiterInnen mehr, als dass sie sie förderten und koordinierten: «So etwa blockieren die Arbeiter die Produktion, um sich gegen die immer unerträglicher werdenden Arbeitsrhythmen zu wehren, oder sie setzen sie kollektiv herab. Und angesichts dieser Autonomie der Massen ist nichts überflüssiger, entspricht nichts weniger den Bedürfnissen der Arbeiter als ein ‹Deligierten›.» (Lotta Continua 1970, 124). Ihre Parole «Wir alle sind Deligierte!» entsprach der unmittelbaren Selbstaktivität der ArbeiterInnen. Die sich als äußerst effektiv erweisenden Kampfformen, das eigenmächtige Herabsetzen des Akkords, die unangekündigten und auf geheime Zeichen hin ausbrechenden Streiks in den Abteilungen sowie die fabrikinternen Demonstrationen sollten bald zu Markenzeichen der sich unabhängig von den Gewerkschaften herausbildenden autonomen Kampfstrukturen bei Fiat werden. (Vgl. Lotta Continua 1970, 126, Viale 1979, 156)

1973 rückten die nach dem Hauptwerk von Fiat in Turin «Partei von Mirafiori» genannten Arbeiter erneut ins Zentrum auch des theoretischen Interesses. Die Fiat-Geschäftsführung hatte auf die heftigen autonomen Kämpfe von 1969 nicht nur mit Entlassungen, sondern auch mit der Zersplitterung und Umorganisierung der Produktion reagiert. Doch die neu in die Fabrik eintretenden jungen Arbeiter, und hier steht Fiat wieder einmal exemplarisch für alle großen Industriezentren des italienischen Nordens, brachten gar keine wie auch immer gearteten Erwartungen an die Arbeit in den Fabriken mit. Diese jungen ArbeiterInnen, geprägt durch die gesellschaftlichen Auseinandersetzungen der späten 1960er Jahre und hier vor allem durch die StudentInnenbewegung, waren nicht mehr die hauptsächlich aus dem Süden zugezogenen «klassischen» Massenarbeiter. Die Öffnung der Universitäten und die Reform des Bildungssystems hatte zu einer Intellektualisierung des Proletariats geführt und so fiel die von den OperaistInnen propagierte Strategie des «Kampfes gegen die Arbeit» auf fruchtbaren Boden.

Der 1973 begonnene Kampfzyklus endete schließlich 1979/80 mit einer bitteren Niederlage und der Wiederherstellung des kapitalistischen Kommandos. Die Restrukturierung der Industrie, letztlich erzwungen durch die vielfältigen und unberechenbaren Kampfformen der Beschäftigten, fasst Viale in vier Punkten zusammen: «Niemanden mehr einstellen», «Dezentralisieren», «Tertiarisieren» (den Dienstleistungs- und Angestelltensektor erweitern) und schließlich «Mobilität der Arbeitskraft durchsetzen». (Viale 1979: 168 f.) All dies ist dem Fiat-Management gelungen und gipfelte 1979 schließlich in der Entlassung von 61 linken Militanten. Der berühmt-berüchtigte «Marsch der 40.000»[14] von 1980, der sich gegen die streikenden Fiat-Arbeiter richtete, besiegelte das Schicksal der autonomen ArbeiterInnenkämpfe und wieder kommt der KPI das zweifelhafte «Verdienst» zu, eindrucksvoll für Ruhe und Ordnung gesorgt zu haben – diesmal durch das Anwerfen einer gigantischen Denunziationsmaschinerie gegen autonome AktivistInnen. (Autonomie NF 1982, 37 ff.).

Historischer Ort 1968/73: Neue Subjektivitäten – vom Massenarbeiter zum Operaio Sociale

«[M]it den Gewerkschaftsverträgen von 1972/73 [verliert] die zentrale Figur der Kämpfe in den Fabriken – der Fließbandarbeiter, der Massenarbeiter – seine transformatorische und offensive Rolle. Es beginnt die Neustrukturierung der großen Unternehmen.» (Do you remember Revolution? 2006, 141)

Die massiven Kämpfe an den Universitäten, die sich 1967 von Norditalien aus sehr schnell auf das gesamte Territorium ausdehnten, markierten den Beginn eines neuen Kampfzyklus, der zu einer qualitativen Veränderung der Klassenzusammensetzung führte. Die nachholende Veränderung der ökonomischen Struktur Italiens, die in den 1950er Jahren des «Wirtschaftswunders» zu einem enormen Wachstumsschub geführt hatte, wurde nun von einer Öffnung der Universitäten für breite Schichten der Bevölkerung begleitet. Die Verwissenschaftli-

14 Eine Großdemonstration von Meistern, höheren Angestellten und VorarbeiterInnen.

chung der kapitalistischen Produktionsweise brauchte dementsprechendes Personal. Im Klima der zugespitzten Klassenkämpfe ging diese Öffnung freilich nicht reibungslos vor sich: Vielmehr wurden die Universitäten binnen kürzester Zeit zu Brennpunkten der sozialen Auseinandersetzung, wobei nicht zuletzt die proletarische Herkunft vieler Studierender die Verbindung ihrer Kämpfe mit jenen des Proletariats begünstigte. So verbanden sich im historischen Jahr 1968 traditionelle mit neuen Kampfformen, -orten und Subjekten – eine Entwicklung, die ein Jahr später im «heißen Herbst» kulminieren sollte. Im Gegensatz zu anderen Ländern, wo zwar auch verschiedene gesellschaftliche AkteurInnen gleichzeitig auf den Plan traten, sich aber mit Ausnahme des Pariser Mai nie zu einer organischen Einheit verbanden, gelang in Italien eine reale Verbindung von ArbeiterInnen- und StudentInnenbewegung, die andernorts allenfalls in den Wunschvorstellungen einiger revolutionärer Kleingruppen existierte.

Dies ist jedoch nur vor dem Hintergrund der besonderen Bedingungen des italienischen Kapitalismus zu verstehen, deren Kenntnis auch für das Verständnis der Periode des Übergangs vom fordistischen Massenarbeiter zur neuen hegemonialen Subjekt-Form des Operaio Sociale (Gesellschaftlicher Arbeiter) unabdingbar ist. Sablowski (Sablowski 1998) beschreibt zusammenfassend diese Entwicklung des italienischen Nachkriegskapitalismus als «verspäteten Fordismus» bzw. «nachholende Industrialisierung». In der Zwischenkriegszeit war Italien im Gegensatz etwa zu England oder auch Deutschland äußerst unterdurchschnittlich industrialisiert. Vor allem der Süden sowie die Inseln waren bis weit in die zweite Hälfte des 20. Jahrhunderts mehr oder weniger feudal strukturiert. Allen sozialen Problemen und der enormen Asymmetrie zwischen industriellem Norden und agrarischem Süden zum Trotz schaffte der italienische Kapitalismus einen gigantischen Entwicklungssprung, der – freilich aufbauend auf eine aus der Schwäche der ArbeiterInnenklasse resultierende äußerst «moderate» Lohnpolitik – schließlich zum italienischen Wirtschaftswunder Ende der 50er Jahre führte.

«In dem Maße, in dem die nach dem zweiten Weltkrieg noch weit verbreiteten Formen der Subsistenzproduktion und der einfachen Warenproduktion durch die Entwicklung der fordistischen Produktion aufgelöst wurden und die Klassenzusammensetzung sich veränderte, waren die Unterdrückung der Arbeiterklasse und das niedrige Lohnniveau immer schwieriger aufrechtzuerhalten.» (Sablowski 1998, 358)

Die Verbindung von italienischem «Wirtschaftswunder» (vgl. Hausmann 1997, 51 ff.; Sablowski 1998, 73), Binnenmigration aus dem agrarischen Mezzogiorno und Öffnung der Universitäten für breite Schichten des jugendlichen Proletariats[15] führte zusammen mit der Unfähigkeit der traditionellen ArbeiterInnenorganisationen, die Bedürfnisse und Wünsche der neu auftretenden Subjekte zu repräsentieren, über und durch die Krise des Fordismus zur politischen Neuzusammensetzung der ArbeiterInnenklasse:

«Ende der 60er Jahre geriet der Fordismus durch die Offensive der sozialen Bewegungen in die Krise: Einerseits erzwangen sie bedeutende Lohnsteigerungen und einen Ausbau des Sozialstaats, andererseits blockierten sie die dafür notwendige Produktivitätsentwicklung. Die sozialen Grenzen sowohl der tayloristisch-fordistischen Arbeitsorganisation als auch der fordistischen Lebensweise wurden zunehmend deutlich.» (Sablowski 1998, 358)

Richteten sich die Klassenkämpfe des Massenarbeiters noch auf die Lohnfrage und die unmittelbaren Arbeitsbeziehungen in den Fabriken – wenn auch mit zunehmender Vehemenz und Unabhängigkeit von gewerkschaftlichen Apparaten –, so veränderten sich mit der Klassenzusammensetzung auch die Form und der Inhalt politischer Artikulation: Nicht mehr die Forderung nach «immer mehr vom Gleichen», nach Lohn oder Partizipation an der mittlerweile von nahezu allen traditionellen politischen Kräften angestrebten ökonomischen und gesellschaftliche Planung standen nun im Zentrum des Interesses. Vielmehr zeigte bereits die in den Kämpfen von 1962 aufgestellte Parole «Wir wollen alles!» die Richtung der Auseinandersetzung an: Es ging ums Ganze. Die AkteurInnen der Kämpfe gaben sich mit den reformistischen Versprechungen nicht mehr zufrieden, die Perspektive der Revolution wandelte sich von einem in Sonntagsreden vorgetragenen «Fernziel» zum unmittelbar im Hier und Jetzt zu Verwirklichenden. Gleichzeitig mit dieser Verschiebung führte die Vielfältigkeit der Bedürfnisse der neu in die Kämpfe eintretenden Gruppen (Frauen, subkulturelle Szenen, StudentInnen, Homosexuelle) zu einer breiten und keineswegs konfliktlosen Streuung der politischen Artikulationen. Deren Gemeinsamkeit bestand weniger in einer einheitlichen Programmatik als vielmehr in der Un-

15 Die Zunahme der Studierendenzahlen mag dies verdeutlichen: 1951 gab es rund 200.000, 1968 bereits eine halbe Million Studierende; für 1978 geht Viale von rund einer Million StudentInnen aus (vgl. Viale 1978, 57).

mittelbarkeit des revolutionären Begehrens und einer damit einhergehenden Abgrenzung von allen auf Repräsentation, Parlamentarismus und Reformen ausgerichteten Spielarten von (Partei-)Politik. Diese Verdichtung führte auch zu der Massivität der Kämpfe ab 1968 (vgl. Balestrini/Moroni 2002, 149 ff.; Hausmann 1997, 74 ff.; Sablowski 1998, 98 ff.), an denen ab 1973 die Autonomia Operaia entscheidenden Anteil hatte (s. u.).

Das Aufkommen der autonomen Frauenbewegung und ihre zunehmende Entfremdung von den linken Gruppen sind weitere wichtige Momente der Rekonfiguration der radikalen Linken. Da die Frage nach der Neuzusammensetzung der ArbeiterInnenklasse und die dabei ins Spiel kommende und den Massenarbeiter beerbende Subjektform des «Gesellschaftlichen Arbeiters» (Operaio sociale) zu heftigen Auseinandersetzungen innerhalb der verschiedenen sich auf den Operaismus beziehenden Strömungen führte (vgl. z. B. Battagia 1997), wird im nun folgenden Exkurs dieser operaistische Schlüsselbegriff genauer unter die Lupe genommen.

Exkurs zum Begriff Klassenzusammensetzung

Der operaistische Begriff der Klassenzusammensetzung erlaubte es, die Veränderung der proletarischen Klassen(subjekte), d. h. der «lebendigen Arbeit» auf der einen und die der «toten Arbeit», also der kapitalistischen Maschinerie, auf der anderen Seite in ihrer gegenseitigen Abhängigkeit und Widersprüchlichkeit zu denken. Darin zeigten sich die Klassen zugleich als (Re-)Produzenten *und* potenzielle Zerstörer des Kapitalverhältnisses. (Wright 2002) Unter der «technischen Zusammensetzung» wurde dabei der Einsatz von Maschinen und Arbeitsorganisation verstanden, mit dem die KapitalistInnen die ArbeiterInnenklasse zu zersetzen versuchten, während die «politische Zusammensetzung» als Vereinheitlichung der Klasse in Organisation und Kampf (Neuzusammensetzung) begriffen wurde. Bei allen Versuchen, den Klassenkampf ausgehend von seiner Verhältnismäßigkeit zu denken, tauchten aber auch im Operaismus, der sich schon formal stark auf Lenin bezog, theoretische Problemstellungen auf, die denen des klassischen Marxismus mit seinen Begriffen der «Klasse-an-sich» (technische Zusammensetzung) und der «Klasse-für-sich» (politische Zusammensetzung) nicht unähnlich waren. In einem aktuellen Text werden diese Termini sehr gut erklärt: Demnach bezieht sich die technische Klassenzusammensetzung auf die

«Bedingungen, unter denen das Kapital die ArbeiterInnen zusammenbringt; hierzu gehören sowohl die Bedingungen im unmittelbaren Produktionsprozess (z.B. Arbeitsteilung in versch. Abteilungen, Trennung von ‹Produktion› und Planung, Einsatz von bestimmten Maschinen etc.) als auch die Form der Reproduktion (Wohnzusammenhang, Familienstruktur etc.).» (Kolinko 2001)

Demgegenüber beschreibt die politische Klassenzusammensetzung jenen Prozess, «wie ArbeiterInnen die ‹technische Zusammensetzung› gegen das Kapital wenden und ihren Zusammenhang als Arbeitskräfte als organisatorischen Ausgangspunkt ihres Kampfes nutzen [...]». (Kolinko 2001)

Im Laufe der Geschichte des Operaismus ist – nicht zuletzt durch die quantitative und qualitative Zunahme realer Klassenkämpfe mitverursacht – eine Prioritätenverschiebung von der technischen hin zur politischen Klassenzusammensetzung zu bemerken. Im Zuge der Radikalisierung der Kämpfe seit 1968 und der Massenentlassungen als Antwort des Kapitals darauf, nicht zuletzt aber unter dem Eindruck der an Bedeutung gewinnenden neuen AkteurInnen begann sich das Konzept der politischen Klassenzusammensetzung zu verselbständigen und löste sich immer mehr von seinen frühen operaistischen Wurzeln. Die politische Neuzusammensetzung der Klasse als «gesellschaftlicher Arbeiter» außerhalb der Fabriken in der «fabbrica diffusa», der in die Gesellschaft aufgelösten Fabrik, konnte nun nicht mehr über den Lohn erfolgen. Ins Zentrum rückte die Kritik des Staates als Ausdruck des unmittelbaren Kommandos des Kapitalverhältnisses über die ArbeiterInnen. Eine Konsequenz dieser Entwicklung war die zunehmende Militarisierung der Bewegung in den 1970er Jahren.

Die Klassenzusammensetzung wurde nicht nur «soziologisch» anhand aktueller Kämpfe analysiert, sondern auch historisch in den Blick genommen. Untersuchungen zur veränderten Klassenzusammensetzung in der deutschen Industrie zu Beginn des 20. Jahrhunderts (Bologna/Cacciari 1973; vgl. auch Brockhaus 1975) sowie zur Entwicklung in den USA und der dort aktiven Basisgewerkschaft der Industrial Workers of the World (IWW, auch als «Wobblies» bekannt) waren wichtige Beiträge zur Bestimmung jener Subjektform, die in der keynesianisch-fordistischen Ära zentral wurde: des «operaio massa» (Massenarbeiter). Der Massenarbeiter war ein Produkt der Kämpfe um Selbstverwaltung und Organisation in den noch stark handwerklich strukturierten Betrieben des Frühkapitalismus oder genauer:

die Antwort der Herrschenden darauf. Zuvor unabdingbare Kenntnisse und Fertigkeiten der Arbeiterinnen und Arbeiter wurden durch die «wissenschaftliche Betriebsführung», also die Einführung von Fließband und Akkordarbeit, für den unmittelbaren Arbeitsprozess völlig unwichtig und einer eigenen Schicht von TechnikerInnen und ManagerInnen überantwortet. Entschieden bekämpfte der Operaismus jene «Ideologien» der Arbeiterselbstverwaltung in der Linken, die diesen Übergang zum Massenarbeiter ignorierten, weil sie politisch zum Scheitern verurteilt seien. Denn die Intellektualität der Massenarbeiter war nurmehr eine rein negative, seine Kampfformen Sabotage und Blaumachen, kurzum: der Kampf *gegen* die Arbeit.

In Italien wurde die Entwicklung von der qualifizierten und spezialisierten Arbeitskraft zur MassenarbeiterIn in viel kürzerer Zeit durchlaufen als anderswo. Das «Wirtschaftswunder» der 1950er Jahre machte aus dem rückständigen Italien eine moderne Industrienation und formte aus den Bäuerinnen und Bauern des Südens ein neues migrantisches Proletariat, das sein Glück entweder im Ausland oder in den Industriebetrieben des italienischen Nordens, allen voran bei Fiat in Turin, suchte – und nicht fand.[16] Der starke Zuzug junger Männer aus dem agrarischen Süditalien, deren einheitliche Lebens- und Arbeitsbedingungen an den Fließbändern und Massenquartieren sowie die Unmöglichkeit, diese Arbeitsmigranten in die traditionellen proletarischen Organisationen einzugliedern, führten zu neuen, autonomen und radikalen Formen des Klassenkampfs. Dazu trug auch bei, dass die Kommunistische Partei Italiens und die ihr nahe stehenden Gewerkschaften erheblich an Integrationskraft verloren hatten, weil sie sich seit der Entwaffnung der PartisanInnen meist als Staatsapparate gebärdeten und von den radikalisierten Schichten auch als solche angesehen wurden. Deren Kampf war im Gegensatz zu den disziplinierten Konfliktformen des organisierten Kommunismus immer auch ein Kampf gegen die Arbeit überhaupt und lehnte die Tren-

16 Analog zur Konzentration der großen Industrie im so genannten industriellen Dreieck Turin–Mailand–Genua war auch der Operaismus größtenteils in Norditalien entwickelt worden. Das bedeutet aber nicht, dass dem Süden soziale Kämpfe fremd gewesen wären: Den Landbesetzungsaktionen sizilianischer, sardischer und süditalienischer Bäuerinnen und Bauern trat der Komplex Staat-Kirche-Großgrundbesitzer-Mafia nicht selten militärisch entgegen; in Neapel existiert seit Beginn der 1970er-Jahre die wohl stärkste organisierte Arbeitslosenbewegung weltweit. (Vgl. zu Sizilien u. a. Levi 1983, zu Neapel Lay 1980 und Basso 1981)

nung in eine politische Ebene (Partei) und eine ökonomische (Gewerkschaften) entschieden ab.

Spätestens mit dem Aufkeimen der Studierendenbewegung 1968 traten nicht nur in Italien neue Subjekte auf die Bühne der sozialen Auseinandersetzungen. Jugendliche ProletarierInnen, die nicht mehr in den großen Fabriken beschäftigt waren, TechnikerInnen und Stadtindianer, Hippies und die neue Frauenbewegung, subkulturelle Bewegungen und nicht zuletzt Experimente mit Drogen und alternativen Lebensformen stürzten die Hegemonie des (fordistischen, männlichen) Massenarbeiters in die Krise. Daran nicht ganz unbeteiligt war allerdings auch das italienische Kapital: Als Antwort auf die Kämpfe der späten 1960er Jahre hatte es – erfolgreich – versucht, durch innerbetriebliche Umstrukturierungen, Massenentlassungen und Repression die geballte Macht der ArbeiterInnen zu brechen und die Situation in den Großbetrieben wieder unter Kontrolle zu bekommen. Eine «Strategie der Spannung» mit blutigen Terroranschlägen, initiiert von einer Allianz aus Geheimdiensten, Logen, Militär- und Staatsapparaten, sowie die integrierende und disziplinierende Rolle der KPI trugen das ihre zu dieser Niederlage bei.

Im operaistischen Denken begann Anfang der 70er Jahre die Debatte darum, ob die gesellschaftlichen Verhältnisse und Kämpfe ausgehend von der Konzeption des Massenarbeiters noch zureichend erklärt werden können. Toni Negri entwickelte, inspiriert durch die marxschen Überlegungen zum «General Intellect»[17] (Marx 1953, 594), die Theorie des «operaio sociale» (gesellschaftlichen Arbeiters), «mit scheinbar unbegrenzten kommunikativen Fähigkeiten, hoch mobil und flexibel mit großer sozialer Kompetenz». (Anti-Kapitalismus AG im BgR, o. J.) Zu diesem gesellte sich der Begriff der «fabricca diffusa», der

17 «Die Natur baut keine Maschinen, [...] Sie sind von menschlicher Hand geschaffene Organe des menschlichen Hirns; vergegenständlichte Wissenschaft. Die Entwicklung des capital fixe zeigt an, bis zu welchem Grade das allgemeine gesellschaftliche Wissen, knowledge, zur unmittelbaren Produktivkraft geworden ist, und daher die Bedingungen des gesellschaftlichen Lebensprozesses selbst unter die Kontrolle des general intellect gekommen, und ihm gemäß umgeschaffen sind. Bis zu welchem Grade die gesellschaftlichen Produktivkräfte produziert sind, nicht nur in der Form des Wissens, sondern als unmittelbare Organe der gesellschaftlichen Praxis; des realen Lebensprozesses». (Grundrisse, 594) Erst jetzt gehe die Entwicklung in die Richtung, dass «Wissen» zur unmittelbaren Produktivkraft wird, dadurch das «Werkzeug» in den Menschen zurückverlegt, nicht nur fixes Kapital als Maschine (vgl. unten).

(in die Gesellschaft) aufgelösten Fabrik, der den bereits in den 1960er Jahren gebräuchlichen Terminus der «gesellschaftlichen Fabrik» (fabricca sociale) ablöste.

Während das Konzept der gesellschaftlichen Fabrik auf die Verallgemeinerung des Fabrikkommandos auch auf andere gesellschaftliche Bereiche, z. B. die Hausarbeit, hinwies, ging der Begriff der in die Gesellschaft aufgelösten Fabrik einen Schritt weiter: Er sollte sowohl die Erfolge der Kämpfe gegen die Fabriksdisziplin reflektieren als auch die darauf folgenden Umstrukturierungen der italienischen Industrie wie Dezentralisierung, Auslagerung ganzer Produktionszweige in «selbständige» Kleinunternehmungen und die Durchsetzung der Mobilität der Arbeitskraft unter kapitalistischen Bedingungen. Ein weiterer wichtiger Punkt war die fortschreitende Aufhebung der Trennung von produktiven, reproduktiven und nicht-produktiven Tätigkeiten. Zwar war die Trennung dieser gesellschaftlichen Sphären immer schon vor allem ideologisch, doch lösen sich nun alle Unterschiede zwischen Fabrik und Gesellschaft auf. Das bedeutet einerseits, dass es tendenziell keine privilegierten Orte der (Mehr-) Wertproduktion und somit des Klassenkampfes mehr gibt, andererseits aber auch, dass das Kommando und die Fabrikdisziplin sich auf alle gesellschaftlichen Prozesse ausdehnen. Die Aufnahme poststrukturalistischer Theorien, u.a. der von Foucault und Deleuze/Guattari, durch den Postoperaismus knüpft genau an diese Aspekte machtförmiger Vergesellschaftung an.

Analog zu dieser Veränderung sowohl der politischen als auch der technischen Klassenzusammensetzung wurde der auf die ganze Gesellschaft gerichtete Kampf propagiert, der sich in den Konflikten der frühen 70er Jahre unterschwellig immer weiter ausdehnte und schließlich in der Bewegung von '77 offen zum Ausbruch kam. In seiner unreflektierten Form führte das Postulat des gesamtgesellschaftlichen Kampfes freilich in die Sackgasse des bewaffneten Kampfes gegen «das Herz des Staates». (Franceschini 1990; vgl. auch Balestrini/Moroni 2002, 229 ff.) Die Propagierung einer neuen Zentralität, eben jener des «operaio sociale», führte zu harscher Kritik innerhalb des (post-)operaistischen Spektrums. Die Veränderung und Fragmentierung der Klassenzusammensetzung, so wurde argumentiert, könne nicht mehr als homogene, einheitliche Subjektivität gefasst werden wie noch beim Massenarbeiter (vgl. Battagia 1997). In diesem Zusammenhang wird auch von der Trennung von rationalem (Bologna & Co) und «irrationalem» bzw. Bewegungsoperaismus (Negri & Co) gesprochen. Bologna analysierte die Neuzusammensetzung der Klasse, während Negri nach *dem* einheitlichen Subjekt suchte und ohne weitere empirische Begründung in Gestalt des gesellschaftlichen Arbeiters propagierte (Vgl. Wright 2005, 165 ff.) Schon früher waren einige OperaistInnen über den so genannten «Arbeitergebrauch» der traditionellen ArbeiterInnenparteien in den Schoß der Kommunistischen Partei zurückgekehrt. Allerdings war der Staatsoperaismus eines Tronti & Co bestenfalls ein «Gebrauch» operaistischer Versatzstücke durch die sich zunehmend als Staatsapparat gerierende KPI gewesen.

Der theoretische Schritt vom Massenarbeiter zum gesellschaftlichen Arbeiter muss trotz seines Scheiterns als politische Strategie als wichtige und fruchtbare Entwicklungsetappe gesehen werden, als ein Versuch, den veränderten, komplexer gewordenen Verhältnissen Rechnung zu tragen – wenngleich aus heutiger Sicht das Schwarz-Weiß-Denken vieler Texte der damaligen Zeit auf seine Art auch wieder auf die Schwächen der traditionellen ArbeiterInnenbewegung verweist.

In den neueren postoperaistischen Theorien sind einige Aspekte des älteren Diskussionsstranges verschwunden (so z. B. jene über die Partei, die heute keine Rolle mehr spielt), andere wurden (meistens) den gesellschaftlichen Prozessen und Kämpfen entsprechend weiterentwickelt. Nicht wenige der Aspekte des «Gesellschaftlichen Arbeiters» werden uns in der Theorie der Multitude bei Hardt und Negri wieder begegnen. Dabei liegt die Betonung heute aber viel stärker auf der unhintergehbaren Vielfältigkeit der kämpfenden Subjekte und nicht mehr auf deren Einheit. Entsprechend wird die Herrschaftsform, von der es sich zu befreien gilt, in der globalen Souveränität des Empire gesehen und nicht mehr in einem rein antagonistisch gegenüberstehender Staat. Wie noch zu zeigen sein wird, sind dennoch nicht wenige Elemente der Theorie des «operaio sociale» in den späteren Konzeptionen Negris nachgerade aufgehoben. Und selbst die KritikerInnen der Multitude beziehen sich nach wie vor auf ähnliche Muster wie Bologna oder Battagia vor mehr als zwanzig Jahren.

2. Revolution des Feminismus, Krise der Organisationen, Auftritt des Gesellschaftlichen Arbeiters

«Wer behauptet, daß die Befreiung der Frau der Arbeiterklasse darin liegt, eine Arbeit außerhalb das Hauses zu finden, erfasst nur einen Teil des Problems, aber nicht seine Lösung. Die Sklaverei des Fließbandes ist keine Befreiung von der Sklaverei des Spülbeckens. Wer das leugnet, leugnet auch die Sklaverei des Fließbandes und beweist damit noch einmal, dass man, wenn man die Ausbeutung der Frau nicht begreift, auch die Ausbeutung des Mannes nicht wirklich begreifen kann.» (Dalla Costa 1973, 41)

Im Italien der frühen 70er Jahre führten nicht zuletzt die selbstbewussten Forderungen der starken neuen Frauenbewegung zur Krise der linksradikalen Organisationen. Die Frauen verließen diese in Scharen, um im ganzen Land eigene Zusammenhänge zu gründen. (Wunderle 1977, Balestrini/Moroni 2002, 279 ff.) Mit dem Aufschwung der autonomen Frauenbewegung stürzten dementsprechend auch die auf den Operaismus sich beziehenden Organisationen in die Krise. Potere Operaio löste sich 1973 auf, Lotta Continua gute zwei Jahre danach. (vgl. Bologna 1983).

Die italienische Frauenbewegung entwickelte in den 1970er Jahren eine Stärke und Dynamik, die in anderen Ländern ihresgleichen suchte. Über die Nicht-Auseinandersetzung sowohl der StudentInnenbewegung als auch der linksradikalen Organisationen mit den geschlechtsspezifischen Aspekten kapitalistischer Herrschaft und die Abqualifizierung der spezifischen ökonomischen Ausbeutung der Frauen als «Nebenwiderspruch» fanden die oft aus den operaistischen Gruppen Lotta Continua und vor allem Potere Operaio kommenden Frauen bald zu einem theoretisch-politischen Ansatz, der seine operaistisch-marxistische Herkunft nicht verleugnete. Die weit über das Ökonomische hinausgehende Ausbeutung der weiblichen Hausarbeit rückte ins Zentrum des Interesses und mündete in den Ruf nach «Lohn für Hausarbeit», der die schon zu Beginn der 1970er Jahre von Potere Operaio erhobene Forderung nach einem «politischen Lohn» fortspann. Dabei ging es jedoch weniger um die monetäre Anerkennung weiblicher Hausarbeit als vielmehr um die Voraussetzungen einer Befreiung von ökonomischen und gewaltförmigen Herrschaftsbeziehungen: Die Kampagne «Lohn für Hausarbeit» war als Instrument des

Kampfes sowohl gegen Haus- als auch gegen Fabrikarbeit konzipiert.

Schon bald entstanden in den norditalienischen Städten Komitees und auch außerhalb Italiens wurde die Forderung nach «Lohn für Hausarbeit» zu einem tragenden Bestandteil der autonomen Frauenbewegung, bevor es 1974 zur Spaltung kommen sollte: Während eine Fraktion am Konzept festhielt, wollte sich der andere Teil nicht auf diese spezifische Forderung beschränken. (Vgl. Wunderle 1977, 19)

Theoretischer Ausgangspunkt der Debatte um «Lohn für Hausarbeit» war Mariarosa Dalla Costas «Die Frau und der Umsturz der Gesellschaft». (Vgl. Birkner/Knittler 2006) 1972 erschienen, stellt der Text die Ausbeutung der «Proletarier ohne Lohn», der Frauen und Kinder, ins Zentrum seiner politischen Analyse. Zwar wird die Forderung nach einer Entlohnung von Hausarbeit noch nicht explizit erhoben, doch versteht die Autorin die hauptsächlich von Frauen geleistete Haus- und Reproduktionsarbeit bereits als produktive Arbeit und zeigt die Notwendigkeit spezifisch weiblichen Widerstandes dagegen auf. Dabei reicht ihr Begriff von Produktivität schon weit über jenen der marxistischen Orthodoxie hinaus, versteht Dalla Costa doch auch «Passivität» und «Disziplin» (vgl. Dalla Costa 1973, 48 f.) als Aspekte kapitalistischer Produktivität. Der Kampf ist also einer gegen die Hausarbeit, aber die bezahlte Fabrikarbeit wird keineswegs als Alternative gesehen. Die Forderung nach «Lohn für Hausarbeit» wird diese Analyse aufgreifen und in eine politische Kampagne wenden, um «die Anerkennung der Produktivität (meist weiblicher) Haus- und Reproduktionsarbeit durchzusetzen, [...] aber zugleich auch als Möglichkeit zur weiblichen Selbstbestimmung sowie zur Teilnahme an sozialen Kämpfen in Form des direkten Angriffs auf die Profite». (Knittler 2006, 57)

Die Frauen von Lotta Femminista traten 1972 aus Potere Oparaio aus und spielten eine wichtige Rolle in der entstehenden feministischen Bewegung. 1974 erlitt das von der Christdemokratischen Partei initiierte Anti-Scheidungs-Referendum eine Niederlage und heizte damit die Kämpfe um die Institution Familie und die Kritik an ihr weiter an. Wie in den meisten Industrieländern konzentrierten sich die Forderungen alsbald auf die Legalisierung der (kostenlosen) Abtreibung. Der Kommunistischen Partei ging dies in Zeiten des historischen Kompromisses zu weit: Sie sprach lieber vom «sozialen Wert der Mutterschaft». Dennoch konnte die KPI viele engagierte Frauen in ihren Reihen halten, da sie trotz ihrer konservativen Orientierung eine gewisse Freiheit für die Artikulation feministischer Positionen innerhalb der Partei zuließ. Gleiches kann von Lotta Continua, die sich im Laufe der 1970er Jahre zusehends zu einer «normalen» leninistischen Kaderpartei entwickelte, nicht gesagt werden. Bei der bis dato größten reinen Frauendemonstration Italiens am 6. Dezember 1975, die eine freie und kostenlose Abtreibung forderte, versuchte ein von Männern geführter Block von Lotta Continua in die Demo zu marschieren. Als die Frauen dies nicht zuließen, kam es zu Handgreiflichkeiten und Beschimpfungen seitens der Männer (vgl. Wunderle 1977, 26) – ein weiterer Grund für viele Frauen, die gemischtgeschlechtlichen Organisationen zu verlassen und eigene Zusammenhänge zu gründen. (vgl. Wunderle [Hg.] 1977, 222 ff.)

Dieser 6. Dezember war die Initialzündung für zahlreiche feministische Initiativen, die Bewegung erhielt massiven Zulauf. Hunderte von Zeitschriften, Radioprojekten und Frauengesundheitskooperativen wurden gegründet und bildeten die Grundlage für ein verändertes, für den italienischen Feminismus äußerst bedeutendes Verständnis von Körperlichkeit. Das konservativ-katholische Klima und der «Maschilismo» in den linken und linksradikalen Parteien verlangte eine Radikalität, die sich auch in Form und Inhalt der 1977er-Bewegung niederschlug: in einer dezentralen Organisation, in der Kritik der herrschenden Strukturen auf der «kulturellen» Ebene, in einer Neubewertung von Kommunikation und Kooperation sowie im Einsatz von Körperlichkeit nicht nur im (männlich dominierten) Straßenkampf, sondern auch in den alltäglichen Lebensäußerungen. Die Dominanz wichtiger linksradikaler Vertreter geriet ins Wanken, der Leaderismo[18] war am Ende.

«Die feministische Bewegung mit ihrer Praxis der Gemeinschaftlichkeit und des Eigenlebens, mit ihrer Kritik der Politik und der Mächte, mit ihrem profunden Misstrauen gegenüber jedem institutionellen und ‹allgemeinen› Vertretungsanspruch von Wünschen und Bedürfnissen, mit ihrer Liebe zu den Unterschieden ist Emblem für die neue Phase. Daran orientiert sich mehr oder weniger explizit das jugendliche Proletariat in der Mitte der siebziger Jahre». (Do you remember Revolution? 2006, 55)

18 Als Leaderismo (von engl. Leader = Führer) wurde die strenge Ausrichtung der linksradikalen Organisationen auf ihre jeweiligen, unseres Wissens nach ausschließlich männlichen Oberhäupter bezeichnet.

1974 war nicht nur das Jahr des Scheidungsreferendums, sondern auch der allgemeine Auftakt eines neuen Kampfzyklus. Dieser stand allerdings unter dem Einfluss sich radikal verändernder Arbeits- und Lebensbeziehungen, was auch an den Organisationen nicht spurlos vorüberging: Bei einem Kongress im Jahre 1973 beschloss Potere Operaio, der veränderten Klassenzusammensetzung Rechnung zu tragen und sich in die «Area» (in etwa: «Gebiete») aufzulösen, d. h. den straffen Organisationsansatz aufzugeben und stattdessen lokal verankerte Kerne zu bilden, die autonom agieren sollten. Die «Autonomia Operaia» war geboren. Sie sollte in den folgenden Jahren zum Anziehungspunkt militanter Linksradikaler in ganz Italien werden, gefürchtet vom Establishment, dem nicht erst seit Kurzem auch die KPI angehörte, die sich in der Verfolgung der Militanten dann auch besonders «auszeichnete». Obwohl die Autonomia Organizzata die einzige Organisation war, die in der Bewegung von 1977 anerkannt wurde, orientierten sich ihre Strukturen nach wie vor an einer Art leninistischem Parteiaufbau. Dies begünstigte nach der Niederlage von 1977 die Militarisierung von Teilen der Bewegung.[19]

Im Gegensatz zu anderen westeuropäischen Staaten, in denen der Aufbruch von 1968 allerspätestens 1973 wieder abgeebbt und große Teile der «Neuen Linken» in Parteiaufbauprojekten erstarrt waren, erlangten die Kämpfe in Italien in dieser Zeit eine neue Dynamik. Zu diesem Wiederaufflammen führten vor allem drei Aspekte: Erstens der so genannte «Historische Kompromiss» zwischen KPI und den ChristdemokratInnen, mit dem sich die KPI gegen Verzicht auf jede grundsätzliche gesellschaftliche Transformation ihren Platz in der Regierung sichern wollte; zweitens die Umstrukturierung der Industrieunternehmen (zur wichtigen Rolle der Kleinunternehmen in diesem Prozess vgl. Bologna 1977), die Kündigungen linksradikaler Militanter sowie die Veränderung der industriellen Struktur und vor allem die Zergliederung der Produktionsprozesse; und drittens die bereits beschriebene Veränderung der Klassenzusammensetzung und das Eintreten neuer Subjekte in den sich transformierenden Produktionsprozess. Letzteres spiegelte sich in einer Veränderung der politischen Kultur der radikalen Linken wieder. (Bologna 1977, vgl. Do you remember Revolution? 2006) Ausgehend von den autonomen Kämpfen der

19 Eine scharfsinnige Analyse der Frage der Partei(förmigkeit) der verschiedenen Strömungen der Autonomia Operaia Organizzata bietet Wright 2005a.

«Partei von Mirafiori» (Fiat) von 1973, der Revolution des Feminismus und des Auftauchens des «Gesellschaftlichen Arbeiters» sowie der Niederlage der staatlichen «Strategie der Spannung»[20] sollten sich die Kämpfe – ausgehend von den Fabriken – recht rasch auf die Ebene der gesamten Gesellschaft ausdehnen. «Politische Einkäufe» und die so genannte Autoriduzione, die «Selbst-Reduktion», wurden zu zentralen Taktiken der Auseinandersetzung. Die Praxis der Selbst-Reduktion als Massenbewegung begann, als im August 1974 Hunderte von Pendlerinnen und Pendler nach Turin mit einer Verteuerung der Busfahrkarten um dreißig Prozent konfrontiert wurden. (vgl. hier und im Folgenden Ramirez 1988) Die Arbeiter verweigerten kollektiv die Bezahlung der teureren Tickets, die Kampagne breitete sich rasch aus und führte zur Rücknahme der Preiserhöhung. Wie ein Lauffeuer breitete sich die Bewegung aus, die sich vor allem gegen die Energiepreiserhöhungen richtete. 140.000 Stromrechnungen wurden beispielsweise in Turin nur zur Hälfte bezahlt; kappten die Elektrizitätswerke die Anschlüsse, so wurden sie von den dort beschäftigten linksradikalen Arbeitern wieder hergestellt. Erst die beschwichtigende Haltung der Gewerkschaften – sie mussten anfangs die massive Welle der Reduktionen mittragen – führte zu einem Abflauen der Kampagnen, wenngleich sie in den Wohnvierteln weitergingen, wo Jugendliche massenhaft Konzerte und Kinos stürmten. Die unmittelbare Aneignung des produzierten Reichtums war sowohl unter dem Vorzeichen der Verteidigung des durch die Inflation gefährdeten Lebensstandards als auch vor dem Hintergrund der neuartigen Kämpfe in der «gesellschaftlichen Fabrik» eine brauchbare Strategie im Prozess der Neuzusammensetzung der ArbeiterInnenklasse geworden.

Das Referendum für die zivile Ehescheidung 1974 sowie die zum Teil massiven Stimmengewinne der KPI in den beiden darauf folgenden Jahren führten jedoch auch zu einem neu erwachten Interesse an institutionalisierter Politik. Die von der KPI in dieser Zeit mit Nachdruck verfolgte Politik des «historischen Kompromisses» führte noch einmal zu einer verstärkten Abgrenzung gegenüber der Autonomia. So wurden die schärfs-

20 Die mit dem Bombenattentat auf die Landwirtschaftsbank in Mailand am 12. Dezember 1969 eingeschlagene Strategie der Verunsicherung durch Bombenanschläge zog staatliche «Reaktionen» gegen die Linke nach sich, an denen zentrale Funktionäre des Militärs, der Regierung und der Geheimloge P2 beteiligt waren. (Vgl. Azellini o. J., 37 ff.; Balestrini/Moroni 2002, 213 ff.; Lanza 1999)

ten Repressionsmaßnahmen gegen die neue Bewegung gerade in den von der Kommunistischen Partei regierten Städten und Regionen durchgeführt. Nach dem Ende der Bewegung beteiligten sich der KPI nahe stehende Richter und kommunistische GewerkschafterInnen besonders aktiv an der Verfolgung von ehemaligen AktivistInnen. (vgl. Autonomie NF 1982)

Historischer Ort 1977/79: Höhepunkt und Zerschlagung der Autonomia

In der Bewegung von 1977 fand die neue Klassenzusammensetzung eine explosive Ausdrucksform: «'77 ist die Erfindung einer Politik neuen Typs: Basispolitik, transversal, direkte Ausübung von Gegenmacht.» (Negri 2002, 392) Überall im Land, an den Universitäten, in besetzten Häusern und öffentlichen Räumen entstand eine schier unüberschaubare Vielfalt neuer Aktions- und Kommunikationsformen. Zeitungen und Radiostationen schossen wie Pilze aus dem Boden. Vor allem die Piratenradiostationen, allen voran Radio Alice in Bologna (Gruber 1989), wurden wichtige Informations-, Koordinations- und Partizipationsmittel in den sich im Frühjahr 1977 rasch ausbreitenden Unruhen. Die bürgerliche Presse und die politischen Parteien einschließlich der KPI waren nicht in der Lage, über das Phänomen anders als in Begriffen des Wahnsinns und/oder des Terrorismus zu reden. Die in der Kommunistischen Partei hegemoniale Ideologie des «historischen Kompromisses» mit der Christdemokratischen Partei, d. h. die Einbindung in Regierungsverantwortung als Gegenleistung für den Verzicht auf eine qualitative Veränderung des politischen Systems, vertiefte die Gräben zwischen radikaler Linker und KPI noch weiter (vgl. hier und im weiteren Balestrini/Moroni 2002, 328 ff.). Die Kommunistische Partei schreckte angesichts der militanten Aktionsformen selbst vor einem Vergleich der Autonomen mit faschistischen Schlägertrupps nicht zurück.

1977 kam es vor allem im nördlichen Teil Italiens zu massenhaften Aufständen an den Universitäten, die rasch auch weite Teile der Jugend erfassten. Der Widerstand richtete sich zunächst einmal gegen die unhaltbaren Zustände an den Universitäten, darüber hinaus spielte aber auch die Opposition zu anderen Institutionen der Disziplinargesellschaft[21] wie den Ge-

21 Der von Foucault entwickelte Begriff der Disziplinargesellschaft beschreibt die normierenden und «normalisierenden» Institutionen der Moderne (vgl. unten).

fängnissen, den Schulen und der Psychiatrie eine mobilisierende Rolle. Zu besonders harten Maßnahmen der Behörden gegen die Bewegung und die Autonomia als eine ihrer wichtigsten Bestandteile kam es in von der KPI regierten Städten, allen voran in der «kommunistischen Musterstadt» Bologna. Als der Sekretär des KPI-nahen Gewerkschaftsverbandes CGIL, Luciano Lama, an der besetzten Universität von Bologna sprechen sollte, kam es zum Eklat. Nachdem der Ordnerdienst Mitglieder der Bewegung provozierte und sie schließlich tätlich angriff, reagierten diese mit Gegenwehr. Ein Militanter der Bewegung berichtet:

«Der Gegenangriff kam, wir waren wirklich wütend, da waren unsere Leute mit eingeschlagenen Köpfen. Der Lastwagen, auf dem Lama stand, wurde umgeworfen, zerstört. In diesem Moment tauchte das Gefühl auf, das etwas zerbrochen war [...] Das, was in jenem Moment geschah, war klar: Die Gewerkschaft und die KPI griffen dich an, wie die Polizei, wie die Faschisten. In diesem Moment war klar, daß es einen unheilbaren Bruch zwischen ihnen und uns gab.» (Balestrini/Moroni 2002, 331)

War 1974 von der Linken noch die Niederlage der staatlichen «Strategie der Spannung» gefeiert worden, rüstete mit der zunehmenden Militarisierung der radikalen Linken durch die Roten Brigaden[22] und die zunehmende Gewalt seitens der «legalen» linksradikalen Gruppierungen nun der Staat zum militärischen Gegenschlag – eine Auseinandersetzung, die seitens der Linken militärisch freilich nicht einmal theoretisch zu gewinnen war. In Bologna kam es zu schweren bewaffneten Auseinandersetzungen, die erst durch den Einsatz von Panzern beendet werden konnten. Die Regierung erließ eine Reihe von Ausnahmegesetzen, welche die ohnedies bereits mit dem Legge Reale von 1974 (dem übrigens auch die KPI zustimmte) stark ausgeweiteten Befugnisse der Ordnungskräfte noch einmal erweiterten. Nach der Entführung und Ermordung des christdemokratischen Spitzenpolitikers Aldo Moro 1978 durch die Roten Brigaden – Moro war einer der Hauptvertreter des «historischen Kompromisses» mit der KPI – antwortete der Staat unter allerlei Vorwänden mit der Verfolgung und Verhaftung zehntausender AktivistInnen, die schließlich in der Verhaftungswelle vom 7. April 1979 gipfelte, in deren Verlauf führende Theoretiker der Bewegung, darunter Toni Negri, festgenommen wur-

22 Zur Geschichte der Roten Brigaden siehe Franceschini 1990 und Curcio 1997.

den. Vorerst hatte das System gewonnen: Zehntausende AktivistInnen wurden angezeigt, Tausende inhaftiert[23], Hunderte setzten sich ins Ausland ab, meist nach Frankreich. Der verbliebene Rest der Szene zog sich zumeist ins Privatleben zurück oder flüchtete in die Heroinsucht. (Vgl. Bologna 1977)

«Nach 1977 gibt es kein Zurück mehr, trotz all der Fehler, die gemacht wurden und für die manche immer noch auf grausame Weise bezahlen. 1977 hat so viele und so komplexe Probleme aufgeworfen, dass keine Form der politischen Organisierung gefunden werden konnte, die ihnen gerecht geworden wäre.» (Bologna 1981, zit. nach Wright 2005, 213)

Die postfordistische Restrukturierung der italienischen Linken – eine Zwischenbilanz

Die 80er Jahre waren eine Zeit der Depression der italienischen Linken. Nicht nur die Szenen der radikalen Linken waren weitgehend zerschlagen, auch die etablierten Parteien der ArbeiterInnenbewegung litten unter selbst produzierten Skandalen (SP) und den Zerfallserscheinungen der Sowjetunion in Verbindung mit der Erosion der traditionellen Parteienlandschaft (KP). Auf Basis der umstrukturierten, tertiarisierten und fragmentierten ökonomischen Struktur kam es in den 1980er Jahren zu einem Wirtschaftsaufschwung, der mit einer enormen Schwächung der Linken einherging.[24]

Paolo Virno spricht gar von einer Konterrevolution (Virno 1998), der es gelungen sei, die Bewegung von '77 für den Kapitalismus einzusetzen: «Ihr Nomadentum, ihre Abneigung gegen feste Jobs, ihre Subsistenz, sogar ihr Hang zu individueller Autonomie und ihre Experimentierfreude wurden in der kapitalistischen Produktionsorganisation zusammengebracht.» (Virno 1998, 96) Aber es bildeten sich auch neue Formen des Widerstandes heraus. Aus der Bewegung der besetzten Centri Sociali, in die sich die Reste der autonomen Szene zurückzogen, von den Mitte des Jahrzehnts neu gegründeten Basisgewerkschaftsstrukturen der COBAS («Comitati di base») und durch die kraftvolle StudentInnenbewegung «La Pantera» von 1990 (Azzellini, o. J., 78 ff.) entstand auf Seiten der radikalen Linken

23 Zum politischen Widerstand in den Gefängnissen vgl. Balestrini 2001 Franceschini 1990, 100 ff. und Autonomie 1983, 100 ff.

24 1984 wurde die «Scala Mobile», die gleitende Lohnskala, die die Löhne automatisch an die Teuerungsrate anglich, abgeschafft. Sie war eine zentrale Errungenschaft des «heißen Herbstes» von 1969.

eine neue Dynamik. In den Auseinandersetzungen an den Universitäten, im Bildungssektor und dem Gesundheitswesen zeichnet sich die Neuzusammensetzung der sozialen Subjektivität als «Massenintellektualität» (vgl. Negri 1998, 78 ff.) ab. Von nun an werden die Kämpfe untrennbar mit der Aneignung der gesellschaftlichen Ressourcen, aber auch mit der Frage der Migration und ihrer politischen Artikulation (vgl. Materialien 1993 und Wildcat 2001b) verbunden sein.

Nach der endgültigen Umwandlung der Kommunistischen Partei in die sozialdemokratischen «LinksdemokratInnen» entwickelte sich mit Rifondazione Comunista ein neues linkes Parteiprojekt, das über altstalinistische Ex-KPI-Mitglieder hinaus auch breitere Schichten der marxistischen, aber auch Teile der autonomen Linken integrieren konnte und sich – nach dem Ende einer kurzen Phase der Regierungsbeteiligung inklusive anschließender Spaltung – als pluralistische und aktionsbetonte Partei «neuen Typs» behaupten konnte. Aber auch der Operaismus wurde wieder aufgegriffen, so fand im November 1994 erstmals wieder eine Konferenz über die «Arbeiteruntersuchung» statt. (Wildcat 64/65, 99) Die radikale Linke in den besetzten Centri Sociale und deren Umfeld bekam «von Außen» neuen Schwung, als am 1. Januar 1994 die ZapatistInnen in Mexiko zum Aufstand übergingen. Die Überlegungen zur Neuorientierung der radikalen Linken in Italien verbanden sich mit aktiv gelebter Solidarität mit dem zapatistischen Widerstand in Mexiko: Delegationen flogen zu Kongressen und politischen Aktionen nach Mexiko, ein reger Austausch setzte ein und führte zur Konstitutierung des weit verzweigten «Ya basta!»-Netzwerks. Gleichzeitig verlangte die postfordistische Reorganisation des Kapitalismus eine verstärkte Auseinandersetzung mit dessen Klassensubjekten. Prekarität und Migration rückten ins Zentrum theoretischer und praktischer Arbeit, wobei die Theorien von Hardt und Negri eine wichtige Rolle spielten und spielen.

Die rassistische Ausgrenzung von MigrantInnen sowie die immer schnellere Auflösung stabiler Beschäftigungsverhältnisse und Arbeitsformen, die bereits in den 70ern begann, führten zur weitgehenden Aufgabe des Versuches, gesellschaftliche Ausbeutungs- und Herrschaftsmechanismen im Rahmen einer auf Totalität ausgerichteten Theoriekonzeption zu beschreiben und zu kritisieren. Die konservative ideologische Offensive im Zuge der Durchsetzung neoliberaler Konzeptionen und der Zusammenbruch des stalinistischen Blocks taten ein Übriges, um das Ende der Ära der »großen Erzählungen» einzuläuten. Was blieb, ist eine andere große Erzählung, womöglich gar die allergrößte: jene vom «Ende der Geschichte». (Francis Fukuyama)

Erst mit der sich ab Ende der 90er Jahre in den Auseinandersetzungen um «Sozialabbau», «neoliberale Globalisierung» und «Weltordnungskriege» neu formierenden Linken rückte auch die Beschäftigung mit marxistischer Theorie wieder ins Blickfeld. Nun galt es die für die zentralen Aspekte der sozialen Auseinandersetzung wichtigen gesellschaftlichen Felder auch für die Theoriebildung zu öffnen und – in kritischer Anknüpfung an bereits geleistete Arbeiten methodischer und inhaltlicher Art – theoretisch und kritisch zu bearbeiten. Die Schwierigkeiten dabei sind nicht zu übersehen: Einerseits lösen sich die traditionellen, relativ stabilen Arbeits- und Lebensbedingungen der fordistischen Epoche zunehmend auf, andererseits kann revolutionäre Subjektivität, die auf die Überwindung bestehender Verhältnisse zielt, nur als nichthierarchische Bündelung verschiedener Kämpfe und Kampfformen gedacht werden und nicht mehr als traditionelles «Klassenbündnis».

1998 entwickelten sich in Italien aus verschiedenen Zusammenhängen der radikalen Linken die Tute bianche, die Bewegung der weißen Overalls (Azzellini o. J., 89 ff.), deren zentrales Anliegen es war, die mehr oder weniger neuen Formen marginalisierter, nicht repräsentabler Subjekte sichtbar zu machen. Die Praxis der Autonomen der 70er Jahre wurde dabei kritisch reflektiert. Nicht, dass die Tute bianche die Konfrontation mit Staat und Polizei gescheut hätten, aber gegenüber der im Gefolge der 1977er Bewegung üblich gewordenen physischen Konfrontation als Ausgangspunkt politischen Handelns trat mehr und mehr das Vermitteln politischer Anliegen mittels radikal subversiver, oft auch ironischer Aktionen in den Vordergrund. Mit dem Erstarken der globalen Protestbewegung nahm die italienische Linke einen enormen Aufschwung. Jene Teile, die sich nicht an den orthodoxen Varianten des Marxismus orientier(t)en, wandten sich verstärkt der Rezeption von «Empire» zu. Regionale Sozialforen wurden gebildet, mehr oder weniger radikale Netzwerke überzogen das ganze Land. Die Ereignisse in Genua sowie die jüngste Antikriegsbewegung sind die vorläufigen Höhepunkte dieser Bewegung. Nicht nur wegen der extremen Gewalt, die in Genua vom Staat ausging, legten die Tute bianche ihre weißen Overalls ab und lösten sich in der Menge (Multitude) auf – die Bewegung der Disobbedienti («Ungehorsamen») war geboren.

Auch die Partei Rifondazione Comunista spielte in der Entwicklung der Sozialforen und der Antikriegsbewegung eine wichtige und konstruktive Rolle. Die Verlockung der Macht, verbunden mit der Notwendigkeit, die Berlusconi-Regierung ein für alle Mal zu beenden, haben jedoch zu einem neuerlichen Rechtsschwenk der Partei geführt. So wurde ein «Reflexionsprozess» initiiert, dessen Ende zwar nach wie vor offen ist, in dem sich in letzter Zeit aber doch die Tendenz zur Institutionalisierung der sozialen Bewegungen durchzusetzen beginnt. Die damit einhergehende «Gewaltdebatte», in der zunehmend die Position eines moralisch argumentierten unbedingten Pazifismus (vgl. Rifondazione Comunista 2004) der bislang hegemonialen «Vielfalt der Protestformen» entgegengesetzt wird, ist auch an den «Ungehorsamen» nicht vorübergegangen, war doch die Jugendorganisation von Rifondazione wichtiger Teil der Disobbedienti. Letztere sehen sich seit 2004 ebenfalls in der Krise: Im Umkreis der Euromayday-Bewegung wurden Stimmen laut, die Disobbedienti selbst in die Bewegung der «Prekären» aufzulösen. Andere Differenzen gibt es um die Kandidatur einer mit den Disobbedienti verbundenen Aktivistin zum Vorsitz des linksliberalen «Ulivo»-Bündnisses, an welchem Rifondazione Comunista teilnimmt – sie erreichte gerade einmal 0,5 % der abgegebenen Stimmen.

Wenn schon Teile der autonomen Linken den Tute bianche einst vorwarfen, sich nur an der Medienöffentlichkeit zu orientieren und nicht an der Selbstorganisation der ArbeiterInnen (vgl. Wildcat 2001), dann verwundert es nicht, wenn «Teile der Multitude» in einem offenen Brief die Ulivo-Kanditatur scharf kritisieren (Teile der moltitudine 2005). Aber es gibt auch neue Ansätze der Theoretisierung der Szene. So sind an verschiedenen italienischen Universitäten Projekte entstanden, in denen postoperaistische Ansätze breit diskutiert und die Möglichkeiten ihrer politischen Umsetzung verhandelt werden. Zahlreiche Initiativen zur Organisierung von MigrantInnen und/oder prekär Beschäftigten wie die Chainworkers oder die in Italien erfundene und dort besonders starke Euromayday-Kampagne (www.euromayday.org; siehe auch das letzte Kapitel dieser Einführung) eröffnen jedoch durchaus die Möglichkeit der Rückkehr einer gerade in ihrer Vielfalt mächtigen Bewegung «über den Kapitalismus hinaus».

Trotz oder gerade wegen aller Veränderungen im Prozess von sozialen Kämpfen und kapitalistischer Herrschaft besteht weiter die Notwendigkeit einer Analyse der Produktion und ihrer Subjekte. Nach wie vor gilt es, den damals wie heute herrschaftlich verfassten Zusammenhang von gesellschaftlicher Produktion und privater Aneignung ernst zu nehmen. Das bedeutet eben genau, die Änderungen, Differenzierungen und Verschiebungen in der Funktionsweise kapitalistischer Herrschaft aufzuspüren und sie mit den unhintergehbaren Kämpfen, Widerständen und Wünschen der Menschen in Beziehung zu setzen. Mit den Worten von Guido Viale, einem ehemaligen Militanten von Lotta Continua, geschrieben 1978 und heute aktueller denn je:

«In einer Gesellschaft, die durch die Massenkommunikationsmittel in ein einziges großes Dorf verwandelt wurde, braucht niemand zu befürchten, daß dies alles [die Politisierung des Alltags, MBRF] provinzielle Abkapselung bedeutet. Sicher werden dadurch weder Ausbeutung noch Unterdrückung aufgehoben; aber es kann die Triebfeder und der Beginn eines neuen Kampfes werden [...], der das eigene Leben und die Welt verändert, umwälzt. Und wer sagt denn, das sei unmöglich?» (Viale 1979, 194)

Der Sonderweg der Theorie Toni Negris

Die postoperaistische Theorie kann nur aus dem Kontext ihrer historischen und methodologischen Entwicklung adäquat beurteilt werden. Als Erbin der besonders durch Toni Negri repräsentierten Strömung, des so genannten «Bewegungsoperaismus», sind wichtige postoperaistische Begriffe wie «Multitude», «Autonomie» oder eben «Empire» mit der spezifischen Ausprägung der Theorie Negris in den 70er Jahren verbunden – wenn auch nicht immer direkt, so doch zumindest indirekt konzeptionell. Zum Verständnis der Genealogie des postoperaistischen Denkens sollen nun die Eckpunkte der theoretischen Entwicklung Negris in den 1970er Jahren kurz dargestellt werden. Folgende Aspekte sind beim Übergang vom «klassischen» Operaismus zum Postoperaismus besonders zu berücksichtigen:

- Negris kreative Weiterentwicklung der theoretischen Ansätze des Operaismo vor allem in ihrer durch Tronti in Classe Operaia ab Mitte der 60er Jahre entwickelten Spielart;
- die Theorie des gesellschaftlichen Arbeiters und der Selbstverwertung[25];

25 Ital.: autovalorizzazione; das Wort wurde verschieden übersetzt, u. a. mit «Selbstinwertsetzung» oder – besonders galant – mit «Selbstaufwertung». Marxistische Kritiken haben sich besonders am affirmativen

- die Auseinandersetzung Negris mit staatstheoretischen Themen Anfang/Mitte der 70er Jahre;
- seine (Neu-)Lektüre der marxschen «Grundrisse» Ende der 70er Jahre;
- die Beschäftigung mit der Philosophie Baruch de Spinozas, gipfelnd in der 1979/80 im Gefängnis verfassten Studie «Die wilde Anomalie. Spinozas Entwurf einer freien Gesellschaft»;
- die Beeinflussung von Negris Denken durch die Theorien des französischen (Post-)Strukturalismus (v. a. Althusser, Deleuze/Guattari, Foucault).[26]

Negri war von ihrer Gründung 1969 bis 1973 führender Theoretiker der Gruppe Potere Operaio. Während andere OperaistInnen (darunter Martio Tronti und Massimo Cacciari, der spätere Bürgermeister von Venedig) den Aufbau einer eigenen revolutionären Organisationen neben der Kommunistischen Partei als verfehlt ansahen – und konsequenterweise der Theorie vom Arbeitergebrauch («uso operaio») der traditionellen Organisationen auch gleich die praktische Konsequenz des Wiedereintritts in die KPI folgen ließen – wurde Negri zur zentralen Persönlichkeit von «PotOp». Entgegen der traditionellen Politikform politischer Parteien setzte die Gruppe auf die direkte Aktion der Massen und nicht auf deren Vertretung im staatlichen Institutionengefüge. Mit dem beschriebenen Aufkommen neuer Subjektivitäten ab 1968 galt es auch die Theorie der Klassenzusammensetzung an die veränderten Verhältnisse anzupassen. Mit seiner Theorie des «operaio sociale» (gesellschaftlicher Arbeiter) versuchte Negri, dieser gesellschaftlichen Transformation gerecht zu werden. Anknüpfend an die bereits skizzierte Kritik kapitalistischer Planung und der Rolle des Staates dabei schreibt Negri bereits 1968 in seiner Auseinandersetzung mit Keynes: «Das Faktum, daß der Staat die grundlegende wirtschaftliche Konvention garantiert, die die Gegenwart

---

Charakter des Begriffs gestoßen. Genau dieser ist aber von Negri intendiert, weil über die kritischen, antagonistischen und das Kapitalverhältnis negierenden Aspekte des Klassenkampfes hinaus das Vermögen des gesellschaftlichen Arbeiters bezeichnet werden soll, konstituierende Macht zu sein. Besonders deutlich wird dies in der späteren Hinwendung Negris zum Spinozismus.

26 Die letzten beiden Punkte werden an dieser Stelle nur kurz gestreift und stattdessen im Frankreich-Teil des Kapitels «Operaismus im Exil» eingehend behandelt, sind doch die Rezeption Spinozas und das Zusammentreffen von operaistischer Theorie und poststrukturalistischer Philosophie für die Ausgestaltung des Postoperaismus von großer Bedeutung.

mit der Zukunft verbindet, ist nicht ausreichend: etwas Weitergehendes ist nötig, nämlich daß der Staat selbst zur ökonomischen Struktur und – als ökonomische Struktur – produktives Subjekt wird.» (Negri 1972, 29) Diesen Ansatz baut Negri drei Jahre später zu seiner Theorie des «Planstaats» aus. (Vgl. Negri 1973)

Die Texte aus den bewegten Jahren 1971–1977 verweisen auf den Versuch, inmitten der zugespitzten Kämpfe, dieser drastischen Veränderung der Klassenzusammensetzung hin zu einer Vervielfältigung von Subjektpositionen, gerecht zu werden, und zugleich der konstatierten Vereinheitlichung des kapitalistischen Kommandos durch den Staat die Vereinheitlichung des Kampfes entgegenzusetzen. Dementsprechend sind diese Texte relativ kurz gehalten und noch immer vom leninistischen Paradigma der Notwendigkeit einer Partei geprägt.[27] Das eng mit dem des «gesellschaftlichen Arbeiters» verbundene Konzept der Selbstverwertung/Selbstinwertsetzung («autovalorizzazione») versucht einen dialektischen Ausweg zu weisen. Der Kampf gegen die Arbeit, die Verweigerung der Arbeit wird nicht mehr rein negativ, sondern ebenso und gleichzeitig als positive Konstitution (kommunistischer) Subjektivität, gesetzt:

«Proletarische Unabhängigkeit, Selbstverwertung, Gegenmacht: Das sind die aufeinander folgenden und eng miteinander verbundenen Ebenen. Sie sind jene Vermögen, die die Klassenzusammensetzung der lebendigen Arbeit in den unterschiedlichen, aber sich ergänzenden Momenten der eigenen Subjektivität zeigt.» (Negri 2005, 216, Übersetzung MBRF)

Und:

«Jede(!) bestimmte Klassenzusammensetzung ist zweifach: Objekt der Ausbeutung und Subjekt der Selbstverwertung. Die Verweigerung (Self-Negation) ausgebeutetes Objekt zu sein ist nicht einfach Selbst-Affirmation oder Selbstverwertung. Es ist vielmehr die Verweigerung dieses Verhältnisses selbst.» (Negri 2005, 218; Übersetzung MBRF)

Auch der im Operaismus wichtige Terminus der Arbeiterautonomie wandelte sich mit jenem der Zusammensetzung der ArbeiterInnenklasse. Zwar wurde die grundlegende Prämisse beibehalten, wonach im Gegensatz zum orthodoxen Marxis-

27 «The other aspect of this period of Negri's work that we must take into account is its political immediacy. The horizon of the political movements seemed in a continuous state of flux and each event added a new urgency. The texts are dated not only with the year but also the month in which they were drafted.» (Hardt 2005, 8 f.)

mus nicht Gesetzlichkeiten des Kapitals die kapitalistische Entwicklung bestimmten, sondern die Kämpfe der Klasse, aber deren «recomposizione», ihre Neuzusammensetzung, verlangte nach einem Ausdruck dessen, was unter den veränderten Bedingungen Autonomie bedeuten konnte. In der Ära des Massenarbeiters war dies eine – vermeintlich – einfache Sache: In der aus den unmittelbaren Bedürfnissen des Proletariats entspringenden Forderung nach mehr Lohn wurde der Schlüssel zur Aushebelung des Kapitalismus als Ganzem gesehen. Nicht im Gleichschritt mit den gesellschaftlichen Produktionszuwächsen sollten die Löhne steigen (dies war die klassische Gewerkschaftspolitik), sondern die Forderung nach immer mehr Lohn sollte zur Sprengung des kapitalistischen Gesamtzusammenhangs führen, zur absoluten Unerfüllbarkeit der Forderungen im kapitalistischen Rahmen. Da den Gewerkschaftsapparaten wie auch den traditionellen Parteien eine herrschaftsstabilisierende Rolle zugeschrieben wurde, war Autonomie nur als Ausbruch aus der Verfügungsgewalt von Kapital und traditionellen Organisationen, als irrationales Element der vorgeblichen kapitalistischen Rationalität realisierbar.

Der/die gesellschaftliche ArbeiterIn hingegen kennt keine Zentralität der Fabrik mehr, im Gegenteil: Die Flucht aus den disziplinierenden Fabrikhallen wurde als Teil des Klassenkampfes gesehen, der zu einer Auflösung der Fabrik in die Gesellschaft führt. Der Begriff «fabbrica diffusa», die in die Gesellschaft aufgelöste Fabrik, bringt sowohl den Verlust eines zentralen Ortes als auch den eines relativ stabilen Subjekts des Klassenkampfes zum Ausdruck und weist auf das unmittelbare Produktivwerden der gesamten Gesellschaft hin. Produktive, reproduktive und «nicht-produktive» Tätigkeiten verschmelzen zur unmittelbaren Produktion des Kapitalverhältnisses. Negri wird später diesen Prozess auch als «reelle Subsumtion der Gesellschaft unter das Kapital»[28] bezeichnen. Subjekttheoretisch bezog sich Negri auf die Effekte der Umstrukturierung, d. h. die Zersplitterung der großen Industrien Norditaliens und den Eintritt junger, gut ausgebildeter ArbeiterInnen in die so entstandenen Arbeitsverhältnisse. Die Ablösung des Massenar-

28 Bei Marx bedeutet «reelle Subsumtion der Arbeit unter das Kapital», dass die Organisation der Arbeit durch das Kapital erfolgt und nicht mehr vorkapitalistische Produktionsweisen der Verwertung unterliegt (vgl. Marx 1969). «Reelle Subsumtion der Gesellschaft» bedeutet, dass alle gesellschaftlichen Verhältnisse durch das Kapital organisiert werden.

beiters durch den «operaio sociale» wurde von der Auflösung der Fabrik in die Gesellschaft begleitet. Dieser Prozess ordnet letztlich die ganze Gesellschaft dem politischen Kommando, also dem Staat, unter.

Anfang der 70er Jahre führt diese Entwicklung zu einer verstärkten Beschäftigung Negris mit staatstheoretischen Fragestellungen. Der Staat als politische Form der «reellen Subsumtion» wird für ihn zur zentralen Institution kapitalistischer Reproduktion, er steht der Autonomie des gesellschaftlichen Arbeiters direkt und unvermittelt entgegen. Mit dieser gewagten Wendung vom unmittelbaren Produktionsprozess zum Angriff auf die Reproduktion des Kapitalismus in seiner Gesamtheit kann Negri zwar an die neuen Formen der Kämpfe anschließen, seine Verabsolutierung der neuen Formen führt aber zu erheblichen Meinungsunterschieden vor allem mit jenen linken TheoretikerInnen, die nach wie vor eine genaue Analyse der Verhältnisse einer zunehmend abstrakter werdenden Übertheoretisierung samt ultramilitanter Rhetorik vorziehen. (Battaggia 1997, Bologna 1977) Die Theorie vom «operaio sociale» und von der Produktivität der gesamten Gesellschaft, die Negri über seine Auseinandersetzung mit den marxschen «Grundrissen» (Negri 1991) entwirft, ist eine zentrale, wenn nicht die wichtigste Konstante seiner theoretischen Entwicklung, die rund 25 Jahre später in die Theorie des Empire münden wird. Das Konzept der Selbstverwertung («autovalorizzazione») wiederum wird uns in der – wenngleich modifizierten – Gestalt der konstituierenden Macht der Multitude wieder begegnen.

Im Gefängnis – Negri wurde 1979 wegen «bewaffneten Aufstands gegen die Staatsmacht» zu insgesamt 13 Jahren Haft verurteilt – wendet er sich intensiven Studien des niederländischen neuzeitlichen Philosophen Baruch de Spinoza zu (Negri 1982), dessen Philosophie neben den marxschen «Grundrissen» in «Marx altre Marx» (Negri 1991) den zentralen Bezugspunkt des neueren Negrischen Denkens bildet. Nachdem er aus dem Gefängnis heraus ins Parlament gewählt wird und sich nach einer abermaligen Debatte um die Aufhebung seiner Immunität einer erneuten Inhaftierung durch die Flucht nach Frankreich entzieht, wo er bereits 1978 auf Einladung Louis Althussers an der Ecole Normale Supérieure in Paris Vorlesungen gehalten hat, intensiviert er seine Auseinandersetzung mit (post-)strukturalistischen Theorieansätzen, vor allem jenen von Gilles Deleuze und Felix Guattari. Bei seiner Rückkehr nach Italien 1997 wird Negri erneut verhaftet und ins Gefängnis gesteckt, aus dem er erst 2003 endgültig freikommt. Im Jahre 2000 erscheint sein gemeinsam mit dem US-amerikanischen Literaturwissenschaftler Michael Hardt verfasstes Buch «Empire», das zum wohl meistverkauften linken Buch der letzten zwanzig Jahre avanciert ist und in dem sich Negris in den letzten dreißig Jahren angesammelte theoretische und praktische Erfahrungen zu einer postmodernen großen Erzählung amalgamieren. Was paradox klingen mag, ist doch nichts weniger als der weitgehend gelungene Versuch einer postmodernen Philosophie der Befreiung, der sich allerdings bereits in dem 1997 gemeinsam mit Hardt verfassten Buch «Die Arbeit des Dionysos» (Hardt/Negri 1998) ankündigte.

Bevor wir uns «Empire» zuwenden (siehe Abschnitt 4.1), möchten wir anhand dreier Beispiele die Wirkungs- und Entwicklungsgeschichte operaistischer Theorie nachzeichnen. Das Kapitel «Diaspora & Transformation» zeigt einerseits die *geographische* Verbreitung des Operaismus durch «Theorieexport» (Autonomist und Open Marxism, «GastarbeiterInnen» in Westdeutschland und erzwungenes Exil in Frankreich bzw. Paris) und andererseits die Linien der *theoretischen* Weiterentwicklung in diesen Bereichen durch die Verbindung mit anderen Theorien wie dem französischen Poststrukturalismus.

III. Diaspora & Transformation

1. *Frankreich: Exil und Begegnung, Poststrukturalismus und Spinoza*

Der Übergang zum Postoperaismus lässt sich nicht nur am Begriff «Gesellschaftliche ArbeiterIn» festmachen, sondern auch am zunehmenden Einfluss des poststrukturalistischen französischen Denkens auf die Bewegung der Autonomie, verbunden mit der Flucht von zahlreichen militanten Intellektuellen vor der Verfolgung durch den italienischen Staat nach Frankreich.

Ein Zentrum der Bewegung von 1977 war neben Rom die kommunistisch regierte Stadt Bologna. Mehr als in anderen Städten orientierte sie sich dort an «kulturellen» Formen der Revolte (vgl. Indianer und P38, 1978; Gruber 1989) und war stärker vom Poststrukturalismus beeinflusst, besonders von den Theorien von Gilles Deleuze und Félix Guattari (Wright 2005, 223). «Relativ neue Thematiken, wie die der Bedürfnisse, der Befreiung des Körpers, der Sexualität, der Sprache stehen in striktem Gegensatz zu jeder Form von Herrschaft und Staat, und zwar nicht in abstrakt anarchistischer Weise, sondern in enger Verknüpfung mit der neuen Klassenzusammensetzung» (Indianer und P38, 1978, 138), erläutert Franco Berardi (Bifo) in einem Interview mit der Zeitung Repubblica. Auch die so genannten «Stadtindianer» («Indiani Metropolitani») waren in Bologna stärker als anderswo, Widerstand in der Kommunikation und auf der Zeichenebene wurde praktiziert und diskutiert. Die Zeitung A/Traverso und Radio Alice waren wichtige Knotenpunkte zwischen Bewegung und theoretischer Diskussion. Berardi musste 1977 nach Frankreich flüchten, um einer drohenden Verhaftung zu entgehen, und wohnte dort bei Guattari. Weiter verbreitert wurde diese italienische Diaspora in Frankreich nach dem April 1979 durch Flüchtlinge aus der Autonomia Operaia. 1983 setzte sich schließlich auch Toni Negri nach Frankreich ab. Die Zusammenarbeit zwischen italienischen und französischen AktivistInnen erstreckte sich nicht nur auf theoretische Untersuchungen, etwa über die Zusammensetzung der Klasse in Norditalien, sondern auch auf die Herausgabe wichtiger Diskussionsorgane wie «Futur Anterieur» und daran anschließend «Multitudes».

Das revolutionäre Denken zur Zeit von Marx bildete sich um drei Achsen: deutsche Philosophie, englische Ökonomie und französische Politik. Heute, schreibt Michael Hardt (1996, 1), seien es die Ökonomie der USA, die Politik in Italien und französische Philosophie.[29] Und in «Empire» (421, Fn) sehen Hardt/Negri neben dem marxschen «Kapital» ausdrücklich Deleuze/Guattaris (1992) «Tausend Plateaus» als Vorbild für ihren interdisziplinären Ansatz. In diesem Abschnitt soll kurz auf einige Begrifflichkeiten von Deleuze und Guattari eingegangen und dann die in den 1960er Jahren beginnende materialistische Reflexion über Spinoza vorgestellt werden, dessen Interpretation maßgeblich mit der poststrukturalistischen Philosophie sowie der Entwicklung der postoperaistischen Theorie verbunden ist.

Den Philosophen Gilles Deleuze und den (Anti-)Psychiater Félix Guattari verbindet eine intensive Zusammenarbeit, die in die opulenten Werke «Anti-Ödipus» (Deleuze/Guattari 1979) und «Tausend Plateaus» (Deleuze/Guattari 1992) mündete. Ihre Art zu schreiben, die im Detail genau, aber auch durch Abschweifungen, literarische Metaphern und Streifzüge durch verschiedene Wissenschaften geprägt ist, entspricht ihrem «rhizomatischen» Denken. Ein *Rhizom* unterscheidet sich von einer stammartigen Wurzel dadurch, dass es in alle Richtungen wuchert und auch mit allen anderen Teilen in Verbindung tritt.[30] Die eklektische Zusammenschau unterschiedlicher Diskussionen in «Empire» scheint stark von dieser Herangehensweise geprägt. Verwandt damit ist die Vorstellung der *Transversalität* (vgl. Raunig 2003; Deleuze 1992, 128). Nicht umsonst nannte sich die Zeitung aus Bologna «A/Traverso» («Quer drüber»). Transversalität ist ein gesellschaftliche Sektoren übergreifender, gesellschaftliche Räume durchquerender Zusammenhang. Es geht nicht um die Mobilisierung der «Fußvölker» durch FunktionärInnen, sondern um den Zusammenhang von Vielfältigkeit und Unterschieden. Solche «molekularen» Strukturen haben im Gegensatz zu Vereinheitlichungsversuchen die Tendenz, sich zu vermehren.[31] Konzeptionell eng damit verbunden sind *Deterritorialisierung* (Entgrenzung, Differenzierung und

29 Während wir dieses Buch schreiben, hängt dieses Bild schief: Die Klassenkämpfe toben in Frankreich, während in Italien Wahlkampfstille herrscht.

30 Heute würde mensch die Netzwerk-Metapher vorziehen, allerdings ginge dabei die «biologische» Konnotation verloren.

31 Erinnert sei nur an die unerträglichen Kompromisse, die bei «Plattformen» herauskommen.

Vervielfältigung) und *Reterritorialisierung* (Hierarchisierung, Einordnung, Blockbildung). Spontane Bewegungen haben zunächst die Tendenz zur Deterritorialisierung, darauf folgt die Reterritorialisierung, die Suche nach Repräsentation, das Auftauchen von SprecherInnen und die Bürokratisierung der Institutionen (auch der linken). Anhand dieser Begrifflichkeiten zeichnet sich schon der Charakter der *Multitude* ab, die transversal, molekular und deterritorialisiert ist (vgl. unten).[32]

Missverständnisse verursacht die Verwendung von Begriffen wie «Wunschmaschine», «Kriegsmaschine», ja der Maschinenbegriff im Allgemeinen (vgl. Deleuze/Guattari 1979, 497 ff.; Raunig 2006, 45 ff.). Für gewöhnlich wird Maschine als Metapher für etwas Mechanisches gesehen, ein Werkzeug als Verlängerung des Organischen, das eine relative Unabhängigkeit bekommt oder den Menschen ganz ersetzen kann. Für Deleuze/Guattari ist im Gegenteil dazu Maschine alles, was Koppelung und Rekursion ist, also Verbindung wie das Treten in die Pedale und Wiederholung wie das Zum-Mund-führen des Essens mit einer Gabel. Maschine ist alles, was miteinander in Zusammenhang steht, sich bewegt und kommuniziert. Wirklich unübersichtlich wird es, wenn Kommunikation, Sprache und Begehren hinzukommen, eine unendliche Verkoppelung des Maschinenartigen. Unser ganzes Alltagsleben ist von unzähligen Kommunikationen und Rekursionen durchzogen. Was heute arbeitet, ist nicht der Mensch, die Arbeiterin oder der Handwerker, sondern es ist die Funktion des Menschen, ein Organ, eine produzierte Verkettung (Guattari 1978, 46). Das kapitalistische System hat das erfasst, weil es zwar Arbeitskraft kauft, aber die einzelne, abgetrennte Funktion für die Produktion anwendet, um Waren zu erzeugen. Maschinengleiche Verkettungen werden uns in der Diskussion immer wieder begegnen, ohne dass der Begriff verwendet wird (so etwa in der Diskussion um den General Intellect und beim Konzept der Cyborg).

32 Zu betonen ist, dass Deleuze/Guattari diese Elemente ambivalent sehen: Auch faschistische Bewegungen können molekular oder deterritorialisierend sein, aber umgekehrt muss eine revolutionär-emanzipatorische Entwicklung von dem Auflösenden, dem Differenzierenden, dem Vervielfältigenden etc. ausgehen.

Spinoza, oder: «Die größte Lehre in Häresie» (Althusser)

Hinter dem fruchtbaren Austausch von «französischer Philosophie» und «italienischer Politik» steht aber auch der gemeinsame Bezug auf einen Philosophen, dessen Theorie der antihegelianischen Neuformulierung des Marxismus das Fundament liefert: Baruch de Spinoza (1632–1677). Sowohl die (post-)strukturalistischen Theoretiker Gilles Deleuze und Louis Althusser als auch die Postoperaisten Negri und Virno beziehen sich in ihrer Marxismuskonzeption ganz zentral auf Spinoza, den sie als häretische Alternative zum «Dialektischen Materialismus» der Traditionslinie Hegel–Marx einsetzen. Eine auch nur rudimentäre Einführung in das Denken Spinozas kann an dieser Stelle nicht geleistet werden[33], doch sollen jene wesentlichen Elemente vorgestellt werden, die einerseits dem postoperaistischen Denken seine Kraft und Dynamik verleihen und andererseits den orthodoxen Marxismus in eine militante Abwehrhaltung verfallen lassen.

Die jüdische Familie De Spinoza wanderte um 1600 aus Portugal in die Niederlande ein. Die Zeit der Hochblüte der «Vereinigten Provinzen» zeichnete sich durch ein für damalige Verhältnisse äußerst liberales gesellschaftliches Klima aus, das es Spinoza erlaubte, seine Theorie zu entwickeln. Dennoch wurde er im Alter von 24 Jahren aufgrund seiner häretischen Ansichten aus der Amsterdamer jüdischen Gemeinde ausgestoßen und ließ sich später in Den Haag nieder. Als sein Hauptwerk gilt die «Ethik, nach geometrischer Methode dargestellt» (Spinoza 1977), für die marxistische Interpretation war daneben vor allem sein «Politischer Traktat» (Spinoza 1994) von besonderem Interesse. Zu Lebzeiten wurde vor allem sein Gottesbegriff mit Argwohn betrachtet, stellte Spinoza doch allen personifizierenden Gottesbegriffen seinen monistischen Substanzbegriff entgegen, wonach Gott als Prinzip in allem und jedem wirke, eben als die eine Substanz.

Der Beginn der neuen materialistischen Spinozarezeption fällt in das Jahr 1968, das Erscheinungsdatum des ersten Teiles von Martial Gueroults bahnbrechender Studie über das erste Buch der Ethik Spinozas (Gueroult 1968–74; vgl. Montag 2004, 34). Im gleichen Jahr erscheint Gilles Deleuze' «Spinoza und das Problem des Ausdrucks in der Philosophie», das zu ei-

33 Siehe dazu Bartuschat (1996); aus marxistischer Perspektive Holland (1998), Montag (2004), Moreau (1994) und Reitter (o. J.).

nem wichtigen Bezugspunkt von Toni Negris Spinozalektüre wird. Die Hegemonie des Strukturalismus im Frankreich der 1960er Jahre war dieser Neuentdeckung Spinozas sicherlich nicht abträglich. Nachdem dieser zuvor meist in der rationalistischen Tradition Descartes' oder – vor allem durch die Rezeption im Deutschland des 19. Jahrhunderts – als «Pantheist» gesehen wurde, interpretierte ihn die neue Spinoza-Lektüre materialistisch. Der spinozistische Marxismus vor allem von Althusser[34] und später von Negri wurde als Alternative zu einer hegelianisch-dialektischen Methode entwickelt. Galt dem orthodoxen Marxismus Hegel als mit Abstand wichtigster «Vorläufer» Marxens, so wurde dem nicht zuletzt aus der Erfahrung der stalinistischen Degeneration des (Partei-)Marxismus und seiner zu einer «Legitimationswissenschaft» verkommenen «Theorie» die Philosophie Spinozas in mindestens dreierlei Hinsicht entgegengesetzt: gegen Humanismus, Historizismus/Teleologie und Dialektik. Was aber ist die Bedeutung dieser Abstoßpunkte in theoretischer, aber auch in politischer Hinsicht?

Bevor wir uns an die Erläuterung dieser zentralen Elemente eines spinozistischen Marxismus machen, soll über den Umweg eines über zehn Jahre nach Gueroults und Deleuze´ Studien erschienenen Buches das historische und theoretische Terrain der Auseinandersetzung abgesteckt werden. 1981 erschien Toni Negris in nur einem Jahr im Gefängnis verfasstes Buch «Die wilde Anomalie. Spinozas Entwurf einer freien Gesellschaft». (Negri 1982) Negris Spinozainterpretation geht dabei vom Sonderfall der holländischen Geschichte des 17. Jahrhunderts aus, von einer Anomalie also, die sich auf folgende Kurzformel bringen lässt: großer Reichtum durch Aufblühen des Seehandels, liberale politische Kultur, aber keine Herausbildung kapitalistischer Verhältnisse. An anderer Stelle spricht Negri von der «Antimodernität Spinozas» (Negri 2004), die gerade daraus ihre Bedeutung für die zeitgenössische kommunistische Theoriebildung gewinnt: Ähnlich wie Machiavelli, den Negri an den Beginn seiner alternativen geschichtlich-philosophisch-politischen Linie Machiavelli–Spinoza–Marx (gegen Hobbes–Rousseau–Hegel) setzt, war die politisch-theoretische Anomalie Spinozas das Denken der Konstitution einer neuen politischen Ordnung. Genau dieses Denken der «absoluten Demokratie», in der sich das Vermögen der Multitude ausdrückt ohne, wie

34 Althussers Spinoza-Rezeption ist wenig systematisch und auf mehrere seiner Schriften verteilt (Althusser/Balibar 1972; Althusser 1975, 70 ff.; Althusser 1993, 248 ff.).

z. B. bei Hobbes, zum Volk vereinheitlicht zu werden, macht Spinoza für den Postoperaismus so interessant.

Doch zurück zu den Alternativen, die ein spinozistischer Marxismus dem dialektischen Denken der marxistischen Orthodoxie, aber auch so manchem operaistischen Ansatz entgegenhält.

Ideologie des freien Willens

Der erste Angriff gilt der Illusion der Willensfreiheit. Ausgehend vom modernen Paradigma eines freien Subjekts («des Menschen») setzt ein Mechanismus der Dichotomisierung der Welt ein, in dem sich besonders für Althusser, aber auch für Deleuze die herrschaftlichen Grundmuster bürgerlicher Gesellschaften zeigen: Geist/Materie, öffentlich/privat, Gesellschaft/Staat, Mann/Frau, Bourgeoisie/Proletariat u. v. a. m. Die Gegenüberstellung solcher Gegensatzpaare und eines universalistischen Begriffs «des Menschen» (inkl. der dazugehörigen Menschenrechte) ist jedoch eine ideologische. Mit Spinoza lässt sich diese vermeintliche Dialektik von «Allgemeinem» und «Besonderen» als das dechiffrieren, was es ist: eben das Grundmodell eines Denkens, Sprechens und Handelns, das Modernität und Kapitalismus zusammenbringt. Paradephilosophie dafür ist jene Hegels; in ihren dialektischen Aufhebungen kommt mit sicherer Gewissheit letztlich doch das zu sich, was ohnehin notwendige Bedingung der Einheit seines Denkens ist: Der Geist als das Allgemeine schlechthin, Gott als das sich wieder erkennende Prinzip der Freiheit. Für die irdische Variante ist natürlich auch gesorgt: Der Staat als die «Wirklichkeit der sittlichen Idee», als «sittliches Ganzes» (Hegel).

Das Denken Spinozas ist dem genau entgegengesetzt: Es gibt kein Primat des Geistes vor dem Körper (auch nicht umgekehrt), diese beiden Attribute (Denken und Ausdehnung) der einen Substanz sind «immer beide da», was auch als «Parallelismus» bezeichnet wird. Damit wird sowohl eine «Schöpfungsgeschichte» (d. h. ein mit einem freien Willen ausgestatteter, anthropomorpher Gott schafft die Menschen nach seinem Ebenbilde ...) als auch die Kehrseite dieser Medaille (mit einem freien Willen ausgestattete Menschen schaffen durch bewusste Entscheidungen ihre «kulturelle» Welt, die dann im Gegensatz zur Natur existiert) verunmöglicht. Marxistisch gewendet verabschiedet spinozistisches Denken jede Möglichkeit einer Trennung von ökonomischer Basis und politischem Überbau, von Produktion und Demokratie, die ja selbst zentrale Elemente der bürgerlichen Gesellschaftskonstitution sind.

Das Denken Spinozas ist durch Kausalitäten bestimmt. Das Schwierige am Verstehen dieser Herangehensweise ist – vor allem in der marxistischen Interpretation – die Bestimmung dieser Kausalitäten über die Wirkung und eben nicht über den freien Willen vorgängiger Subjekte. Althusser geht so weit, von einem «Prozeß ohne Subjekt» zu sprechen, d. h. den Klassenkampf als Prinzip einzusetzen, das «Klassen» als seinen Ausgang erst hervorbrachte und ununterbrochen hervorbringt. Verkompliziert wird die Sache noch durch das strenge Immanenzdenken Spinozas: Es gibt nur eine Substanz, also gibt es kein Anderes, kein Außen. Dies ist z. B. auch in Hardt/Negris Empire so, dem keine transzendenten Prinzipien gegenüber- oder entgegengestellt werden können. Die Befreiung kann nur, ja sie muss aus dem Inneren des Empire kommen. Bis zur letzten Konsequenz getrieben würde allerdings strenges Immanenzdenken keine Möglichkeit zur Sprengung von herrschaftlichen Verhältnissen mehr eröffnen. Dies ist der Punkt, an dem die Theorie von Marx wieder ins Spiel kommt. Die «Kritik der politischen Ökonomie» erst liefert die Bestimmungsgrößen der kapitalistischen Gesellschaft als «gegliedertem Ganzen» (Althusser) in ihrer herrschaftlichen Verfasstheit. Dies konnte Spinoza nicht leisten, lebte er doch zu einer Zeit, in der der Kapitalismus noch nicht auf der Tagesordnung stand. Er liefert uns allerdings das begriffliche Instrumentarium, um die Möglichkeit gesellschaftlicher Konstitution jenseits von Staat und Kapital zu denken. Nicht zuletzt aus diesem Grund haben Hardt und Negri den Begriff der Multitude von Spinoza aufgegriffen (vgl. Reitter 2005), und hier wird das – wie oben gezeigt wurde nicht unproblematische – strenge Immanenzdenken zur wichtigsten Bezugsgröße. Mit Spinoza (und gegen z. B. Hobbes) geht es darum, ein Gemeinwesen zu denken, das keine transzendentalen Mechanismen der Vereinheitlichung der Individuen kennt, weil vom Gemeinsamen (communen) der Individuen selbst ausgegangen wird. Am Ende dieses Abschnitts wird auf diese Problematik zurückzukommen sein.

«Mit der Multitude ist niemals ein Staat zu machen» (Paolo Virno)

Die Multitude lässt sich nicht (mehr) zum Volk machen, und genau an dieser Stelle tritt wieder das marxistische Denken auf den Plan: Die aktuelle Möglichkeit des Kommunismus, der direkten Demokratie der Multitude, eröffnet sich durch das Zusammentreffen von Ontologie (Lehre vom Sein) und Geschichte oder spinozistisch ausgedrückt von Essenz und Existenz im postfordistischen Zeitalter. Erst jetzt, auf dem gegenwärtigen Stand der Produktivkräfte, ist es möglich, ohne äußere Anleitung zu produzieren. Erst das Ende des fordistischen Zeitalters der radikalen Arbeitsteilung in Kopf und Hand, in Produktion und Reproduktion, in Arbeit und Freizeit eröffnet die neue kommunistische Perspektive – zumindest als Möglichkeit.

Wir befinden uns bereits mitten in der Thematik des zweiten zu kritisierenden «modernen» Begriffspaares: Historizismus und Teleologie. In der Hegelschen Dialektik wie in dem sie einfach «umstülpenden» dialektischen und historischen Materialismus der marxistischen Orthodoxie ist die Richtung und das Ziel gesellschaftlicher Entwicklung vorweggenommen: Fortschritt, stete Entwicklung der Produktivkräfte, Kommunismus als Ende der Geschichte.[35] Im Marxismus gab es zwar harte Auseinandersetzungen über das Verständnis von Fortschritt, von «Die Geschichte ist auf unserer Seite» bis zu «Sozialismus oder Barbarei» (Rosa Luxemburg) reichte die Palette, letztlich wurde aber – und da sind nahezu alle marxistischen Spielarten Kinder des «fortschrittsgläubigen» 19. Jahrhunderts – doch nur zwischen verschiedenen geschichtsphilosophischen Versionen gewählt: Zusammenbruchstheorie oder notwendiger Sieg der proletarischen Partei waren die zwei Seiten der ökonomistisch/voluntaristischen Medaille. Bei Spinoza hingegen gibt es keine Geschichtsphilosophie, vielmehr stellt er seine grundsätzlichen Betrachtungen unter dem Gesichtspunkt der Ewigkeit an: «Es liegt in der Natur der Vernunft, die Dinge unter einem Gesichtspunkt der Ewigkeit zu erfassen.» (Spinoza 1977, 221) Nachdem eine vernünftige gesellschaftliche Ordnung – es gibt keine «Dialektik» zwischen Individuum und Gesellschaft – nur aus dem vernünftigen Streben der Menschen entstehen kann, muss diese ebenfalls «unter einem Gesichtspunkt der Ewigkeit», lies: «Zeitlosigkeit», betrachtet werden. Das Feld, auf dem eine solche Neulektüre Spinozas heute ihre größte Wirkungskraft entfaltet und das im Folgenden kurz untersucht werden soll, ist die Politik. (Moreau 1994, 89; vgl. auch Birkner 2004)

Die oben genannte kategoriale Verschiebung erschüttert den Kern einst unumstößlicher Gewissheiten der politischen Theorie und insbesondere des marxistischen Denkens. Es ist gerade nicht

35 An dieser Stelle sei an ein Zitat von Erich Honecker erinnert: «Den Sozialismus in seinem Lauf hält weder Ochs noch Esel auf.»

die lineare Vorstellung von Zeit, die stets hinter der dialektischen Maske der «Umschläge von Quantität in Qualität» lauerte (egal ob in zusammenbruchstheoretischer oder voluntaristischer Hinsicht), sondern eine zerbrochene Struktur von Zeitlichkeit, die eine «absolute Demokratie», die «kommende Gemeinschaft» (Agamben 2003) überhaupt erst denkbar macht. Nicht nur Toni Negri (Negri 2003), sondern auch der ganz und gar nicht spinozistisch denkende John Holloway verweisen auf diese Notwendigkeit einer radikal anderen Zeitlichkeit: Revolution hier und jetzt gegen die kapitalistische Dauer und das Vorher-Nachher-Denken des Leninismus und gleichzeitig das «langsame Gehen» der ZapatistInnen, da der Weg noch unendlich lang ist (vgl. Holloway 2006). Giorgio Agamben benennt die Logik dieser kommenden Politik: Mittel ohne Zweck (Agamben 2001). Das spezifisch Spinozistische an dieser Umwertung aller Werte ist aber nicht nur in dem Begriff von Ewigkeit zu finden, noch mehr kommt es in der Ausgestaltung des Rechtsbegriffes zum Ausdruck. Ihn wollen wir zum Abschluss unserer Bemerkungen zur Bedeutung Spinozas für das postoperaistische Denken beleuchten, weil er – aus einem anderen Blickwinkel – Rückschlüsse bzw. Vorblicke auf die Frage aller Fragen zulässt: Wie ist eine freie Gesellschaft möglich? Damit sind wir bereits mitten im dritten Gesichtspunkts eines spinozistischen Marxismus, der um die Frage nach der unmöglichen Möglichkeit kreist, angesichts der reellen Subsumtion der Gesellschaft unter das Kapitalverhältnis[36] den Kommunismus a venir, als «im Kommen» zu denken. Für Dialektik als Logik widersprüchlicher Einheit, als historisch im Schritt von Setzung, Negation und Aufhebung des Negierten in der Negation der Negation sich bewegendes Prinzip, ist im spinozistischen Denken kein Platz. Die Negativität ist diesem Denken völlig fremd, vielmehr geht es um die Verminderung bzw. Steigerung des Tätigkeitsvermögens – ein Denken in Graden und nicht in Negationen.

Am Beispiel seiner Rechtstheorie lässt sich Spinozas Differenz zum dialektischen wie zum positivistischen Denken sehr schön verdeutlichen. Der Affront des Spinozismus gegen das bürgerliche Rechtsdenken könnte größer nicht sein: «Macht

36 Bei Marx bedeutet reelle Subsumtion unter das Kapital, dass die Ausbeutung durch das Kapital organisiert wird. Die historisch frühere formelle Subsumtion hingegen bedeutet, dass die ArbeiterInnen zwar gezwungen werden, ihre Arbeitskraft zu verkaufen, das Wissen über die Organisation der Produktion aber noch bei ihnen liegt. (Vgl. Marx 1969, 49 und 60 f.)

gleich Recht», lautet die Devise. Was oft als totalitär verurteilt wird, eröffnet bei genauerer Hinsicht ungeahnte Spielräume gesellschaftlicher Konstitution. Vorher allerdings müsste dazu der Ballast des modernen Vertrags- und Menschenrechtsdenkens über Bord geworfen werden – keine leichte Aufgabe, würde dies doch, ganz im Sinne Spinozas, auch den Abschied vom individualistischen Menschenbild mitsamt seiner Annahme eines freien Willens bedeuten. Ebenso verhält es sich mit Spinozas Begriff des Naturrechts, der – obwohl rechts- und philosophiehistorisch für gewöhnlich so eingeordnet – mit dem Naturrechtsdenken eines Rousseau kaum etwas gemein hat. (Vgl. Moreau 1994, 79) Natur ist dabei für Spinoza nicht das Andere von Kultur oder Gesellschaft, kein der «Zivilisation» vorausgesetzter ursprünglicher Zustand, sondern «wir» sind immer schon gesellschaftliche Wesen und Teil der Natur, freilich mit besonderem Vermögen ausgestattet.

Dieses Vermögen, das sich politisch artikuliert im Streben nach einem vernünftigen Gesellschaftszustand, in dem die Menschen, so Spinoza, «notwendig miteinander übereinstimmen», wird jedoch durch die Tatsache beeinträchtigt, dass wir maßgeblich von Leidenschaften (Affekten) bestimmt sind. (Vgl. Reitter 2005, 29) Dementsprechend beinhaltet das erste Buch von Spinozas «Ethik» auch eine «Affektenlehre». Die Affekte teilt Spinoza in solche, die das Tätigkeitsvermögen steigern, und jene, die es vermindern. Vor diesem Hintergrund bedeutet die Gleichung «Macht gleich Recht» also nur als Kritik bestehender Ordnung die letztliche Ununterscheidbarkeit von Gewalt und politischer (Rechts-)Ordnung[37], positiv gelesen ist diese Ununterscheidbarkeit hingegen Ermöglichungsbedingung einer freien Gesellschaft. Macht als potentia, als das produktive Vermögen der Multitude ermöglicht erst die Konstitution einer Gesellschaft, die jenseits formaler Gleichheit und tatsächlicher Ausbeutung auf eben diesem produktiven Vermögen sich gründet.

«Im klassischen Naturrecht ist die Verfassung des Gemeinwesens eine wirkliche Schöpfung*: ein freier Akt der Rechtssubjekte. [...] Der Mythos vom Naturzustand und vom Vertrag dient allein dazu, in das Individuum und seinen freien Willen etwas einzuführen, was auf jeden Fall dort wiedergefunden werden muß, weil es bereits vorhanden ist: den Staat und den Zwang, den er ausübt.» (Moreau 1994, 79 f.; Herv. i. O.)*

---

37 «Zwischen gleichen Rechten entscheidet die Gewalt.» (Karl Marx, Das Kapital I, MEW 23, 249)

Bei Spinoza jedoch wird die Gesellschaft «in einem notwendigen Prozeß konstituiert, der vom Begehren der Individuen und nicht von ihrem Willen ausgeht – und deshalb können sie in ihm ihre Wirkkraft bewahren». (Moreau 1994, 80) Genau das ist gemeint, wenn Negri von der konstituierenden Republik spricht:

«die Sowjets der Massenintellektualität können sich dieser Aufgabe [Die Macht zu zerschlagen; Anm. MBRF] stellen, indem sie, außerhalb des Staats, Möglichkeiten und Abläufe einrichten, durch eine Demokratie des Alltags aktive Kommunikation, die Interaktion der Bürgerinnen und Bürger, organisieren, und gleichzeitig freie und komplexe Subjektivitäten auf immer weiterer Stufenleiter produzieren.» (Negri 1998b, 80; zu Massenintellektualität vgl. auch Müller 2004)

Im Gegensatz zu den modernen Souveränitätstheorien, in denen die Multitude mittels eines von außen kommenden Gewaltverhältnisses zur (Staats-)Räson gebracht, d. h. als Volk in die einheitliche und repräsentierbare Form moderner «Demokratie» gepresst wurde, ermöglicht hier ein spinozistischer Zugang zumindest das Denken einer Demokratie ohne Repräsentation oder eines Kommunismus, in dem das produktive Vermögen der Multitude eine Arbeitsteilung nicht entlang der modernen hierarchischen Dichotomien Hand/Kopf, Frau/Mann, Basis/Überbau oder privat/öffentlich ins Werk setzt. Vielmehr wäre ein «absolut demokratisches» Gemeinwesen eines, das die Differenzen zwischen Individuen und Gruppen insofern produktiv werden lässt, als weder die «letzte Instanz» der kapitalistischen Verwertungslogik noch despotische oder repräsentativ-demokratische politische Vereinheitlichungsmechanismen diese Differenzen in Herrschaft von Menschen über Menschen übergehen lassen.

Kritik & Konstitution

An den soeben aufgezeigten Aspekten einer an Spinoza orientierten politischen Theorie entzündeten sich dann auch die Debatten um «Empire» und «Multitude». Wenn wir einmal jene Kritiker außer Acht lassen, die aus antiautonomer (Schulze 1989), (deutsch-)autonomer (Hartmann 2002) oder trotzkistischer Perspektive (Callinicos 2002; besonders amüsant: Mayer 2002) Hardt und Negri kritisieren und dabei nicht eine Sekunde auf das philosophische Terrain achten, auf dem sich beide bewegen, so bleibt dennoch eine wesentliche Fragestellung offen, an der sich vor allem die Spannung zwischen Spinozas Denken und dem von Marx aufzeigen lässt.

Zunächst ergänzen sich Marx und Spinoza aufs Vortrefflichste: Marx leistet eine Kritik der politischen Ökonomie des Kapitalismus, eine gleichzeitig wissenschaftlich und revolutionär vorgehende Methode, die uns «die rücksichtslose Kritik alles Bestehenden» (Marx) in theoretischer und politischer Praxis ermöglicht. Spinoza wiederum entwirft aus seiner historischen Situiertheit in einer gesellschaftlichen Umbruchphase des 17. Jahrhunderts in Holland eine Ontologie der freien Gesellschaft. Er zeigt die Konstitutionsbedingungen einer Demokratie der Multitude auf, die nicht auf ein vereinheitlichtes und repräsentierbares Volk reduziert werden kann – und dies nicht trotz, sondern gerade wegen der Leidenschaftlichkeit der Menschen. Insofern stellt uns das, was Marx und Spinoza vereint, nämlich eine gewisse «Antimodernität» im Sinne einer Kritik zentraler Parameter modern-bürgerlicher Vergesellschaftung, gleichzeitig vor theoretische, vor allem aber politische Probleme: Inwiefern existieren auch in der gegenwärtigen Umbruchphase noch «hochkapitalistische» Vergesellschaftungselemente weiter, die mit dem «antimodernen» Denken Spinozas nicht in Verbindung gebracht werden können, weil sie im 17. Jahrhundert einfach jenseits seines Denkhorizonts lagen? Und: Wie weit reicht Marx' – angesichts des Idealismus der damaligen «utopischen Sozialisten» verständliches – Utopieverbot in seine Methode der Kritik hinein, die das Denken «des Neuen» wenn überhaupt nur «zur Abwechslung» gestattet[38], nicht aber als konstitutiv für eine Theorie begreift, die doch darauf aus ist, «alle Verhältnisse umzuwerfen, in denen der Mensch ein erniedrigtes, ein geknechtetes, ein verlassenes, ein verächtliches Wesen ist»? (MEW 1, 385)

Diese Schwierigkeiten finden sich auch in den spinozistisch-marxistischen Theorieansätzen wieder, von Althussers theoretizistischem Strukturalismus der Frühphase (vgl. Althusser 1975) bis zum Triumphalismus von Negri und Hardt, für die der Kommunismus – darin, aber nur darin sind sie Erich Honecker ähnlich – eigentlich nicht mehr zu verhindern ist. Es stellt sich also die Frage, wie die Produktivität des spinozistischen Immanenzdenkens sich mit einer Theorie der Befreiung vom Kapitalismus verbinden kann, ohne erneut auf teleologische bzw. transzen-

38 «Stellen wir uns endlich, zur Abwechslung, einen Verein freier Menschen vor.» (Karl Marx, Das Kapital I, MEW 23, 92)

dente Muster zurückzufallen. Anders gesagt: Wie ist das Andere des Kapitalismus denk- und produzierbar, wenn wir, «reell subsumiert» unter das Kapitalverhältnis, dieses Andere doch niemals erkennen können? Die «Antwort» ist so einfach wie herausfordernd: Durch Experimentieren; jedenfalls gibt es keine Gewähr für den richtigen Weg: Preguntando caminamos!

Ob, und wenn ja, inwiefern diese Spannungen überwindbare Hindernisse für die Erneuerung linksradikaler Theorie darstellen, wird sich zeigen – nicht zuletzt anhand der Möglichkeiten, diese theoretischen Ansätze mit den «realen Bewegungen» in Beziehung zu setzen. Die Öffnung des «Kontinents Spinoza» jedenfalls war nicht nur ein Glücksfall (wenngleich auch kein Zufall) für das marxistische Denken, sondern wohl auch Bedingung seines Überlebens nach dem Zusammenbruch des realen Staatskapitalismus und dem Scheitern von Parteimarxismus, nationalen Befreiungsbewegungen und Sozialdemokratie. «Der Vorhang fällt, der Akt ist zu Ende – der nächste soll beginnen!» (Virno 1998, 111)

2. Wir wollen alles! Von der Arbeiterautonomie zur autonomen Militanz in Westdeutschland

Zwischen 1969 und 1973 kam es in Westdeutschland zu «wilde Streiks», nach 1970 begleitet von den Interventionen revolutionär gewordener Studierender, die mit italienischen OperaistInnen zusammenarbeiteten. Nach der Niederlage der migrantischen Streiks 1973 und der revolutionären Gruppen dominierte der Kampf um ein besseres Leben. Die Autonomen der 1980er bildeten den Teil der Neuen Sozialen Bewegungen, der die revolutionären Vorstellungen aufrechterhielt. Weil ihre Theorieproduktion aber nur gering war, erschienen die Autonomen oft nur als der militante Flügel der Bewegungen. Im Folgenden geht es zunächst um die operaistischen Betriebsinterventionen in Zusammenhang mit den Klassenkämpfen nach 1968. Im zweiten Teil wird die Geschichte der «antiautoritären Bewegung» von den Spontis zu den Autonomen diskutiert. Als Zwischenstück stellen wir die Theorieproduktion der Zeitschrift «Autonomie» vor.

Nachdem sich 1968 keine schnelle Revolution abzeichnete, begann die Suche nach Perspektiven. In den Großbetrieben arbeiteten Kader und Gewerkschaftsgruppen der nach dem Verbot der Kommunistischen Partei (KPD) 1956 neu gegründeten Deutschen Kommunistischen Partei (DKP). Nach Roth/Behrens (1974, 247 ff.) waren diese maßgeblich an der Zurückführung spontaner Kämpfe in geordnete Zusammenhänge beteiligt. Neben einem neuerlichen Zustrom zu diesen und anderen linksreformistischen Gruppierungen wie den Jusos kam es auch zur Neugründung zahlreicher am Maoismus orientierter Parteien, darunter die KPD/AO (Kommunistische Partei Deutschlands/Aufbauorganisation), die KPD/ML (Kommunistische Partei Deutschlands/Marxisten-Leninisten), der KABD (Kommunistischer Arbeiterbund Deutschlands), der KBW (Kommunistischer Bund Westdeutschland) und einige andere. Diese so genannten K-Gruppen versuchten, auch in den Betrieben Fuß zu fassen. Am konsequentesten war dabei der Kommunistischen Bund (Nord), der in den 1970ern in Norddeutschland einige Betriebsgruppen aufbauen konnte. (Vgl. Steffen 2002, 135 ff.) Bei den spontanen Streiks 1973 bei Ford in Köln war einer der StreikführerInnen der türkischen ArbeiterInnen ein Sympathisant der KPD (Gruppe Arbeiterkampf 1973). Aber auch Teile der «undogmatischen» radikalen Linken machten sich nach dem Scheitern der Randgruppenarbeit in die Betriebe auf, teilweise leninistisch motiviert, aber auch vom italienischen Operaismus beeinflusst.[39]

Wie in Italien war die operaistische Diskussion verbunden mit einem Klassenkampfzyklus zu Beginn der 1970er Jahre. Im September 1969 brachen völlig überraschend wilde Streiks aus. Gerade war die SPD-FDP-Koalition an die Regierung gekommen und es wurde über einen «Nachschlag» nach einer Nulllohnrunde verhandelt, als in den Medien Berichte über neuerliche Konzerngewinne auftauchten. (Bierbrauer 1987, 187) Die darauf folgenden Streiks gingen von mehrheitlich gewerkschaftlich organisierten ArbeiterInnen aus und konnten zunächst auch wieder unter gewerkschaftliche Kontrolle gebracht werden. Erst die ebenfalls gewerkschaftlich organisierten, aber weit ausgedehnteren Streiks des Jahres 1971 um die Durchsetzung von Tarifforderungen boten einen ersten Ansatz agitatorischer Betriebsintervention.

Im Winter und Frühjahr 1973 begannen Streiks und Arbeitskämpfe für die Angleichung der unteren Lohngruppen («1 DM

39 Es gibt keine systematische Literatur über diese Phase. Bierbrauers (1987) Dissertation über den Operaismus enthält einen Teil über die BRD, in Geronimo (1995) gibt es ein verhältnismäßig kurzes Kapitel dazu, viele Hinweise finden sich in Frombeloff (1993).

für alle»), hauptsächlich getragen von Frauen und MigrantInnen. Im August 1973 breiteten sich diese Streiks rasch weiter aus, konnten aber durch die Isolation von den mehrheitsdeutschen ArbeiterInnen durch Polizei und Werkschutz niedergeschlagen werden. (Vgl. Roth/Behrens (1974, 5 ff.)[40]

Der Aufbau internationaler Strukturen ab 1970 führte nicht nur zu Besuchen deutscher TheoretikerInnen in Italien, sondern auch zu direkter Zusammenarbeit der Gruppen. So wurden Kader von Potere Operaio (PO) nach Deutschland geschickt, während Menschen von Lotta Continua unter den italienischen GastarbeiterInnen agitierten. Die internationalen, oft von Italien ausgehenden politischen Diskussionen wurden mit zunehmender Aufmerksamkeit verfolgt, programmatische Erklärungen nachgedruckt und verbreitet. Eine Reihe von «Betriebsprojektgruppen» entstand, so in Frankfurt der «Revolutionäre Kampf», der mit ArbeiterInnenjugendlichen arbeitete und Betriebsgruppen bei Opel in Rüsselsheim und anderswo aufbaute. (Autonomie 9, 1977) Die «Arbeitersache» machte Organisationsarbeit bei BMW und MAN in München. (Gruppe Arbeitersache 1973) All diese Strukturen waren von der Verbindung mit Lotta Continua geprägt, die Frankfurter wurden manchmal gar als Außenstelle dieser Organisation betrachtet. In Norddeutschland bildete sich die «Proletarische Front», unterstützt von PO, straffer organisiert, kadermäßiger und «leninistischer», aber auch mit mehr theoretischer Diskussion. Auch in Betrieben in anderen Regionen entstanden Projekte, so etwa die Gruppe «Arbeiterkampf» bei Ford in Köln. Zwischen 1973 und 1975 gaben diese Betriebsgruppen gemeinsam die Zeitung «Wir wollen alles» heraus, in der über Betriebs- und andere Kämpfe berichtet und diskutiert wurde.

Aus Italien wurde die «Massenarbeiterthese» übernommen, wonach die Arbeiterautonomie außerhalb der und gegen die Gewerkschaften bei den am meisten entfremdeten ArbeiterInnen am Fließband entstehe. Die GastarbeiterInnen in den großen Betrieben waren die gesuchten Subjekte. AktivistInnen agitierten in Vorortzügen und Massenquartieren, in den Betrieben wurden Kontakte zu organisierten migrantischen GenossInnen aus Griechenland, Portugal, Spanien und Italien geknüpft. Obwohl

40 Über den Streik bei Ford Köln siehe Gruppe Arbeiterkampf (1973); über die Streiks hauptsächlich von migrantischen Frauen bei Pierburg-Neuss vgl. Internationale Sozialistische Publikation (1974); zum Streik bei Opel in Bochum: Redaktionskollektiv in der Projektgruppe Ruhrgebietsanalyse (1973), sonst Roth/Behrens (1974, 5 ff.).

gerade die OperaistInnen in ihrer Theorie die autonomen Kämpfe der MigrantInnen voraussahen, konnten sie auf die Streikbewegung 1973 nur marginal Einfluss nehmen. (Gespräch mit K. H. Roth in Frombeloff 1993, 302)

Ein Problem, das alle Gruppen plagte, war die Theoretisierung des «Kampfes gegen die Arbeit»: Wieso sollte mensch im Betrieb bleiben, wenn das Ziel doch die grundsätzliche Ablehnung der (entfremdeten) Arbeit ist? (Vgl. Autonomie Nr. 9) Lotta Continua verfocht die These, dass ArbeiterInnen nicht nur in der Fabrik existierten, sondern letztlich alle Proletarier seien, gleich ob Externe oder Interne, Arbeiter oder Studenten. (Arbeitersache 1973, 88) Neben der Pflicht zum Klassenkampf spielten auch Feste eine wichtige Rolle. K. H. Roth berichtet: «Wir hatten Kaderstrukturen, während der Lotta-Ansatz stark aus dem kulturellen Kontext kam. [...] die haben gelebt ... Wenn wir zu denen gegangen sind, die haben immer nur gefeiert, während wir die norddeutschen Asketen waren ...» (K. H. Roth in Frombeloff 1993, 298; vgl. auch Arbeitersache 1973, 58: «... dass man mit den Arbeitern leben, feiern, singen und nicht nur diskutieren kann») Feiern, Widerwillen gegen die Arbeit und Klassenkampf: Das war durchaus nicht unproblematisch. So wurde etwa im KB-Nord vom «Flipperproblem» gesprochen: Wenn proletarische Jugendliche erfolgreich agitiert werden konnten, waren sie meistens bereits auf dem Weg hinaus aus der Fabrik und wollten lieber kiffen und Musik hören, als sich revolutionär zu organisieren. (Vgl. Steffen 2002, 136, auch Autonomie Nr. 9, 26)

Die wilden Streiks 1973 wurden als Beginn eines Kampfzyklus gesehen (tatsächlich war es der Abschluss). 1974 entstand eine der wichtigsten theoretischen Hervorbringungen, das Buch «Die andere Arbeiterbewegung» von Karl-Heinz Roth und Elisabeth Behrens. (Roth/Behrens 1974) Die Schrift wurde verhältnismäßig viel gelesen und breit und kontrovers diskutiert (auch in Italien)[41], konnte aber nicht auf die neu entstehenden Kämpfe eingehen. Der Text geht auf Vorarbeiten in der Proletarischen Front zurück und wurde unter großem Zeitdruck verfasst (vgl. K. H. Roth in Frombeloff 1993).

In ihrem Buch zeichnen Roth/Behrens die Geschichte der deutschen ArbeiterInnenkämpfe der letzten einhundert Jahre

---

41 Karl Heinz Roth selbst konnte sich nur begrenzt an der Diskussion beteiligen. Als Arzt unterwegs, um GenossInnen aus dem bewaffneten Untergrund medizinisch zu versorgen, wurde er im Juni 1975 in einer Schießerei mit der Polizei schwer verletzt und festgenommen, erst 1977 wieder freigelassen und schließlich freigesprochen.

und die Reaktionen der kapitalistischen Institutionen nach, wobei die Schwerpunkte auf Repression und Ausbau des Werkschutzes liegen. Folgt man der Analyse der Autoren, so entwickelte sich der ArbeiterInnenradikalismus autonom, d. h. außerhalb und gegen die Gewerkschaften. Immer wieder sei die Klasse durch dequalifizierte Schichten neu zusammengesetzt worden: im 19. und zu Beginn des 20. Jahrhunderts durch MigrantInnen aus Polen, während des Zweiten Weltkrieges durch ZwangsarbeiterInnen, nach dem Krieg durch Ostflüchtlinge und schließlich durch Frauen und MigrantInnen hauptsächlich aus Süd- und Südosteuropa. Und gerade von diesen noch nicht gewerkschaftlich integrierten Klassensegmenten seien dann, wie zuletzt 1973, die autonomen Kämpfe ausgegangen. Zentrum des Widerstands seien dabei immer die entfremdetsten, die am tiefsten in der ArbeiterInnenhierarchie stehenden Teile der Klasse gewesen. Diese konsequente Anwendung der Massenarbeiterthese ist freilich umstritten: Erhard Lucas hat akribisch nachgewiesen, dass der ArbeiterInnenradikalismus in den Aufständen nach dem Ersten Weltkrieg nicht allein von den MassenarbeiterInnen getragen wurde, sondern auch von qualifizierteren Teilen; die Roth/Behrens'sche Sichtweise sei zu schematisch, deswegen aber nicht unbedingt falsch. (Lucas 1976)

1975 entstand aus den Zerfallsprodukten der «Wir wollen alles»-Gruppen das wichtigste autonome Theorieorgan, die «Autonomie – Materialien gegen die Fabrikgesellschaft» (bis 1979). Das Spektrum der diskutierten Themen reichte vom Operaismus über den Regionalismus und die Beobachtung der Szene in Italien bis hin zur Beschreibung der Lebensverhältnisse vor allem des radikalen Teils der linken und alternativen großstädtischen Szenen. Diese Tendenz zur Nabelschau und die Überbewertung des eigenen Szenegettos führten zum Austritt von K. H. Roth und den «Hamburgern» und zur Gründung der «Autonomie – Neue Folge», die von 1979 bis 1985 existierte. Auch wenn sie nur von einer Minderheit der autonomen AktivistInnen der 1980er gelesen wurde, kann sie als «theoriestiftendes Organ» (Schultze/Gross 1997, 104) gesehen werden. Die Hefte beschäftigten sich immer wieder mit aktuellen Veränderungen der Klassenzusammensetzung: mit der «politischen Zusammensetzung», den Bewegungen von unten, vor allem aber mit der «technischen Zusammensetzung», die die Maßnahmen der kapitalistischen und staatlichen Institutionen gegen die rebellischen Klassen beschreibt. Es ging um den «Nicht-Wert» des «Nicht-Kapitals», der sich in Sabotage, Arbeitsverweigerung und im Kampf gegen die Arbeit ausdrückte. Neben Debatten über die Entwicklung in Italien, die immer ein wichtiger Bezugspunkt war, finden sich auch Analysen des Gefängnissystems, des Gesundheitswesens und der dort angewandten Sozialtechnologien.

Den Nicht-Wert entdeckten die AutorInnen in den Bereichen, die (noch) nicht unmittelbar dem Kapital unterworfen sind: Die revolutionären Subjekte dieser «moralischen Ökonomie der Unterklassen» (E. P. Thompson) sind die Armen, die noch nicht in der Fabrik ausgebeutet werden und schlicht ein Existenz- und Lebensrecht fordern. Im Gegensatz zur ArbeiterInnenklasse, deren Ausbeutung der «reellen Subsumtion» unter das Kapital unterliegt, sei dieser Teil des Proletariats nur der «formellen Subsumtion» unterworfen (zur reellen und formellen Subsumtion siehe unten) und habe dadurch seinen Blick auf Überlebensformen außerhalb der kapitalistischen Verwertung noch nicht verloren. Es entstünde ein «neuer Antiimperialismus», der sich nicht im Streben nach nationaler Befreiung ausdrücke, sondern in Aufständen und Brotrevolten in den drei Kontinenten. In politischen Strategiepapieren wurde versucht, einen Zusammenhang zwischen der neuen nachindustriellen Massenarmut in den Metropolen (vgl. unten die Diskussion über Prekarisierung) und den Armen im Süden herzustellen. Diese Sichtweise widerspricht den ursprünglichen Positionen des Operaismus, der die Revolution nicht im schwächsten Kettenglied der Kapitalverwertung sah, sondern in seinem stärksten und zentralen: der am weitesten entwickelten ArbeiterInnenklasse. So ist es kein Zufall, dass sich gleich drei Ausgaben der Autonomie (1979, 1980, 1981) positiv auf den Aufstand der verarmten Massen gegen den Schah von Persien im Iran beziehen, was bis zur direkten Unterstützung der linksislamischen Volksmojahedin als angeblich sozialrevolutionäre Organisation zur Unterstützung der Lebensbedürfnisse der Armen ging. Nach deren Liquidierung durch die konservative islamische Revolution wurde diese Sicht zwar revidiert, aber die revolutionäre Perspektive weiter in der Breite der Unruhen, Revolten und Aufstände im Trikont gesucht. (Autonomie NF 1982, Nr. 10: «Antiimperialismus in den 80er Jahren»)

Um diese Kämpfe mit den Auseinandersetzungen in den Metropolen zu verknüpfen, wurde in Bewegungen in Westdeutschland interveniert. Eine Doppelnummer diskutierte 1980 die Anti-AKW-Bewegung mit dem Ziel, die soziale Basis einer Gegenmacht herzustellen und die Begrenztheit der Teilbewegungen zu überwinden. Schon vor Beginn der HausbesetzerInnenbewegung Ende 1980 erschien unter dem Titel «Die zweite Zerstörung Deutschlands» eine Ausgabe, in der die Umstrukturierung der Städte analysiert wurde. Die «Westberliner/Westdeutsche Sozialrevolte 1980/1981» (Autonomie NF 1982, Nr. 10), wie die Welle von Hausbesetzungen genannt wurde, ließ in der Redaktion wieder revolutionäre Hoffnung aufkeimen. Die Revolte einer nachindustriellen Massenarmut fand eine ausdrücklich linksradikale Form, wenn auch wenig theoretisch reflektiert. Ein Grund für die Autonomie-Redaktion, sich in den nächsten Jahren verstärkt mit der Untersuchung der Klassenzusammensetzung in den Metropolen zu beschäftigen. So wurden die prekären, teils zwangsarbeitsähnlichen Arbeitsverhältnisse der JobberInnen beschrieben und analysiert, wobei die neue städtische Massenarmut als Teil des revolutionären Projektes betrachtet wurde, ohne dabei auf vereinheitlichende Gesamtbegriffe wie die «gesellschaftliche ArbeiterIn» zurückzugreifen. Die Perspektive des Kampfes sahen die AutorInnen in einer Homogenisierung der Massenarmut durch die Forderung nach Existenzgeld.

Die «Autonomen» wurden zwar als sozialrevolutionäre Avantgarde gesehen, aber ihr Einfluss erschien den RedakteurInnen als zu gering. Innere Konflikte zwischen einer Position, die die «Logik kommender Sozialbewegungen aus deren Stellung im kapitalistischen Reproduktionsprozess» (Autonomie NF 1982, Nr. 11, 5) zu erkennen glaubte, und einer anderen, die in der konkreten Arbeit mit JobberInnen eine Perspektive sah (und sich damit der Karlsruher Stadtzeitung / Wildcat annäherte; siehe unten), führten schließlich zum Ende des Projekts «Autonomie». Die letzte, 1985 erschienene Nummer 14 fasste die vertretenen Themen und Positionen nochmals zusammen: die sozialgeschichtliche Untersuchung über revoltierende Unterklassen zwischen 1789 und 1848, die Einordnung der Hausarbeit in die kapitalistische Entwicklung sowie die Analyse des Imperialismus in seinem Bestreben zur Niederhaltung der sozialen Revolution.

Karl Heinz Roth, der sich schon während seiner Mitarbeit in der «Autonomie» mit der Gesundheits- und Sozialpolitik im Nationalsozialismus beschäftigt hatte, trieb seit Mitte der 1980er neben seiner Tätigkeit als Arzt die «Institutionalisierung» seiner Forschungen in der «Hamburger Stiftung für Sozialgeschichte des 20. Jahrhunderts» voran. Es fehlte aber auch nicht an weiteren politischen Interventionen Roths, so 1993 durch seine Thesen zur «Wiederkehr der Proletarität». Die Veränderung der Arbeitsverhältnisse böte eine neuerliche Perspektive für revolutionäre Bewegungen. (Roth 1993, 275 ff.) Seine Argumente: Viele Linke (AkademikerInnen) hätten sich in ihren Lebens- und Arbeitsverhältnissen denen der ArbeiterInnen angenähert, so dass kein «Gang zum Proletariat» mehr notwendig sei. Zudem mache das Scheitern aller bisherigen traditionellen Politik (sozialistisch, kommunistisch oder anarchistisch) einen offeneren und basisdemokratischen Neuanfang möglich. Auf globaler Ebene schließlich finde ein «Gemeinwerden» des Proletariats statt, d. h. es komme zu einer Nivellierung der Klassenlagen zwischen erster, zweiter und dritter Welt, was völlig neue Kommunikationsmöglichkeiten für die Kämpfe gegen Proletarisierung und Pauperisierung möglich mache. Sein Vorschlag zur Gründung «proletarischer Zirkel» aus Arbeitsloseninitiativen, JobberInnenbewegung, Flüchtlingsarbeitskreisen und linksgewerkschaftlichen Betriebsgruppen löste zwar heftige Diskussionen aus, die praktischen Konsequenzen aber waren minimal. Auch 2005 intervenierte Roth wieder mit einem Text («Der Zustand der Welt. Gegenperspektiven», Roth 2005), in dem er erneut auf einen Zusammenschluss der sozialen Bewegungen zu einer kämpfenden WeltarbeiterInnenklasse hofft. Die Wirkung dieser Diskussion lässt sich noch nicht abschätzen.

Die «Autonomen», auch als «zweite Welle der Autonomie» nach der in Italien bezeichnet (Geronimo 1995, 15), waren in den 1980ern die dominierende linksradikale Struktur in der BRD.[42] Ihr Ursprung liegt in der aus der Achtundsechzigerbewegung kommenden undogmatischen Linken und den Spontis. Neben den K-Gruppen waren sie Anfang der 1970er Jahre aus den «Antiautoritären» militante Basisgruppen entstanden, die versuchten, Subkultur (lange Haare, Rockmusik, Kiffen) mit politischer Aktivität zu verbinden. In Berlin war aus der Kultur des «Blues» die bewaffnete Organisation «Bewegung 2. Juni» hervorgegangen, die sich nach dem Tag benannte, an dem der Demonstrant Benno Ohnesorg 1967 von einem Polizisten erschossen worden war. Etwas später, 1970, entstand die Rote Armee Fraktion (RAF), 1974 wurden die Revolutionären Zellen / Rote Zora (RZ) gegründet. Die undogmatische Linke, die sich nicht vom bewaffneten

42 Zur Geschichte der «Autonomen» gibt es relativ viel Literatur: Geronimo (1990, 1997), Schultze/Groß (1997) sowie die Reader zum Autonomiekongress; über die wichtigste Zeitung «radikal»: 20 Jahre Radikal (1996), Grauwacke (2004).

Kampf distanzierte, stand unter ständiger Beobachtung und permanentem Druck durch Polizei und Staatsschutz, setzte sich aber dennoch immer wieder – auch kritisch – mit den Konzepten der Guerillagruppen auseinander.[43]

Schon seit 1968 hatten sich die Kämpfe (in Italien wie in Westdeutschland) in den Reproduktionsbereich, in die Wohnviertel verlagert. Auch viele radikale AktivistInnen aus dem «Wir wollen alles»-Umfeld hatten ein Leben außerhalb der Fabrik gefunden. In einigen Städten wurden Jugendzentren besetzt, und gerade in Frankfurt tobte zwischen 1970 und 1974 der Häuserkampf, getragen von Spontis und MigrantInnen mit maßgeblicher Unterstützung der umliegenden Bevölkerung. Nach der Niederlage 1974 ging mit dem Rückzug aus den Betrieben auch der Kontakt zu und die Zusammenarbeit mit MigrantInnen verloren. (Vgl. Karakayali 2005) Die Lebens- und Kommunikationsstrukturen von WGs über «Szenelokale» bis hin zu Buchläden und Teestuben, die ursprünglich als Unterstützung des revolutionären Kampfs gedacht waren, wurden zu Keimzellen der aufkommenden Alternativbewegung.

Der «deutsche Herbst» 1977, die Offensive der RAF und die massive Repression gegen große Teile der Linken trafen die Szene schwer und brachten viele dazu, sich ins Private zurückzuziehen oder den Weg der Anpassung an den Staat einzuschlagen. So ging ein maßgeblicher Teil der Frankfurter Spontilinken in den Grünen auf, was Einzelne bis an die Spitze des Staates führte. Zur gleichen Zeit aber entstand eine neue Studierendenbewegung, und der Zerfall der K-Gruppen machte den Platz frei für undogmatische Linke, die sich häufig als Spontis bezeichneten. So entstand ein Milieu, in dem sich die Alternativbewegung mit radikalen Ansätzen mischte. Dieses Umfeld bildete die soziale Basis für den Widerstand gegen Atomkraftwerke (AKW), aber auch für die militanten Aufbruchbewegungen der Jahre 1980/1981. Aufgrund der Erfahrungen mit den autoritären K-Gruppen wurden feste Strukturen und Organisationen oft ganz abgelehnt. Es wurde *gegen* die verhasste Arbeit gelebt, es wurde studiert, um nicht arbeiten zu müssen, es wurden Sozialleistungen bezogen und es wurde gejobbt[44].

---

43 Auf die Diskussion um die Guerilla soll nicht näher eingegangen werden, obwohl gerade der «2. Juni» und die RZ ein Naheverhältnis zur undogmatischen Linken und zu den Autonomen hatten. Zur RAF: Rote Armee Fraktion (1997); zu den RZ: ID-Archiv im IISG (1993); zur Bewegung 2. Juni: Antiquariat «Schwarzer Stern» (o. J.).

44 Das Jobben, verbunden mit dem Verzicht auf eine längerfristige Le-

Die Kontakte zu Italien verbanden sich jetzt mit einem großem Interesse für die dortige 1977-Bewegung (vgl. Kapitel 2). Ein wichtiges Element dieser Bewegung war die Neubewertung der Kommunikation, etwa durch kommunale Radios wie «Alice». Auch in Westdeutschland entstand mit dem Ziel der Gegeninformation eine Vielzahl von Zeitungsprojekten, beinahe in jeder Kleinstadt eine Stadtzeitung. Diese waren Kommunikationsorgane und dienten der Selbstverständigung, Zeitungen von und für LeserInnen, in denen jeder und jede mitschreiben können sollte. Die meisten dieser Projekte verschwanden nach wenigen Jahren wieder, andere, etwa die Berliner «Tageszeitung» oder viele Programmzeitschriften, wurden zu einem etablierten Teil der linksliberalen Publizistik oder mutierten zu Kommunikations- und Diskussionsorganen von Teilszenen.

Die militanten Auseinandersetzungen an den Bauzäunen der AKW-Baustellen wurden neben AktivistInnen der K-Gruppen maßgeblich von undogmatischen Linken und Spontis getragen. Diese Strukturen bildeten dann auch Kerne für die in der sogenannten «Jugendbewegung» entstehenden «Autonomen». 1980/1981 kam es in Zürich und Amsterdam, aber auch in einigen Städten Westdeutschlands zu Krawallen. Im Dezember 1980 fegte eine Welle von 160 Hausbesetzungen über Westberlin, die bis in die bundesrepublikanischen Kleinstädte ausstrahlte. Es war schließlich der radikale Flügel der Berliner HausbesetzerInnenbewegung, der für sich den aus Italien geborgten Begriff der «Autonomie» übernahm, ohne freilich auf die genaueren theoretischen Zusammenhänge einzugehen. (Geronimo 1995, 118) Relativ schnell bezeichneten sich auch diejenigen außerhalb Berlins, die sich zuvor Spontis, AnarchistInnen, KommunistInnen oder undogmatische Linke genannt hatten, als «Autonome».

Die «Autonomen» waren maßgeblich an den meisten sozialen Bewegungen beteiligt. So beim Widerstand gegen den Bau

bensplanung, war ab den 1970ern vor allem eine Perspektive der Sponti-Männer. Frauen innerhalb und außerhalb der Szene hatten schon immer vielfältige andere prekäre Lebensbedingungen, etwa Teilzeitarbeit. Ein großer Teil der «Autonomen» befand sich nicht in gesicherten Arbeitsverhältnissen, sondern lebte vereinzelt alternativ oder pendelte zumeist zwischen Sozialleistungen und irgendwelchen Jobs oder (alternativen) Projekten hin- und her. Die Spontis suchten diese Lebensform noch weitgehend freiwillig («nur nicht 40 Stunden arbeiten»), doch der Anstieg der Arbeitslosigkeit zu Beginn der 1980er machte die freie Wahl von Jobs und Lebensmöglichkeiten zunehmend schwierig.

der Startbahn West bei Frankfurt und gegen die Wiederaufbereitungsanlage für Kernbrennstoffe in Wackersdorf, die neben der regionalen Bevölkerung hauptsächlich von den «Autonomen» getragen wurden. Auch Hausbesetzungen spielten immer wieder eine wichtige Rolle. So konnten die besetzten Häuser in der Hamburger Hafenstraße durch eine geschickte Verknüpfung von Stadtteilpolitik und militanten Drohungen erfolgreich gehalten werden. Nach dem Zusammenbruch der DDR wurden Häuser im Ostteil Berlins besetzt. Bei der Räumung mehrerer Häuser in der Mainzer Straße kam es dabei zum größten Polizeieinsatz gegen «Autonome» überhaupt. Noch heute existieren zahlreiche autonome und soziale Zentren, die in diesen kämpferischen Zeiten den Kern des Widerstands bildeten und sich seit den 1990ern hauptsächlich mit antirassistischer und antifaschistischer Aktivität beschäftigen.

Das Umfeld der Zeitschrift «Wildcat» war (beinahe) die einzige Struktur, die die Diskussion um den Operaismus kontinuierlich weiterführte. 1977 als «Karlsruher Stadtzeitung» im allgemeinen Alternativzeitungsboom entstanden, verlagerte sie seit 1979 ihren Schwerpunkt zunehmend auf die Auseinandersetzung mit Arbeitszwang, prekärer Arbeit und Klassenkampf im Allgemeinen. Die Zeitschrift bekam überregionale Bedeutung. Mit den Bewegungen von 1980/1981 sollte versucht werden, die sozialen Bewegungen mit dem Klassenkampf zu verknüpfen. Es wurde versucht, nicht nur auf die JobberInneninitiativen einzuwirken, sondern auch Strukturen in Betrieben aufzubauen. Das Instrument für diese Interventionen war die «militante Untersuchung». Der Schwerpunkt lag, anders als im Italien der 1960er, auf der Untersuchung untergründiger Widerstandsformen von der Sabotage bis zum Krankfeiern, da offene Kämpfe die ganze Zeit über minimal waren. Parallel dazu wurden durch Übersetzungen und Nachdrucke immer wieder theoretische Diskussionen aus Italien, aber auch aus dem angloamerikanischen Raum aufgegriffen. Anfang 1995, die konkrete Betriebsarbeit war eingeschlafen, wurde die «Wildcat» eingestellt und nur das Wildcat-Zirkular führte die Diskussionen weiter, um zu einer Selbstverständigung zu kommen. Im Gegensatz zur «Autonomie» suchten die Wildcats den «Nichtwert» gegen das Kapital nicht außerhalb der Fabriken, sondern in der Ablehnung der kapitalistischen Arbeit. Darum auch immer wieder die Interventionen in den Betrieben. Seit 2003 wird die «Wildcat» wieder als regelmäßige Zeitschrift herausgegeben. Nicht zufällig wurden in ihrem Umfeld Wrights

«Den Himmel stürmen» (Wright 2005) und «Forces of Labor. Arbeiterbewegungen und Globalisierung seit 1870» (Silver 2005) übersetzt. Auch konkrete Interventionen, etwa in Zusammenarbeit mit der Call Center Offensive, wurden in Angriff genommen. (Vgl. Kolinko 2002)

Erst in den 1990ern wurden postoperaistische Diskussionen aufgegriffen. Übersetzungen von Negri und anderen TheoretikerInnen erschienen. (Negri/Hardt 1997; Atzert 1998) Die 1999 eingestellte Zeitschrift «Die Beute. Politik und Verbrechen», seit 1994 als Organ einer vielfältigen, mit der Popkultur verbundenen radikalen Linken produziert, übersetzte Beiträge aus «Futur Anterieur» (vgl. unten). Zeitschriften, die heute die postoperaistische Diskussion aufgreifen sind «Arranca!», ein aus der Kritik an der Strukturlosigkeit der «Autonomen» entstandes Projekt der Gruppe FelS («Für eine linke Strömung»), sowie «Fantomas», ein Magazin der Zeitung «analyse und kritik» (ak, früher «Arbeiterkampf»), früher Organ des Kommunistischen Bundes (KB).

Die globale Protestbewegung wurde in der deutschen Linken weitgehend ignoriert. Angeblich waren es nur wenige Linksradikale und verhältnismäßig viele «Unorganisierte», die zu den großen Demonstrationen nach Prag und Genua fuhren. Das Buch «Empire» wurde erst 2002 übersetzt, wobei Teile der radikalen Linken noch immer eine Auseinandersetzung verweigern. Aber 2003 erscheint (wieder einmal) ein Artikel über eine «Rennaissance des Operaismus» in der Wildcat, und dieses Mal dürften sie (im Gegensatz zu 1995) tatsächlich Recht haben.

3. *Autonomist & Open Marxism*

OperaistInnen und PostoperaistInnen schenkten den Klassenkämpfen in den USA immer besondere Beachtung, denn die sozialen Auseinandersetzungen dort waren von großer Radikalität und Militanz geprägt, zugleich aber nur wenig ideologisch. Die Klasse stand dem Kapital ohne Vermittlung durch sozialistische Parteien gegenüber, weshalb die Kämpfe nicht so leicht diszipliniert werden konnten. Dies hing auch mit der spezifischen Situation des US-Regimes zusammen, das aus einer antikolonialen Revolution entstanden war und sich nach Meinung Negris durch Druck von unten dynamischer weiterentwickelte als die alten Kolonialmächte. Das widersprach freilich der Sichtweise der meisten Linken, die vor allem den Mangel an revolutionärer Organisation beklagten. Nach einem schlaglichtartigen Überblick über die sozialen Auseinandersetzungen des letzten Jahrhunderts sollen in diesem Kapitel einige intellektuelle Strömungen mit Bezug zum Operaismus vorgestellt werden, die in die globale Protestbewegung der Gegenwart eingegangen sind und eine Grundlage für den Erfolg des Buches «Empire» im angloamerikanischen Raum darstellen.

Die Autonomie der ArbeiterInnenklasse in den USA drückte sich immer wieder in militanten Kämpfen bis hin zu bewaffneten Auseinandersetzungen aus, wie Louis Adamic in «Dynamit, Geschichte des Klassenkampfes in den USA» (1974) beschreibt. Und die Auswirkungen waren beachtlich: Der New Deal als entscheidender Schritt in Richtung des fordistischen Wohlfahrtsstaates war nicht nur eine Antwort auf die revolutionäre Drohung nach der Oktoberrevolution, sondern auch auf die ausgedehnten Kämpfe in den USA der 1930er Jahre, etwa in der Autoindustrie. Es waren die berühmten Sit-down-Streiks von 1936/37, die einen Zyklus von Kämpfen und anschließenden Lohnsteigerungen einleiteten und damit die Antikrisenmaßnahmen der Roosevelt-Regierung in eine wohlfahrtsstaatliche Richtung lenkten. (Vgl. Silver 2005, 69 ff.)

Der wichtigste historische Bezugspunkt der (Post-)OperaistInnen aber sind die so genannten Wobblies. (Vgl. Bock 1976; Renshaw 1999; zur Rezeption durch den Operaismus siehe Wright 2005, 204 ff.) Die Industrial Workers of the World (IWW), wie sie eigentlich hieß, wurde 1905 als radikale Industriegewerkschaft («One Big Union») gegen die Dominanz der FacharbeiterInnengewerkschaften in den USA gegründet und führte einige der erfolgreichsten Streiks vor Beginn des Ersten Weltkrieges durch. Sie organisierten hauptsächlich ungelernte ArbeiterInnen, wobei ihre Mitglieder das multinationale Spektrum der oft erst vor kurzem in die USA eingewanderten MigrantInnen besonders, aber nicht nur, im Osten der USA repräsentierten. So überwanden die Wobblies die Spaltung in Nationalitäten, die vom Kapital gefördert wurde. Vor allem im Westen der USA vertraten sie die mobilen Arbeitskräfte. Das waren TagelöhnerInnen, die von Arbeitsstelle zu Arbeitsstelle zogen, um Geld zu verdienen, und dabei auch agitierten und radikale Ideen verbreiteten. Die erzwungene Mobilität wurde im so genannten Free Speech Movement in ein Kampfmittel umgewandelt: Wurde in einer Stadt revolutionäre Agitation verboten, machten sich tausende «Hobos» – so wurden die mobilen WanderarbeiterInnen genannt – dorthin auf den Weg, um sich wegen Agitation verhaften zu lassen und in den überfüllten Gefängnissen weiterzuagitieren.

In ihrer Agitation setzten sich die Wobblies aber auch mit dem alltäglichen Widerstand auseinander, propagierten langsames Arbeiten und Sabotage als Kampfmittel. Am Ende wurden sie nicht etwa durch die Repression im Ersten Weltkrieg und der Zwischenkriegszeit zerschlagen, sondern scheiterten an inneren Streitereien. (Vgl. Renshaw 1999, 195 ff.) Die Wobblies waren keine straff geführte Massenorganisation mit kontinuierlicher Mitgliedschaft und gefestigten Strukturen, sondern erlangten vor allem in kämpferischen Phasen großen Einfluss, während das Abflauen der Kämpfe und allerlei Streitereien ihre Anziehungskraft wieder zerstörten. Nach dem Ersten Weltkrieg vertraten die AnarchistInnen in der Organisation ein dezentrales Konzept, Unterstützung fanden sie dabei bei den mobilen ArbeiterInnen des Westens. In den großen Fabriken des Ostens hingegen erschien eine zentralistische Organisation erfolgversprechender. Ein Teil der AktivistInnen sympathisierte darum nach der Oktoberrevolution mit den Bolschewiki. Nach Bock (1976, 168 ff.) verloren die Wobblies ihren Einfluss, weil sie nicht fähig waren, die im und nach dem Ersten Weltkrieg auf den Arbeitsmarkt strömenden Frauen und AfroamerikanerInnen zu organisieren.

Die BürgerInnenrechtsbewegung der 1950er und 1960er Jahre versuchte, die AfroamerikanerInnen in die Demokratie zu integrieren. Hauptziel war deren Registrierung als WählerInnen. Schon bald jedoch wollten sich afroamerikanische Studierende nicht mehr auf institutionelle Maßnahmen beschränken und gingen zu direkten Aktionen über; ziviler Ungehorsam wurde ins Zentrum gestellt. Die Aktivitäten wurden über das von den Wobblies übernommene Free Speech Movement in die Universitäten getragen. Der Widerstand gegen den Krieg in Vietnam vereinigte dann die verschiedenen Sektoren und radikalisierte die Kämpfe. In den Gettos, 1965 in Watts und 1967 in Newark, probten die AfroamerikanerInnen als unterstes Segment der Klasse den bewaffneten Aufstand. Und schließlich war der Widerstand innerhalb der Armee der Hauptgrund für die USA, sich aus Vietnam zurückzuziehen. Die OperaistInnen interessierten sich speziell für die Bewegung der AfroamerikanerInnen, da es bei den Gettoaufständen wie auch beim Widerstand innerhalb des Militärs um die untersten Segmente der Klasse ging. Es waren die AfroamerikanerInnen, die in den 1960er und 1970er Jahren die wilden Streiks etwa in den Autofabriken Detroits trugen. Die Bewegungen wurden niedergeschlagen und seit Beginn der 1970er herrschte fast drei Jahrzehnte relative Ruhe. Auch die Studierendenbewegung wurde integriert, doch konnte eine Reihe radikaler Intellektueller überwintern und operaistische Theorieansätze weiterentwickeln. Das führte dazu, dass sich in den USA eine «Theorie ohne Bewegung» herausbildete, wie Michael Hardt in seiner Einleitung zu «Radical Thought in Italy» schreibt. (Hardt 1996, 5) Diese linken Intellektuellen bezogen sich auf die radikalen Bewegungen und begründeten die Tradition des autonomen Marxismus (Autonomist Marxism).

Seine Wurzeln speisen sich aus fünf Quellen: Aus der französischen post-trotzkistischen Gruppierung «Socialisme ou Barbarie», dem italienischen Operaismus, der von E. P. Thompson begründeten Geschichtsschreibung der ArbeiterInnenbewegung «von unten», den Erfahrungen der Wobblies und last, not least aus der ebenfalls aus dem Trotzkismus hervorgegangenen Johnson-Forrest-Tendency in den USA. Letztere, vertreten durch den aus der Karibik stammenden Historiker und Marxisten CLR James und die Aktivistin, Theoretikerin und Historikerin Raya Dunayevskaya (Johnson und Forrest waren ihre Pseudonyme), analysierten bereits kurz nach dem Zweiten Weltkrieg die Sowjetunion als staatskapitalistisch und stellten die Kämpfe der ArbeiterInnen ins Zentrum ihrer Betrachtungen, was bald zu ihrer Trennung vom Trotzkismus mit seiner Theorie der «degenerierten Arbeiterstaaten» und Parteifixiertheit führte.

Was den «Autonomist Marxism» mit dem italienischen operaistischen und postoperaistischen Strömungen verbindet, ist eine Marxinterpretation, die von den Kämpfen der ArbeiterInnenklasse selbst ihren Ausgang nimmt. Weder die Selbstbewegung des Kapitals als «automatisches Subjekt» noch die analytische wie politische Konzentration auf die Schachzüge der offiziellen ArbeiterInnenorganisationen erlangten die Bedeutung, die sie in den orthodoxen Organisationen und Theorien hatten. Harry Cleaver sieht die Unterschiede zwischen der Entwicklung in den USA und in Italien in der Differenz der in ihr aktiven Subjekte: Waren es in den Industriebetrieben Norditaliens vor allem die – oft aus Süditalien zugezogenen – MassenarbeiterInnen, welche die durch die Institutionen nicht kontrollierbaren Kämpfe der 1960er Jahre ausfochten, so war die autonom kämpfende ArbeiterInnenklasse in den USA «jung und schwarz». Die Frage des Rassismus stand daher bereits in den frühen Texten von CLR James im Zentrum auch des theoretischen Interesses. Mit dem Aufkommen der BürgerInnenrechtsbewegung in den 1960er Jahren und den anschließenden sozialen Kämpfen gegen den Vietnamkrieg war die Frage nach der Unterdrückung der Schwarzen überhaupt zum entscheidenden Politikum geworden. Obwohl die jungen schwarzen AutoarbeiterInnen v. a. in und um die «Motorcity» Detroit auch den Klassenkampf in den fordistischen Großfabriken kannten, wurden im Zuge der Bewegungen gegen Rassendiskriminierung und Krieg bald andere Einflussgrößen wichtiger, vor allem der «Black Nationalism» mit seiner militant antiimperialistischen, separatistischen und oft (wie z. B. in der einflussreichen «Nation of Islam») auch religiös bestimmten Ausrichtung.

Ein weiterer Unterschied ist nach Cleaver, dass die TheoretikerInnen des autonomen Marxismus in den Vereinigten Staaten nicht direkt in die Auseinandersetzungen involviert waren. (Cleaver 1993) Diese Distanz zu den Schauplätzen der Kämpfe lässt sich auch daran ablesen, dass kaum militante Untersuchungen durchgeführt wurden und im Umfeld des autonomen Marxismus auch keine Organisierungsbemühungen bekannt sind. Die Debatte wurde, hier wiederum vergleichbar mit Italien, hauptsächlich über Zeitschriften geführt, deren wichtigste nachfolgend vorgestellt werden. Dabei soll auch versucht werden, die verschiedenen Einflüsse auf TheoretikerInnen und Zeitschriftenredaktionen, die Zusammenarbeit mit anderen – meist aus Italien stammenden – AutorInnen und AktivistInnen sowie die Ausdifferenzierungen innerhalb der Szene nachzuzeichnen, die schließlich zur allmählichen Ablösung des Begriffes «Autonomist Marxism» durch den eines «Open Marxism» geführt haben.[45]

Die Entwicklung eines spezifisch «autonomen» Marxismus im angloamerikanischen Raum begann Mitte der 1970er Jahre. Organisierte Formen in dieser Frühphase waren die «Conference of Socialist Economics» (CSE) in Großbritannien sowie die Zeitschrift «Zerowork» in den USA. Die CSE entwickelte sich im Laufe der 1970er Jahre auf der britischen Insel als breit angelegtes Projekt abtrünniger und marxistischer ÖkonomInnen mit dem strategischen Ziel, einen Gegenpol zur Allmacht der neoklassischen Wirtschaftstheorie zu bilden. Dabei wurden auch

45 «Open Marxism» entwickelt gegen das «autonome» Denken einen an der Kritischen Theorie orientierten, dialektischen Zugang. Die wichtigsten Texte dieser Richtung finden sich in den drei Sammelbänden der «Open Marxism»-Reihe (Bonefeld/Gunn/Psychopedis [Hg.] 1992a, 1992b; Bonefeld/Gunn/Holloway/Psychopedis 1995) sowie in der Zeitschrift «Common Sense».

Verbindungen zu den neu entstehenden sozialen Bewegungen sowie zur Gewerkschaftslinken in Großbritannien geknüpft. (Lee 2001)

In den Ortsgruppen von Coventry und Edinburgh wurden schließlich auch staatstheoretische Fragestellungen diskutiert, aus denen unter anderem ein Text hervorging, der für die Entwicklung des «Open Marxism» besondere Bedeutung erlangte: «Capital, Crisis and the State», eine Koproduktion von John Holloway und Sol Picciotto. (Holloway/Picciotto 1977) Darin wurde ein analytischer Zugang gewählt, der sich sowohl von den stalinistischen Theorien des so genannten Staatsmonopolkapitalismus als auch von den neogramscianischen Staatstheorien und ihrer (relativen) «Autonomie des Politischen» (vgl. Poulantzas 1973), aber auch jener von Poulantzas Gegenspieler Ralph Miliband. (Vgl. Miliband 1972; Miliband/Poulantzas 1976) grundsätzlich unterschied (Holloway/Picciotto 1977, 81 ff.) Im Gegensatz zur vorherrschenden Auffassung, so Holloway und Picciotto, müsse der kapitalistische Staat als ein Verhältnis gedacht werden, das niemals von den es begründenden ausbeuterischen Klassenverhältnissen abstrahieren dürfe. Diese Erkenntnis der kapitalistischen Staatsform als eine durch Klassenverhältnisse bedingte genügt jedoch noch nicht, um historisch spezifische Phänomene staatlicher Herrschaft adäquat begreifen zu können. (Holloway/Picciotto 1977, 85 ff.) So müssen aus einer revolutionären Perspektive die konkreten Phänomene kapitalistischer Herrschaft wie z. B. das Recht, aber auch ökonomische Krisen als spezifische Mittel des Klassenkampfs von oben verstanden werden. Dieser nimmt zwar unterschiedliche Erscheinungsweisen an (wie eben «Politik», «Recht» oder «ökonomische Krise»), ist aber letztlich immer durch die Erfordernisse der Kapitalakkumulation bestimmt. Diese sind wiederum in letzter Instanz von den Bewegungen der ArbeiterInnenklasse abhängig bzw. bereits Reaktionen auf vergangene Klassenkämpfe. So beschreibt etwa Holloway in einem späteren Text die Weltwirtschaftskrise von 1929 als späte Antwort auf die russische Oktoberrevolution und die Klassenkämpfe der 20er Jahre. (Holloway 1996b) Der damals bereits entwickelte und sich spätestens mit Ende des Zweiten Weltkrieges allgemein durchsetzende Keynesianismus wird so als eine Form begreifbar, in der das Kapital die Kampfkraft der organisierten ArbeiterInnen zwar anerkennen muss, sie aber zugleich – nicht zuletzt über die traditionellen ArbeiterInnenorganisationen – für die Kapitalakkumulation selbst produktiv machen kann. Erst die in den 1960er Jahren aufkommenden multiplen Kämpfe bringen dann dieses keynesianisch-fordistische Verhältnis selbst in die Krise.

Ein anderer wichtiger Bezugstext der angloamerikanischen undogmatischen Linken ist das erstmals 1979 erschienene Buch «Reading Capital Politically» von Harry Cleaver. (Cleaver 2000; kritisch dazu: Aufheben o. J.)[46] Cleaver unterrichtet an der Universität von Austin (Texas) Marxismus (sic!), war und ist langjähriger Aktivist in verschiedenen linken Projekten, zuletzt besonders in der internationalen Solidaritätsarbeit für die aufständischen ZapatistInnen, und betreibt die «Texas Archives of Autonomist Marxism».[47] In der umfangreichen Einleitung zu «Reading Capital Politically» werden sowohl methodische Abgrenzungen zu den ökonomischen und philosophischen Lesarten des «Kapital» vorgenommen als auch eine skizzenhafte Geschichte all jener Ansätze, die Cleaver als Vorläuferinnen oder frühe Vertreterinnen einer politischen «Kapital»-Lesart vorstellt. In dieser Geschichte der Entwicklung des «Autonomist Marxism» wird sowohl die aus dem Trotzkismus hervorgehende Johnson-Forrest-Tendency genannt als auch die ebenfalls ex-trotzkistische französische Gruppe «Socialisme ou Barbarie» und natürlich die italienische «Neue Linke».

Cleaver schlägt mit seinem Buch eine grundsätzlich neue Lesart des marxschen «Kapital» vor. Während es der orthodoxe Marxismus als politische Ökonomie, womöglich noch mit dem Zusatz «der ArbeiterInnenklasse», verstand und die philosophische Lektüre des marxschen Werkes auch auf sein Hauptwerk anwandte, geht es Cleaver um eine dezidiert politische Lesart des «Kapital». Vom methodologischen Zugang her durchaus mit dem des italienischen Operaismus vergleichbar, interpetiert Cleaver das berühmte erste Kapitel des ersten Abschnitts mit dem Titel «Die Ware» als Analyse und Kritik politischer Herrschaft einer Klasse über eine andere. (Vgl. auch Reitter 2006) In Cleavers Sicht des Kapitals als einem unmittelbaren Herrschaftsverhältnis spielt die ArbeiterInnenklasse den gleichzeitig

---

46 Eine deutsche Übersetzung des zentralen fünften Kapitels des Buches findet sich in: grundrisse.zeitschrift für linke theorie & debatte, Nr. 15/2005, 47–64.

47 Siehe die äußerst informative Homepage von Harry Cleaver: http://www.eco.utexas.edu/facstaff/Cleaver/.
Dort finden sich jede Menge Informationen; die meisten Texte Cleavers, darunter das vollständige Buch «Reading Capital Politically» sind dort online abrufbar.

im und gegen das Verhältnis kämpfenden Teil, hier folgt Cleaver weitgehend der Analyse Mario Trontis in «Arbeiter und Kapital». (Tronti 1974) Dieser emphatische Begriff des Klassenkampfes läßt jedoch keinen Spielraum für das Erkennen kapitalistischer Eigenlogik. Daran setzt nun auch die Kritik am «Autonomist Marxism» an: Dieser versuche zwar, in Verhältnissen zu denken, gelange über die Reduktion jeglicher gesellschaftlicher Phänomene auf einen Kampf zwischen (zwei) Klassen aber selbst wiederum zu einer Verdinglichung von «Arbeit» und «Kapital» als eigenständige Entitäten. Dies führt mitunter zu ultraradikalen Positionen, die analytisch zu kurz greifen und für praktische Kämpfe eigentlich keinen Spielraum mehr lassen.

Ein Beispiel soll dies verdeutlichen: Mario Montano schrieb in der ersten Ausgabe der Zeitschrift Zerowork 1975[48] den damals breit diskutierten Artikel «Bemerkungen zur internationalen Krise» (Montagno 1988), in dem er eine mehr oder weniger globale Analyse der damaligen Situation gibt (Das Währungssystem von Bretton Woods war 1973 zusammengebrochen, auch die Ölkrise begann in diesem Jahr). Dabei sieht er in den vielfältigen politischen Bewegungen der ArbeiterInnenklasse die Haupttriebkraft der Entwicklung. Da der Keynesianismus nicht mehr in der Lage war, die ArbeiterInnen ruhig, d. h. arbeitend zu halten, mussten schärfere Mittel gewählt werden: Inflation, Arbeitslosigkeit, hoher Ölpreis. So wichtige Einsichten diese Verschiebung des Blickwinkels in die Bewegungen des Kapitalismus auch liefert, die Tendenz alles und jedes auf unmittelbare Effekte des (einen) Klassenkampfes zu reduzieren, treibt mitunter seltsame Blüten: In einem Absatz über Chile (die Regierung unter dem demokratisch-sozialistischen Präsidenten Salvador Allende wurde durch einen Militärputsch 1973 gestürzt) beschreibt Montano dahingehend «Demokratie» und «Faschismus» «für das Kapital nicht als gegensätzliche Strategien [...], sondern als taktische Waffen». (Montano 1988, 58, Herv. i. O.) Hier zeigt sich deutlich, wie das Kapital zum Subjekt der Geschichte gemacht wird, das sich ganze politische Systeme rein taktisch aneignet und diese auch anwendet – natürlich immer gegen die ArbeiterInnen: «In Chile beispielsweise hat sich das Kapital der Reihe nach zunächst der Christlichen Demokratie, dann der Unidad Popular und schließlich der Armee bedient, um die Klasse unter Kontrolle zu halten.» (ebd., Herv. i. O.)

48 Auch Harry Cleaver war bei Zerowork engagiert. Von der Zeitschrift erschienen nur zwei Ausgaben (1975 und 1977), sämtliche Texte sind in Thekla 10 (Thekla 1998) auf Deutsch versammelt.

Spätere Kritiken von Seiten des «Open Marxism» an den «Autonomen» zielen in eine ähnliche Richtung, wie beispielsweise der Beitrag Werner Bonefelds in «Common Sense», dem wohl wichtigsten Zeitschriftenprojekt des «Open Marxism».[49] «Common Sense» existierte von 1987 bis 1999 und fällt besonders durch einen tatsächlich «offenen» Zugang auf. Texte von Vertretern der «neuen Marxlektüre» aus Deutschland (Georg Backhaus) finden sich darin ebenso wie Aufsätze Toni Negris (etwa jener über die Repubblica Costituente, Negri 2003b) und John Holloways Essay «In the Beginning was the Scream» (Holloway 2003), eine wichtige Vorarbeit zu «Die Welt verändern ohne die Macht zu übernehmen».

Im selben Band erschien auch Werner Bonefelds «Human Practice and Perversion: Beyond Autonomy and Structure» (Bonefeld 2003). Darin öffnet der Autor zunächst ein Spannungsfeld zwischen «Strukturalismus» und «Autonomie», die beide nur unzureichende methodische Zugangsweisen zur Verfügung stellten. Orientiert an der Kritischen Theorie im Allgemeinen und an Georg Backhaus' «Dialektik der Wertform» (Backhaus 1969) im Besonderen versucht Bonefeld, ähnlich wie sein Freund Holloway, den Widerspruch zwischen Kampf und Struktur (Bonefeld 2003, 81) dialektisch zu lösen. Dass er sich dabei lediglich an einer Karikatur des Strukturalismus abarbeitet, der angeblich das «Kapital als autonomes Subjekt» ansieht, interessiert uns hier nicht weiter; spannender hingegen ist seine Kritik des autonomen Marxismus. Dieser verstehe das Kapital oft als «maschinenähnliches Ding» (ebd.) und verfehle so die notwendige Formanalyse kapitalistischer Grundkategorien. Demgegenüber wird dann ein autonomes Klassensubjekt ausgemacht, das sich außerhalb grundsätzlicher Bewegungsgesetze des Kapitals befände (wobei hier allerdings die Frage zu stellen wäre, welche «autonome» TheoretikerIn dies so behaupten würde ...). «Im Gegensatz dazu», so Bonefeld, «betont die Vorstellung von Arbeit als im und gegen das Kapital existierend das interne Verhältnis zwischen Materialität und sozialer Form» (ebd.). Dieser dialektische Zugang, der die Spannung von «Integration» und «Transzendenz» (Bonefeld 2003, 83) nur als Negation des dieses Wechselspiel begründenden Kapitalverhältnisses auflösen kann, wird uns im Kapitel

49 Eine Art «Best Of ‹Common Sense› » stellt, wenngleich dies im Vorwort bestritten wird, der 2003 erschienene und von Werner Bonefeld herausgegebene Sammelband «Revolutionary Writing. Common Sense Essays in Post-Political Politics» (Bonefeld [Hg.] 2003) dar.

über John Holloway, dem derzeit wohl meist diskutierten «offenen Marxisten» wieder begegnen.

Nachdem «Common Sense» 1999 eingestellt wurde, trat die Webzeitung «Commoner» (www.commoner.org.uk) die Nachfolge an. Thematisch breit gestreut und sämtliche Spielarten des «Autonomist» wie auch des «Open Marxism» in sich aufnehmend, diskutiert «Commoner» neuerdings jene grundlegenden Begriffe wie «Wert» oder auch das namengebende «Gemeinsame» (vgl. unten), die zum Denken des Kommunismus angesichts der veränderten globalen Bedingungen unabdingbar sind.

Das eher dem autonomen Spektrum zurechenbare «Midnight Notes Collective» (www.midnightnotes.com) ist eine bereits seit 1979 aktive Gruppierung. Sie war Teil des radikalen Flügels der Ökologie- und hier vor allem der Anti-Atomkraftbewegung und hat die Krise der Linken in den 80er und vor allem 90er Jahren überlebt. Den zentralen Thesen Cleavers nicht unähnlich – auch er stellt Nahrung und Energie neben der Arbeitskraft als besondere und besonders umkämpfte Waren im Kapitalismus heraus – entwickelten die «Midnight Notes» einen internationalistischen Ansatz, was sich auch in ihrer bislang letzten größeren Publikation, einem 2001 erschienenen Buch über die ZapatistInnen sowie in mehreren Artikeln zur Auseinandersetzung mit der globalen Protestbewegung zeigt. Der von ihnen entwickelte Begriff der «Neuen Einhegungen» («The New Enclosures» lautet auch der Titel der zehnten Ausgabe der «Midnight Notes» von 1990; siehe auch die Debatte in Nummer 2 und 4 des «Commoner») stellt dabei die Bewegung des Kapitals als permanente «ursprüngliche Akkumulation» (Marx) ins Zentrum, die immer mehr noch nicht kapitalisierte Weltgegenden in den globalen Akkumulationsprozess miteinbezieht (Midnight Notes 1990, 1).[50] Dabei ist die Zerstörung der lokalen Subsistenzgrundlagen von besonderer Bedeutung: Gemeinsam mit der zunehmenden finanziellen Abhängigkeit der Länder des Trikont führe dies zu einer verschärften globalen Aus-

50 In ihrer politischen Kritik bewegen sich die «Midnight Notes» – eigentlich gilt dies für große Teile autonom-marxistischer Zusammenhänge und weitgehend auch für den «offenen Marxismus» – sehr in der Nähe des subsistenztheoretischen Ansatzes der Bielefelder Entwicklungssoziologinnen (Veronika Bennholdt-Thomson, Maria Mies, Claudia Werlhof; vgl. Werlhof 1983; Bennholdt-Thomson et al. 1983). Auch die in diesem Zusammenhang stehenden neueren Texte von Mariarosa Dalla Costa argumentieren subsistenztheoretisch (unter anderem gegen die Theorie des Empire, vgl. Dalla Costa 2003).

beutungssituation, doch ließen sich an den Kämpfen gegen diese Einhegungen auch die globalen Widerstände ablesen. Schon damals artikulierten die «Midnight Notes» eine Problematik, der auch in den nachfolgenden Bewegungen und ihrer Theoriebildung vom Aufstand der ZapatistInnen 1994 bis zur Frage nach einem «Urbanen Zapatismus» bei John Holloway (2006, 56 ff.) besondere Bedeutung beigemessen wird: nämlich der Frage nach der Räumlichkeit der Einhegungen und jener des Widerstandes dagegen. Während das «Midnight Notes Collective» 1990 noch pathetisch verlautbart: «For class war does not happen on an abstract board toting up profit and loss, it is a war that needs a terrain», schlägt Holloway gut 15 Jahre später vor, vor allem in den metropolitanen Kämpfen das Hauptaugenmerk auf die Zeitdimension von Herrschaft und die «Zwei Zeiten der Revolution» zu legen. (Holloway 2006)

In den 1980ern begannen linke AkademikerInnen, die poststrukturalistische Philosophie in Frankreich zu rezipieren und setzten sich besonders mit Jacques Derrida, aber auch Gilles Deleuze und Felix Guattari auseinander. Michael Hardt, ein Philologe für romanische Sprachen, arbeitete seit den 1980ern mit der Gruppe um «Futur Anterieur» und besonders mit Toni Negri zusammen. Ende der 1980er begann in seinem Umfeld die Übersetzung von Texten Negris ins Englische, die die Arbeiten von Harry Cleaver und der Gruppe um die «Midnight Notes» ergänzten. 1989 erschien Negris «The Politics of Subversion: A Manifesto for the Twenty-First Century», 1994 gemeinsam mit Michael Hardt «Labor of Dionysos» und 1996 gaben Paolo Virno und Hardt den Sammelband «Radical Thought in Italy» (Virno/Hardt 1996) heraus. Aber erst nach Seattle 1999 konnte Hardt/Negris Buch «Empire» ein Weltbestseller werden.

Mit dem Aufstand der ZapatistInnen, der globalen Protestbewegung und der breiten Diskussion um «Empire» und «Die Welt verändern ohne die Macht zu übernehmen» hat auch die postoperaistische Theorie eine breitere Rezeption erfahren. Dabei zeichnet sich die Theorieproduktion im angloamerikanischen Raum gegenüber der hiesigen nach wie vor durch ihre erfrischende Art aus. Nicht nur, dass sich die TheoretikerInnen schon sehr früh der neuen Technologien und vor allem des Internets annahmen (vgl. Dyer-Witheford 1999, 2004, 2005); es ist auch die unbeschwerte gleichzeitige Verwendung bei uns als unvereinbar geltender Theorieansätze (wie etwa der Kritischer Theorie, anarchistischer Ansätze und Poststrukturalismus), die die Lektüre vieler neuer Bücher aus dem angloamerikanischen-postoperaistischen Spektrum so gewinnbringend machen. (Vgl. beispielsweise Day 2005)

Diese Texte sind allerdings nicht nur in theoretischer Hinsicht interessant, sondern auch vor dem Hintergrund der politischen Herausforderungen der sozialen Bewegungen heute. Day (2005) bietet beispielsweise jede Menge Anknüpfungspunkte für eine produktive Überwindung des Widerspruches zwischen Marxismus und Anarchismus. Gerade derartige Bemühungen würden auch der deutschsprachigen Linken mehr als gut tun, will sie aus ihrer Traditionsverhaftetheit und den notwendig damit einhergehenden sektiererischen Tendenzen herauskommen; positive Ausnahmen wie die Diskussion über Postanarchismus (siehe www.postanarchismus.net oder auch Pop 2005) sind leider (noch) nicht mehr als Bestätigungen dieser Regel.

IV. Schrei & Multitude

Die neuere revolutionäre Theoriebildung seit Mitte der 1990er Jahre wurde durch die Integration postmodernistischer und postkolonialistischer Kritikansätze bereichert. Am sichtbarsten wird die Wiederaufnahme dieser aus dem Operaismus kommenden Theorietradition im Welterfolg von «Empire»: Mit diesem Buch gelang den Autoren Hardt und Negri der große Wurf, der antikapitalistischen Kämpfen endlich wieder eine Sprache gab. Doch auch John Holloway entwickelte die marxistische Theorie entscheidend weiter und schuf so das Fundament für eine revolutionäre Bewegung, die sich nicht an der Machtübernahme im Staat orientiert. Paolo Virno, ein Mitstreiter Negris aus den Tagen von Potere Operaio, relativierte hingegen die revolutionäre Begeisterung von Hardt und Negri, um sie über die philosophische Argumentation auf den Boden einer aktivistischen Realität zurückzuholen. Revolutionäre Theorieentwicklung muss mit Kämpfen verbunden sein und kann sich nicht alleine an wichtigen Büchern orientieren. Im Folgenden werden die drei genannten postoperaistische Ansätze näher vorgestellt. Diese nicht unproblematische Auswahl von vier männlichen Theoretikern ergibt sich aus der Bedeutung der von ihnen ausgelösten Diskussionen.

1. Multitude gegen Empire. Der Postoperaismus von Hardt und Negri

Der Erfolg von «Empire» hatte mit dem Manifestcharkter der Schrift zu tun, sicherlich aber auch mit dem Theoriehunger der an den globalen Protesten Beteiligten. Ein optimistisches Buch mit operaistischem Hintergrund passte in die Stimmung der Zeit, die Theorieentwicklung hatte wieder Anschluss an die sozialen Bewegungen gefunden.[51] «Empire» wurde zwischen dem 2. Golfkrieg 1991 und den Bombardements auf Jugoslawien 1999 geschrieben. (Hardt/Negri 2002, 15; im Folgenden zitiert

51 Schon 1989 schrieb Negri ein Manifest für das 21. Jahrhundert (Negri 1989), aber erst seit 2000 erfuhr operaistische und postoperaistische Theorie wieder eine größere Resonanz. Im Nachfolgeprojekt «Multitude» beziehen sich Hardt/Negri bereits auf diese «Bewegung der Bewegungen».

als «Empire») Darin nehmen die Autoren eine Reihe von Revolten in der zweiten Hälfte des 20. Jahrhunderts vergleichend in den Blick. In früheren Zyklen der Auseinandersetzungen, so ihre Beobachtung, bezogen sich die Bewegungen aufeinander: Die klassische ArbeiterInnenbewegung war international organisiert und auch die Kämpfe um das Jahr 1968 waren trotz ihrer Vielfältigkeit durch den gemeinsamen Widerstand gegen den Vietnamkrieg verbunden. Es wurden die eigenen Kämpfe geführt, aber in einem globalen Zusammenhang gesehen.

Anders am Ende des Jahrhunderts: Die Demokratisierungsbewegung in China, die am Platz des Himmlischen Friedens im Juni 1989 niedergeschlagen wurde, die erste Intifada der PalästinenserInnen ab 1987, die Unruhen der gettoisierten Bevölkerung in Los Angeles 1992, der bewaffnete Aufstand der ZapatistInnen seit 1994 im Süden Mexikos, der Generalstreik im November und Dezember 1995 in Frankreich und die Streiks um gewerkschaftliche Rechte in Südkorea 1996 – sie alle werden genannt (Empire, 67 ff.), erscheinen den Autoren unvermittelt, unkommunizierbar, nur zufällig zur gleichen Zeit. Demgegenüber soll «Empire» einen gemeinsamen Feind zeigen: das Empire, die Struktur der globalen Souveränität, und so dazu beitragen, eine gemeinsame Sprache des Widerstandes gegen den herrschenden Kapitalismus zu finden. Die Begrifflichkeiten sind aus ganz verschiedenen Theorieansätzen übernommen, was für manche fremd und ungewohnt erscheinen mag. Unzweifelhaft aber hat die undogmatische Linke darin wieder eine radikale und systemüberwindende Sprache gefunden.

Während Hardt und Negri am «Empire» schrieben, schien sich wieder einmal die Wirklichkeit zum Gedanken zu drängen, selbst wenn das die Autoren (noch) nicht erkannten. In einem ersten Abschnitt soll die neue Lesart des Marxismus diskutiert werden, wie sie von Hardt und besonders von Negri entwickelt wurde, um die «reelle Subsumtion», den «General Intellect» und das Ende der Gültigkeit des marxschen Wertgesetzes theoretisch zu fassen. Diese Interpretation liegt der Analyse des «postfordistischen» Kapitalismus der Gegenwart zugrunde, die Negri/Hardt in ihrem Buch «Empire» unternehmen, das im folgenden Abschnitt im Mittelpunkt steht. Nach einer Ergänzung zu den kriegerischen Implikationen des herrschenden Kapitalismus wird dessen Gegenpol, die Multitude, eingehend vorgestellt, bevor sich ein letzter Teil mit der Perspektive einer «konstituierenden Macht» als Zusammenfall des «Lebens» der Multitude mit der Selbstorganisation in der Revolte auseinandersetzt.

Reelle Subsumtion

Seit den 1970ern wurde die operaistische Diskussion durch bis in die 1950er Jahre des 20. Jahrhunderts unbekannte Marxtexte beeinflusst: die «Grundrisse» (Marx 1953) und die «Resultate des unmittelbaren Produktionsprozesses» (Marx 1969). Die darauf aufbauende Interpretation der *formellen* und *reellen Subsumtion* von Arbeit und Leben in «Marx beyond Marx» (Negri 1991) und «Arbeit des Dionysos» (Negri/Hardt 1997) erlaubt die Erfassung der Veränderungen des herrschenden Kapitalismus im 20. Jahrhundert.

Formelle Subsumtion der Arbeit unter das Kapital ist bei Marx (1969) mit der Periode der frühkapitalistischen Manufaktur verbunden. Der Produktionsprozess ist ein Prozess des Kapitals geworden, in dem das Verhältnis zwischen ArbeiterIn und Unternehmer durch Geld vermittelt wird: BäuerInnen sind zu TagelöhnerInnen, HandwerkerInnen zu LohnarbeiterInnen und SklavInnen zu entlohnten Angestellten ihrer einstigen «Besitzer» geworden. (Marx 1969, 46 ff.) Der Arbeitsprozess unterscheidet sich jedoch noch nicht von dem in der vorkapitalistischen Produktionsweise. Unter der formellen Subsumtion ist die Arbeit die Quelle, das Kapital der Verwalter des gesellschaftlichen Reichtums. Im Gegensatz dazu bedeutet die *reelle Subsumtion* die Organisation der Arbeit durch die Kapitalisten, etwa durch das zur Verfügung stellen der entsprechenden Produktionsmittel, der Maschinerie und der Fabriken. Das Kapital ist nun nicht mehr nur Dirigent, sondern Organisator der Arbeit, das Verhältnis zwischen Kapitalisten und ProletarierInnen nicht allein durch das Geld, sondern durch die direkte Anordnung der Produktion in der Fabrik vermittelt. (vgl. Negri/Hardt 1997, 79 ff.) Das Produkt ist nicht mehr das Ergebnis der individuellen Arbeit, sondern Resultat des geplanten Zusammenwirkens der ArbeiterInnen in der Fabrik und deren Zusammenspiels mit den eingesetzten Maschinen. Die in der Fabrik vergesellschaftete Arbeit erscheint nicht mehr als kreative und innovative Quelle, sondern als Teil des Kapitals. Das Kapital wirkt wie eine selbstständig funktionierende Maschine, autonom von der lebendigen Arbeit. Der Markt, so scheint es, ist alles, die Antriebskräfte sind Zirkulation und Distribution und als innovative Quelle erscheint nicht mehr die Arbeit, sondern die technologische Anwendung der Wissenschaft. Der Übergang von der formellen zur reellen Subsumtion wird dabei als eine langsame und graduelle Tendenz verstanden.

Dieser Zusammenhang ist es auch, den die OperaistInnen aufnahmen und diskutierten, weil die Formen der Subsumtion mit den Kampfformen eng verbunden sind. Es wurde angenommen, dass ArbeiterInnen, die «nur» der formellen Subsumtion unterlägen, etwa revolutionäre FacharbeiterInnen, von Räten und der Selbstverwaltung der Fabrik träumten, während die bloß als Anhängsel der Maschinen existierenden, reell subsumierten MassenarbeiterInnen die Fabrik nur negativ sehen könnten: Ihre Kampfformen seien die Sabotage, der Kampf gegen die Arbeit und die Flucht aus der Fabrik, ihr größter Wunsch, nicht mehr Teil der Fabrikmaschine sein zu müssen. Unter dem Einfluss der entstehenden Studierendenbewegung wurde seit Mitte der 1960er Jahre auch versucht, die Position der TechnikerInnen als Bindeglied zwischen AkademikerInnen und Proletariat zu analysieren. Da ihnen das Wissen über die Produktion nicht enteignet wurde, sei ihre Arbeit nur formell unter das Kapital subsumiert. (Bologna/Ciafaloni 1972; vgl. Wright 2005, 117)

Die Subsumtion unter das Kapital findet aber nicht nur in der Fabrik statt. Die «Zivilgesellschaft»[52] wird von Negri/Hardt (1997, 116 ff.) als der Raum der *formellen Subsumtion der Gesellschaft unter den Staat* betrachtet, der die Antagonismen-vermittelt, diszipliniert und befriedet, die durch die kapitalistischen gesellschaftlichen Verhältnisse hervorgebracht wurden. Die zivilgesellschaftlichen Apparate, etwa die Gewerkschaften, erfüllen dabei einen doppelten Zweck: Einerseits können ArbeiterInneninteressen durch sie auf den Staat Einfluss nehmen, andererseits ermöglichen sie die Übertragung von Disziplin und Kontrolle von Staat und Kapital auf die ArbeiterInnen.

Die *reelle Subsumtion der Gesellschaft unter das Kapital* ist mit dem «neoliberalen» Diskurs verbunden, der für die Reduktion des Staates eintritt. Es ist aber nicht der «schwache Staat», der sich durchsetzt, sondern die vermittelnden Institutionen der Zivilgesellschaft verlieren an Bedeutung. Die Gesellschaft muss nicht mehr von außen diszipliniert und dirigiert werden,

52 Der Begriff der «Zivilgesellschaft» wird unterschiedlich verwendet. Negri/Hardt (1997, 115) verwenden diesen Begriff Gramscis auch als Synonym für «bürgerliche Gesellschaft», die dem Staatsganzen untergeordnet ist. In beiden Fällen hat die Zivilgesellschaft eine Funktion der Vermittlung und Unterordnung. Negri/Hardt (1997, 116 ff.) wenden sich gegen die illusionäre Vorstellung, durch die Gewinnung von Hegemonie über die Zivilgesellschaft könne der Staat beeinflusst werden. Diese Kritik richtet sich sowohl gegen diejenigen, die an linke Parteien und Gewerkschaften glauben, wie auch gegen jene, die die «Zivilgesellschaft» in den «Neuen Sozialen Bewegungen» verorten.

sondern scheint jetzt vollkommen durch den Verwertungszwang organisiert. Das gesellschaftliche Kapital scheint sich autonom zu reproduzieren, als hätte es sich von der ArbeiterInnenklasse emanzipiert; die lebendige Arbeit wird innerhalb des Systems unsichtbar. (Negri/Hardt 1997, 117) Dieses Verschwinden der Zivilgesellschaft drückt sich in der Reduktion der demokratischen Politik auf ein Spektakel aus. Meinungsforschung, Massenmedien und Populismus dienen nicht mehr dem Ausgleich zwischen unterschiedlichen Interessen, sondern hauptsächlich der Produktion von WählerInnen. Die Politik ist nur mehr Simulation von Politik.

Die Verschiebung von der formellen zur reellen Subsumtion der Gesellschaft unter Staat und Kapital entspricht der Verschiebung von der Disziplinar- zur Kontrollgesellschaft, wie sie Gilles Deleuze zufolge Michel Foucault in seinen Texten diagnostiziert hat. (Deleuze 1992) In der *Disziplinargesellschaft* werden die Individuen in Schule, Kaserne, Familie, Gefängnis und Psychiatrie genormt und geformt, sie unterliegen dem Zwang, sich an eine relative Einheitlichkeit anpassen zu müssen. Die ganze Lebenszeit wird von disziplinierenden Institutionen erfasst: Menschen bewegen sich aus der Familie in die Schule, aus der Schule in die Kaserne, von dort in die Fabrik und enden zum Schluss im Krankenhaus oder im Altersheim. Gefängnis und Psychiatrie dienen dazu, AußenseiterInnen wieder zu «normalisieren». In den Institutionen wird die Kommunikation zwischen den in sie Eingegliederten unterdrückt oder behindert, sie werden gezwungen, über ein kontrollierendes, beobachtendes Zentrum zu kommunizieren. Das Leben ist durch Institutionen unterteilt, wie auch der Raum und die Zeit der KlientInnen, ArbeiterInnen etc. durch sie «gekerbt» (Deleuze/Guattari 1992, 496) sind.

Die Krise der Institutionen der Disziplinargesellschaft durch die Revolten von 1968 und danach führte nun aber nicht zu ihrer Auflösung, sondern zu einer Ausbreitung auf die ganze Gesellschaft. In der *Kontrollgesellschaft* wird das Eindringen des Lebens (Kommunikation, Kooperation, soziale Kontakte und Beziehungen) in die Institutionen durch sein Gegenstück ergänzt: die Ausdehnung der institutionellen Praktiken auf die ganze Gesellschaft. Das Gefängnis wird zur allgemeinen Überwachung, die Schule zu lebenslangem Lernen, die Psychiatrie in vielen Teilen in Selbsthilfegruppen ausgelagert. Die Institutionen geben nicht mehr normierte Personen an die Gesellschaft zurück, sondern überziehen letztere mit einem Netz der Kontroll. Die Produktion von «Subjektivitäten» verändert sich.

Warum Subjektivitäten? Poststrukturalistische Theorien kritisieren die Illusion eines starken, unabhängigen Ichs, das autonom agieren kann. Die «Subjekte» sind unterschiedlich, je nachdem, in welchem Zusammenhang sie agieren, ob im Freizeitbereich, in der Schule oder in der Firma. Das Handeln, das Tun, auch und gerade wenn es dagegen ist, wird durch die Strukturen festgelegt, in denen sich der Einzelne bewegt. Da es aber Handeln gibt, das durch die sich verändernden Einzelnen passiert, muss es Handelnde geben, eben Subjektivitäten. In der Disziplinargesellschaft herrschte die Vorstellung von der Möglichkeit einer Planung der Subjekte – von der Normierung durch einschließende Institutionen wie Gefängnis und Psychiatrie bis zum Traum der Produktion eines «neuen Menschen» durch die Revolution. In der Kontrollgesellschaft wird dagegen die produktive Eigenaktivität gefördert, nicht mehr genormt, sondern produziert, zugelassen, kontrolliert und überwacht; und nur im Extremfall wird repressiv zugegriffen. Subjektivitäten sind handelnde Zusammenhänge («Strukturen»), die aber durch ihr Handeln diese Strukturen verändern.

Zeigte die große Maschinerie des Industriezeitalters die reelle Subsumtion der Arbeit an, so ist die reelle Subsumtion der Gesellschaft unter den Staat die Ausdehnung der Fabrik auf die Gesellschaft, zuerst disziplinierend (Fabrik- und Disziplinargesellschaft), dann produzierend (die Kontrollgesellschaft des «Neoliberalismus»). Das Leben dringt in die Institutionen ein. Wurden die Subjektivitäten in Fordismus und Disziplinargesellschaft erzeugt, um disziplinierte ArbeiterInnen zu bekommen, die Massenprodukte kaufen und sich in Freizeit und Familie erholen, so produzierte der Widerstand der unterschiedlichen Bewegungen die Krise der fordistischen und disziplinären Ordnung. Die kapitalistische Antwort auf die «Krise des Wohlfahrtsstaats» ist der Versuch, das ganze Leben produktiv zu machen, eben nicht nur Arbeitskräfte zu erzeugen, sondern die Produktion von Leben (der Subjektivitäten) der Ausbeutung zu unterwerfen. Kommunikation, Kooperation, soziale und emotionale Qualitäten wurden nicht nur zur Erzeugung der Arbeitskraft für den Kapitalismus funktionalisiert, sondern als etwas Produktives anerkannt. Das ist die reelle Subsumtion des Lebens unter das Kapital.

Die Begrifflichkeit «Produktion von Leben» wurde zuerst von Feministinnen verwendet, um sich davon zu lösen, dass die Arbeit oder Aktivität von Frauen als Reproduktion, abgeleitet von «produktiver Arbeit» (bei Marx nur mehrwertproduzierende Lohnarbeit), bezeichnet wird. Produktion von Leben ist eben mehr als die Wiederherstellung der Arbeitskraft. Hardt/Negri übernehmen den Begriff der Biopolitik von Foucault, um ihn dann zu erweitern. Sie kommen dabei zu einer ähnlichen Sichtweise wie feministische Diskurse. Für Foucault (1983, 137 ff.) wird die Unterwerfung der Körper durch Disziplin durch Biopolitik, das heißt die Kontrolle der Bevölkerungen, ergänzt: Geburtenrate und Lebensdauer, öffentliche Gesundheit, Wanderung und Siedlung werden untersucht. Geht es bei Foucault um die Optimierung von Leben, dehnen Hardt/Negri (Empire, 32) wie auch viele Feministinnen den Begriff Biopolitik auf alles aus, was mit Leben zu tun hat. Nicht nur Waren werden produziert, sondern Bedürfnisse, soziale Beziehungen, Körper und Geist (Subjektivitäten). Nicht nur Lebensmittel werden hergestellt, sondern das ganze Leben. In der feministischen Diskussion wird Biopolitik wie bei Foucault allein als Optimierung des Lebens etwa durch Reproduktionsmedizin oder Abtreibungsverbote verstanden, gegen die mensch sich wehrt. Bei Hardt/Negri dagegen ist Biopolitik ein nicht nur negativer Begriff. Sie sehen nicht nur den repressiven Teil der «Biopolitik», sondern begreifen das Leben auch als ein Vermögen, das sich als Biopolitik gegen die unterdrückende Biomacht wenden kann.

Bei ihrer Erklärung von Biopolitik in «Empire» (43 ff.) verweisen Hardt/Negri ausdrücklich auf die Analysen von den aus dem operaistischen Marxismus kommenden Intellektuellen wie Paolo Virno, Christian Marazzi oder Maurizio Lazzarato, die eine Veränderung der Arbeit in der Gesellschaft des Postfordismus hin zur immateriellen Arbeit konstatieren. Dabei geht es um Interpretationen des Begriffs General Intellect aus dem «Maschinenfragment» (Marx 1953, 582–600). Marx identifizierte dort den General Intellect (oder vielmehr das Wissen als wichtigste Produktivkraft) mit dem fixen Kapital und vernachlässigte dabei die Seite des General Intellect, die sich im Gegensatz dazu als lebendige Arbeit darstellt. (Virno 2004, 153) Der Operaismus der 1960er Jahre ging von der Marxschen Sichtweise aus und leitete daraus die Notwendigkeit des Kampfes gegen die Arbeit ab. In den aktuellen Diskussionen wird dagegen in den Arbeits- und Lebensverhältnissen das fixe Kapital (die «Maschinerie») Teil des Körpers und Geistes. Wissen und Kommunikation, Kooperation und Gefühle, das Lächeln der DienstleisterInnen als «Werkzeuge» sind untrennbarer Teil der Arbeitskraft. (Zu Geschichte der Diskussion um den General Intellect vgl. Virno 2004)

In Zusammenhang mit den Veränderungen von Arbeit und Leben ist noch einmal über das Marxsche Wertgesetz zu diskutieren. (Vgl. Hardt/Negri 2004, 161 ff.; im Folgenden zitiert als «Multitude») Die jeweilige Analyse gesellschaftlicher Zustände formuliert kein Gesetz, sondern versucht, Tendenzen herauszuarbeiten. So beschreibt etwa Marx die industrielle Arbeit in England als etwas, das erst in einem kleinen Teil der Welt existiert, aber bereits auf die Situation der Zukunft verweist. Ebenso wird auch die Begrenztheit der Gültigkeit des Wertgesetzes diskutiert. (Zum Wertgesetz vgl. MEW 23, 62 ff.; vgl. auch Heinrich 2004, 37 ff.) Die verschiedenen Arbeiten etwa einer Malerin oder eines Webers erreichen ihre Gleichheit nur durch die Realabstraktion der darunter liegenden lebendigen Arbeit. Der konkrete Ausdruck der abstrakten Arbeit ist die Gleichheit durch den Austausch in Geld. Auch wenn sich die Preise, der Ausdruck in Geld, ändern, gesamtgesellschaftlich lässt sich der Wert einer Ware auf potenziell messbare Arbeitszeit zurückführen. Das Verschwimmen der Grenze zwischen Arbeit und Nichtarbeit, wie sie typisch für postfordistische Arbeitsverhältnisse ist, kann dieses Verhältnis noch nicht in Frage stellen, da nicht eine reale Zeit angenommen wird, sondern nur die Abstraktion des Zeitverhältnisses. Jetzt werden aber nicht mehr nur Lebensmittel erzeugt, sondern das gesamte Leben. Die kreativen und innovativen Fähigkeiten der Arbeitenden, der lebendigen Arbeit, geht über die «produktive» (=bezahlte) Arbeitszeit hinaus. Das Produkt Kommunikation etwa ist nicht messbar.

Marx sieht die wertschaffende Arbeit nur in der Lohnarbeit. Das ist kein Problem bei Dienstleitungen. TänzerInnen, PerformerInnen etc. produzieren Mehrwert, wenn sie für ihre Arbeit bezahlt werden, nicht aber wenn sie dasselbe zum Vergnügen für sich und andere machen. Diese Fixierung auf die Lohnarbeit erklärt auch, warum Marx die Frauenarbeit als Haus- und Produktionsarbeit nicht erklären konnte oder wollte. (Vgl. Birkner/Knittler 2006) Die Produktion von Leben lässt sich nicht einmal als Herstellung und Wiederherstellung von Arbeitskraft in bezahlter Zeit messen, selbst wenn sie in Institutionen wie Kindergärten verlagert oder von «Kindermädchen» erledigt wird. Die Produktion des Lebens bleibt unmessbar und unbezahlbar.

Es ist das Gemeinsame («Commune»), das sowohl Voraussetzung wie Resultat der Produktion des Lebens ist. Kommunikation, Kooperation, Gefühl und Beziehung hängen von der Existenz des Gemeinsamen ab, sind in ihrem Lebenszusammenhang das Gemeinsame und produzieren wieder Kommunikation, Beziehung etc. Der Konsum von Wissen, Gefühl und dergleichen zehrt die Produkte nicht auf, die AnbieterInnen behalten diese vielmehr, wenn sie hergegeben werden (deshalb auch der Kampf um Urheberrechte, bei dem es darum geht, einen künstlichen Mangel des potenziell unendlichen Produktes «Wissen» herbeizuführen; vgl. unten). Leben und Produzieren lässt sich nicht mehr trennen, das Leben selbst ist die produktive Maschine, auch wenn es die Biomacht des Kapitalismus scheinbar verschwinden lässt. Kooperationsbereitschaft war auch in der Fabrik notwendig, nicht umsonst war immer eine der ersten Kampfformen «Dienst nach Vorschrift». Während Kooperation in der Fabrik durch Arbeitsteilung minimiert wurde, um die ArbeiterInnen kontrollieren und dirigieren zu können, wird sie jetzt – etwa durch Teamarbeit – als konstitutiv anerkannt und gefördert.

War der Antagonismus von Proletariat und Fabrikgesellschaft mit der Abpressung des Mehrwerts und darum mit dem Kampf um Lohn und Arbeitszeit verbunden – weniger Arbeit, mehr Lohn –, so findet sich der Antagonismus heute auf allen Ebenen des Lebens, von der Enteignung und Wiederaneignung des Gemeinsamen bis hin zum Kampf um unsere Körper. (Revolutionäre) Subjektivitäten entstehen nicht nur an den bezahlten Arbeitsplätzen, sondern aus Konflikten in allen Bereichen des menschlichen Lebens. Ob es um «produktive» oder «reproduktive» Arbeit geht, um Ökologie und kulturelle Ausdrucksformenen oder die Kämpfe von Lesben, Schwulen und «Minderheiten»: Immer sind es biopolitische Kämpfe, zugleich ökonomisch, sozial, kulturell und körperlich. Deren Subjekt ist keine homogene ArbeiterInnenklasse, die übrigens nie so einheitlich war, wie viele glaubten, sondern eine *Multitude*.

Empire

Der Schwerpunkt des Buches «Empire» liegt in der Beschreibung der Geschichte der «postfordistischen» Souveränität, die über die nationalstaatlichen Formen hinausgeht; und zwar auf der Mikroebene, wo die Macht bis in die Körper wirkt, wie auf globaler Ebene, wo wir den Prozess einer neu entstehenden Konstitution des Empire beobachten können. Das Buch geht von der Weiterentwicklung des Operaismus durch Negri in den 1970ern aus und bezieht sich auf die poststrukturalistischen Theorien Michel Foucaults, besonders aber auf Gilles Deleuze und Felix Guattari. Während diese Bezüge explizit genannt werden, wird Spinoza nur eher beiläufig erwähnt, obwohl seine Sichtweise das gesamte Buch durchzieht. (Vgl. Reitter 2005)

Das Buch ist in vier große Teile gegliedert: Der erste gibt eine einführende Zusammenfassung der Weltordnung, der biopolitischen Prozesse der Herrschaft und der Möglichkeiten des Widerstandes; die beiden zentralen Mittelteile beschreiben die *Geschichte* der sich in Europa entwickelnden und dann auf die Welt ausbreitenden Souveränität («Teil II: Passagen der Souveränität») sowie die *materielle Realität* dieser Souveränität, das ist die mit der lebendigen Arbeit und dem Widerstand gegen das Empire verbundene Produktion («Teil III: Passagen der Produktion»); im letzten Teil schließlich geht es um die Möglichkeiten, eine emanzipatorische Überwindung des Empire zu denken.

Die moderne Souveränität beginnt am Ausgang des Mittelalters ab dem 15. Jahrhundert, in der Krise der Rennaissance, mit den Unruhen und Kriegen um die Zeit der Reformation. (Empire, 81 ff.) Demokratische Ideen finden Verbreitung und die transzendentale Ordnung Gottes wird zunehmend in Frage gestellt. Diese revolutionären Gedanken kulminieren in Spinozas Begriff der vollkommenen Immanenz, demzufolge es keiner Ziele und Begründungen von außerhalb, etwa durch einen Gott, bedarf. Nicht umsonst wurde Spinoza darum oft als Materialist und von seinen Zeitgenossen auch als Atheist gesehen. Das Revolutionäre der Moderne wird im Denken der Zeit aber noch in eine Dialektik eingefangen und die transzendentale Ordnung durch die Vorstellung wieder hergestellt, dass ein König, und später der Staat als Ganzes, zwischen den Menschen und Gott vermittele. Noch später wird die Nation erfunden, um als transzendentales Ziel den König durch das Volk zu ersetzen. Die Multitude wird durch eine vereinheitlichende Repräsentation und die Abgrenzung nach außen zu einem Volk gemacht.

Weil Staat und Volk ein Gegenstück brauchen, ist die Entstehung der europäischen Nationalstaaten untrennbar mit der Ausgrenzung der Anderen nicht nur im Kolonialismus verbunden. (Empire, 127 ff.) Doch die Bevölkerungen in den kolonisierten Regionen wehrten sich und so wurde die Konstruktion des Anderen zum Bumerang der nationalen Befreiung der antikolonialen Kämpfe, in denen sich die (rassistische) Negation durch die UnterdrückerInnen in die Negation der revolutionären Gewalt verwandelte. Der Befreiungsnationalismus tauchte als Gegenstück zum imperialistischen Nationalismus Europas auf und mündete in die Idee vom Kolonialismus befreiter Nationalstaaten, die nun ihrerseits die Vielfältigkeiten und Unterschiedlichkeiten einer Multitude unterdrückten. Staat und Nation waren das «vergiftete Geschenk der nationalen Befreiung». Das Ende des 20. Jahrhunderts hat schließlich die Krise der Nationalstaaten im Trikont wie in den Metropolen gebracht.

Heute leben wir in einer Transformationsphase (Empire, 150 ff.) zwischen der modernen Souveränität, für die «Völker» und «Nationen» charakteristisch sind, und dem sich konstituierenden Empire. Typisch für diese Phase des Übergangs ist die «postmoderne» Kritik an den Vereinheitlichungen der Moderne: Die Differenzen werden betont und die Konstruiertheit von Wahrheiten herausgestrichen. Wenn die (zumeist akademischen) ProtagonistInnen dieser Theorien auch glauben, in ihrer Kritik subversiv zu sein, so stehen sie doch, ohne es wahrzunehmen, bereits auf der Seite der neuen Souveränität. Das Empire fordert und fördert Differenzen und Vermischungen («Hybridität»). Ein dazu komplementäres Übergangsphänomen bildet die Massenarmut. Gegen die postulierte Vielfalt konstruieren die verschiedenen Fundamentalismen eine imaginäre Einheit. Postmoderne und Fundamentalismus entstehen zur gleichen Zeit, aber an verschiedenen Enden der globalen Hierarchien: Postmoderne und Postkolonialismus bei den GewinnerInnen des Weltmarkts, fundamentalistische Identitätskonstruktionen auf der Verliererseite. Beide sehen sich als KritikerInnen der Ideologie des Weltmarktes, sind tatsächlich aber nur konstituierender Teil seiner Vielfalt.

Die USA sind heute nicht nur die führende Weltmacht, sondern entsprechen aus ihrer revolutionären Geschichte heraus auch am ehesten der in Entstehung begriffenen Konstitution des Empire. (Emprie, 172 ff.) Daher wird die Entwicklung der USA von Negri und Hardt relativ prominent behandelt. Ihrem Anspruch nach wollten die USA, konzeptionell auf die Grenzenlosigkeit (des Westens) angelegt und ohne national-ethnisch definierte Abgrenzungen, alle Menschen repräsentieren. Dieser revolutionäre Impetus wurde freilich durch die Aufrechterhaltung der Sklaverei und die Tatsache konterkariert, dass die indigene Bevölkerung ignoriert oder nur als störende Natur betrachtet wurde. Die Akzeptanz der immer wieder revolutionären Erneuerung führte zu Korrekturen, etwa der Abschaffung der Sklaverei, machte aber auch die konstitutionellen Erfolge der BürgerInnenrechtsbewegungen möglich. Die antikoloniale Vergangenheit der USA und die Dynamik der potenziellen

Grenzenlosigkeit, dieser Strudel, der alle Menschen unterschiedlicher Nationalität ansaugt, sind die Basis für den Sieg über die «alten» Imperialismen und die Stellung der Vereinigten Staaten als vorherrschende Macht der Gegenwart mit ihrer Fähigkeit zur Weltpolizei. Genau darin liegen aber auch die Gründe für die Ähnlichkeit mit dem Empire, dessen Konturen sich heute abzuzeichnen beginnen.

Die Trennung zwischen Polizeiaktionen und Kriegen verschwindet, Aufstandsbekämpfung und Verwaltung des Elends nähern sich an, von den Gettos in Los Angeles über das überschwemmte New Orleans bis in die Berge Afghanistans, um einige aktuelle Beispiele zu nennen. Der Herrschaftsimperativ des Empire ist ein dreifacher: alles einschließen (es gibt kein außen mehr, alles ist Teil des Empire), differenzieren (Anerkennung der Unterschiede) und dann die Widersprüche verwalten. Rassismus wird nicht mehr essenzialistisch oder gar biologisch, sondern «kulturell» definiert. So können die «feindlichen», als Bedrohung wahrgenommenen Bevölkerungsgruppen einmal AlbanerInnen sein, ein paar Jahre später RumänInnen. Die Unterdrückungsmechanismen im Trikont und in den Gettos der Metropolen nähern sich an, wie die Anwendung kolonialer Gesetze gegen die Unruhen in französischen Vorstädten illustriert. War schon die Moderne von Krisen gezeichnet, so ist das Empire Krise in Permanenz. Während zwischenstaatliche Kriege weniger werden, nimmt die Zahl von Bürgerkriegen, kleineren Konflikten und Polizeiaktionen zu, immer öfter werden Regionen unter internationale Verwaltung gestellt.

Die Souveränität der Nationalstaaten und des Empire bleibt aber eine leere Hülle, solange sie nicht mit «Produktion», lebendiger Arbeit und gemeinsamem Leben gefüllt wird. Diese Produktion umfasst sowohl die bezahlte und unbezahlte lebendige Arbeit, als auch das Leben außerhalb der Lohnarbeit. Und beides ist eng mit den Kämpfen verbunden, die Veränderungen der herrschenden Strukturen erzwingen. Die Geschichte der Produktivität beginnt mit den revolutionären Hoffnungen in der Zeit der russischen Oktoberrevolution 1917. (Empire, 233 ff.) Der herrschende Kapitalismus wird durch weltweite soziale Bewegungen und die drohende Weltrevolution gezwungen, sich Richtung Empire zu entwickeln. Die Antwort darauf ist der New Deal, der zuerst in den USA entstehende Wohlfahrtsstaat, der sich nach dem Zweiten Weltkrieg auf alle Industriestaaten ausdehnt. Die antiimperialistischen Kämpfe und die Vielfalt der Bewegungen 1968 und danach erzwingen immer wieder neue Umstrukturierungen. Es kommt zuerst zur formellen, dann reellen Subsumtion immer größerer Teile der Erde unter das Kapital.

Leben und Arbeit verändern sich durch die Angriffe auf die Strukturen der Disziplinargesellschaft. (Empire, 291) Ein wichtiger Schritt der Veränderung ist die so genannte *Informatisierung*: An die Stelle der hierarchischen Strukturen des Fordismus treten Netzwerke, nicht nur in der Organisation der Fabriken, sondern auch auf der virtuellen Ebene durch Internet und Telekommunikation und letztlich in der ganzen Gesellschaft. Die Hegemonie geht über von der industriellen zur immateriellen Arbeit.[53]

Die materielle Realität des Empire wird nicht mehr hauptsächlich durch nationale Demokratien (Empire, 315 ff.) hervorgebracht und aufrechterhalten, sondern durch das Zusammenspiel verschiedenster Institutionen, beginnend beim IWF und der Weltbank über nationalstaatliche Regierungen und transnationale Konzerne bis hin zu NGOs. Letztere übernehmen die Verwaltung der untersten, der individuellsten Schichten der Bevölkerungen. Die ideale Konstitution des Empire besteht für Negri/Hardt im Zusammenfallen aller «guten Regierungsformen» (nach Polybius, dem Historiker des römischen Imperiums): der «Monarchie», deren Rolle die USA spielen, der «Aristokratie» weiterer großer Nationalstaaten und transnationalen Konzerne sowie der «Demokratie», deren «zivilgesellschaftliche» Institutionen wie Kirchen und NGOs das Ziel haben, die Multitude in repräsentierbaren Strukturen zu vertreten. Die eine Welt des Empire lässt die Grenzen zwischen Trikont und Metropolen immer mehr verschwimmen, es entstehen Armutszonen in Nordamerika und Europa, aber auch Zentren des Reichtums im Süden. Das imperiale Kommando funktioniert durch Mechanismen, die metaphorisch als «Bombe» (Krieg zur Auslöschung von Leben als extremer Ausdruck der Biomacht), «Geld» (die transnationalen Konzerne) und «Äther» (die internationalen Medien) beschrieben werden können.

53 Produkte sind nicht mehr materiell wie Schokolade, die beim Konsum verschwindet, sondern immateriell wie Wissen, das durch den Konsum nicht aufgebraucht, sondern tendenziell vergrößert wird. Immaterielle Produkte sind neben Wissen und Kommunikation auch Emotionen, Gefühle und Kooperation. Alle materiellen Produkte «enthalten» auch immaterielle Elemente, etwa die Marke der Schokolade. Umgekehrt hat jedes immaterielle Produkt immer auch eine materielle Basis: ohne Schokolade keine Schokoladenmarke. Im Postfordismus werden die immateriellen Aspekte für die Wertschöpfung immer wichtiger. (Vgl. Lazzarato 1998a und 1998b; Marazzi 1998)

Im letzten Teil des Buches geht es schließlich um den Niedergang und das Ende des Empire. (Empire, 361 ff.) Wie bereits dargestellt geht im Empire die Möglichkeit der Produktion über jedes Maß hinaus, sie ist maßlos, ohne Grenzen und potenziell unendlich. Heute befindet sich das Empire in einem Stadium des Zerfalls, der Krise in Permanenz, in dem der herrschende Kapitalismus nur noch leere Herrschaft ist: Er ist abhängig von der Produktivität der Multitude, die zunehmend die Fähigkeit entwickelt, sich selbst zu organisieren und über Empire und Kapitalismus hinauszudenken. Abschließend schlagen die Autoren eine Reihe von politischen Forderungen vor, die dafür adäquat sein könnten: eine WeltbürgerInnenschaft wie sie die «Sans Papiers» fordern, ein existenzsicherndes Einkommen mit oder ohne Arbeit sowie die Wiederaneignung der Produktionsmittel durch den freien Zugang zu Wissen, Sprache und Information, die Wiederaneignung unseres Geistes und unseres Körpers, unserer Kommunikation und unserer Beziehungen. «Empire» endet mit einer Huldigung der Militanz:

«Ein Prototyp dieser revolutionären Gestalt ist der militante Agitator der Industrial Workers of the World (IWW). Der Wobbly richtete Vereinigungen von arbeitenden Menschen ‹von unten› her ein, durch beharrliche Agitation, und indem er diese Vereinigungen organisierte, bahnte er utopischem Denken und revolutionärer Erkenntnis den Weg. [...] Heute kann der Militante nicht mehr für sich in Anspruch nehmen, repräsentativ zu handeln, nicht einmal mehr für die grundlegenden menschlichen Bedürfnisse der Ausgebeuteten. Revolutionäre politische Militanz muss heute im Gegenteil das wiederentdecken, was schon seit jeher die ihr eigene Form war: nicht repräsentative, sondern konstituierende Tätigkeit. Militanz ist heute eine positive, konstruktive und innovative Tätigkeit.» (Empire, 418 ff.)

Diese Militanz kann nicht nur negativ gegen das System gerichtet sein, sondern arbeitet auch konstruktiv an einer nichtkapitalistischen Gesellschaft (zur konstituierenden Macht, vgl. unten).

Multitude

Wenn es um die Aufrechterhaltung der Herrschaft geht, sind die verschiedenen Formen des Krieges in einem umfassenden Sinne von entscheidender Bedeutung. Da Negri und Hardt im Krieg das größte Hindernis für die Verwirklichung des Kommunismus sehen, beschäftigt sich der erste große Abschnitt ihres

Buches «Multitude. Krieg und Demokratie im Empire» mit dessen verschiedenen Formen. Es geht dabei um den sich abzeichnenden Zustand des permanenten Krieges, des permanenten Ausnahmezustandes und wie wir in diese Situation gekommen sind. Die Autoren zeichnen die Geschichte des Krieges der Herrschenden nach und zeigen, wie er sich als Antwort auf die Kämpfe der Unterdrückten veränderte.

Ein gutes Beispiel für die neue Art der militärisch-polizeilichen Aktionen durch das Empire ist der Zweite Golfkrieg 1991, in dem eine breite Koalition das militärische Vorgehen des Weltpolizisten USA unterstützte. Der Widerstand wichtiger europäischer Staaten gegen das Vorgehen der USA im Dritten Golfkrieg 2003 erschien vielen dagegen als Indiz für ein Wiederaufleben imperialistischer Konkurrenz, die doch im Empire überwunden sein sollte. Dass es zwischen den Institutionen der Netzwerkherrschaft, von der die Nationalstaaten nur ein Teil sind, Auseinandersetzungen gibt, spricht aber nicht gegen das Konzept des Empire (Negri spricht in einem Interview von einem Putsch der USA gegen die aktuelle Weltordnung; Negri 2002b). In einem Exkurs (Multitude, 345 ff.) gehen Hardt/Negri darauf ein, dass es sich bei den Auseinandersetzungen um eine Krise des Empire handele, die sich in den Alleingängen des «Monarchen» USA ausdrücke, gegen den die «Aristokratien» der konkurrierenden europäischen Staaten und einige transnationale Konzerne opponierten. Die Multitude in Gestalt der «Bewegung der Bewegungen» stehe antagonistisch zu beiden, könne aber strategischen Gebrauch von dieser Krise machen, um dadurch Möglichkeiten für den Kampf um absolute Demokratie, um den Kommunismus zu eröffnen (zur Kritik an solcher «Realpolitik», siehe unten).

Kehrseite der Kriege des Empire sind die Widerstandsbewegungen «von unten». Die Formen dieser Kämpfe vom Volkskrieg über den Guerillakrieg bis zu netzwerkartiger Subversion sagen aber noch nichts über den emanzipatorischen oder konterrevolutionären Charakter des Widerstandes aus. So wird netzwerkförmiger Widerstand, der sicher der heutigen Situation am meisten entspricht, nicht nur von emanzipatorischen Bewegungen angewendet, sondern auch Drogenkartelle agieren so. Es geht also nicht um die Form des Widerstands, sondern um seine sozialen und gesellschaftlichen Inhalte (Multitude, 112), die uns im Folgenden beschäftigen werden.

Eine erste oberflächliche Annäherung an die *Multitude* definiert diese als die Vielfältigkeit und Unterschiedlichkeit der Bewegungen, die sich nicht unter eine vereinheitlichende Repräsentation bringen lässt, die Vielfalt der Wünsche und Bedürfnisse, die das herrschende System des Empire über sich hinaustreibt (zum Bezug auf die Geschichte der sozialen Bewegungen vgl. etwa Foltin 2004, 12). Das Gegenbild zur Multitude ist das *Volk*, eine gegen Andere abgegrenzte Einheit, eine transzendentale Repräsentation. Nichtsdestotrotz können Völker und Nationen zur terroristischen Realität werden. Abzugrenzen ist die Multitude auch von der *Masse* (oder dem Mob), der im Gegensatz zur Multitude eine lenkbare Vielfalt ist und keine kreative Eigenaktivität zeigt oder zeigen kann.

Multitude meint bei Negri/Hardt mehrerlei: Zunächst ist es ein ontologisches, die Natur des Seins betreffendes Konzept. (Vgl. Negri 2003a) Als lebendige Arbeit, als Kommunikation und Kooperation, als das Gemeinsame der Singularitäten ist Multitude aber auch eine materielle Wirklichkeit.[54] Singularitäten sind mehr als Individuen, da angenommen wird, dass die Grenzen zwischen den Menschen, aber auch zwischen Menschen und ihrer Umwelt nicht so klar sind (darum auch «Subjektivitäten» statt «Subjekte»). Des Weiteren ist Multitude ein politisches Konzept, das – antagonistisch zum herrschenden System des Kapitalismus, des Empire – die Wünsche und Widerständigkeiten ausdrückt. Multitude bezeichnet außerdem ein historisches Phänomen, das mit der Entstehung des bürgerlichen Staates durch Nation und Volk verdrängt wurde und sich im Übergang zum Empire mit seinen Veränderungen der Arbeits- und Lebensverhältnisse neuerlich konstituiert, potenziell unabhängig, mit dem Blick über den Kapitalismus hinaus. Multitude war nie verschwunden, es gab immer die lebendige Arbeit und die Kämpfe und Revolten, aber jetzt in der Krise nationaler und anderer Repräsentationen wird sie sichtbar und analysierbar.

Multitude ist aber auch ein Klassenkonzept (vgl. Multitude, 121 ff.): Es ist der Klassenkampf, der die Vielfalt bestimmt, und es ist die Unterschiedlichkeit der «klassifizierten» Kämpfe um

54 Da die Multitude als Sein hinter den Dingen betrachtet wird, sozusagen unhintergehbar widerständig, wird der Vorwurf der «Lebensphilosophie» erhoben. Es gäbe bei Hardt und Negri ein irgendwie wild wucherndes Leben, das nicht von der Herrschaft, egal ob von Institutionen oder dem Staat integriert werden kann. Die philosophische Sichtweise bringt solche Widersprüchlichkeiten mit sich, so ist schwer zu verstehen, wie es in der vollkommenen Immanenz zu einer Widerständigkeit über den Kapitalismus hinaus kommen kann. Der Vorwurf der «Lebensphilosophie» wird etwa von Wildcat 66 (2003) vorgebracht.

Geographie, Gender, Sexualität und andere Faktoren, die die Multitude produzieren. Selbst zu Zeiten, in denen scheinbar eine relativ homogene ArbeiterInnenklasse in der Auseinandersetzung um die Lohnarbeit im Zentrum stand, erfolgte die Zusammensetzung aus den Kämpfen im Lebenszusammenhang: Es waren die sozialen Beziehungen, die biopolitischen Verhältnisse im Wohn- und Lebensbereich *und* die ökonomischen Kämpfe in den Fabriken, die die ArbeiterInnenbewegung konstituierten.

Zentraler Teil der Multitude sind neben den Resten des «fordistischen» Proletariats heute vor allem die neuen *immateriellen ArbeiterInnen*. War es im 19. und 20. Jahrhundert die industrielle Arbeit, die alle Lebensbereiche prägte und nach dem Muster der Fabrik modellierte, so nimmt heute, in Zeiten der Postmoderne (vgl. Multitude, 126 ff.), die ganze Gesellschaft den Charakter immaterieller Arbeit an. Diese hat zwei Seiten: eine intellektuelle bzw. sprachliche und eine affektive. Bei ersterer geht es um Problemlösen, symbolische und analytische Aufgaben und Kommunikation, ihre Produkte sind Ideen, Codes, Texte, Sprache und Bilder. Affektive Arbeit hingegen beeinflusst Körper und Geist gleichzeitig, Affekte erzeugen oder manipulieren Gefühle der Leichtigkeit, Zufriedenheit, Spannung oder Leidenschaft. Viele der heutigen Arbeitsvorgänge enthalten beide Elemente: Kommunikation produziert Gefühle und Beziehungen, umgekehrt finden Leidenschaft und Spannung einen sprachlichen oder kommunikativen Ausdruck. Die Hegemonie immaterieller Arbeit bedeutet nicht, dass Arbeit früher keine kommunikativen und affektiven Momente gehabt hätte, doch liegt der Unterschied in deren gesamtgesellschaftlichen Bedeutung.

Negri und Hardt wurde vorgeworfen, die immaterielle Arbeit zu idealisieren und nur die positiven Elemente herauszustreichen, etwa, dass es eben angenehmer ist, Computerprogramme zu schreiben oder soziale Beziehungen zu pflegen als am Fließband zu stehen. Einseitig werde in «Empire» immaterielle Arbeit als Keimzelle eines spontanen Kommunismus dargestellt (vgl. Empire, 305) und darüber die Vielzahl anderer Arbeits- und Lebensverhältnisse ausgeblendet. Um diesem Vorwurf zu begegnen, gehen Negri/Hardt in «Multitude» ausführlich auf die vielfältigen Formen des Lebens im Empire ein. Immaterielle Arbeit sehen sie dabei durchaus ambivalent. So sind Jobs in Call Centern oder in der Datenerfassung alles andere als kreativ. Überdies wird Entfremdung gerade in «privilegierteren» Arbeitsverhältnissen viel mehr oder erst wirklich spürbar, nämlich als Entfremdung nicht nur vom Arbeitsvorgang und seinem Produkt, sondern auch von den Gefühlen, vom eigenen Körper und Geist.

Biopolitische Produktivität macht auch die BäuerInnen zu einem Teil der Multitude. (Multitude, 134 ff.) Durch ihr vielfältiges und umfassendes Wissen über Tiere und Pflanzen und den grenzenlosen Zeitaufwand für ihre Tätigkeit ist ihnen die Trennung von Arbeit und Leben fremd. Die «Armen» ohne feste Erwerbsarbeit leben in der Grauzone zu prekären Arbeits- und Lebensbedingungen und sind damit Multitude. (Multitude, 149 ff.) Ihr Kampf ums Überleben erfordert eine ungeheure Kreativität. Die migrantischen Armen schließlich, die trotz gewaltiger Hindernisse alle Grenzen überwinden und sich dem Kontrollregime entziehen, sind ein mächtiger Gegenpol zum herrschenden Empire. Sie alle, die Armen und alle anderen «gefährlichen Klassen» sind nicht nur passive Opfer von Unterdrückung und Ausbeutung, sondern auch eine Bedrohung der globalen Hierarchien und Unterteilungen, die die Stabilität des Empire garantieren sollen. (Multitude, 158)

Migration und deren rassistische Kontrolle ist ein Wesensmerkmal der Konstitution des Empire und zugleich eine entscheidende Widerstandsform der Multitude. (vgl. Birkner 2005, 65) Die Autonomie der Migration überwindet immer wieder die sich in die Gesellschaft hineinschiebenden Grenzen des imperialen Kontrollregimes. In «Multitude» beschäftigen sich Negri/Hardt auf lediglich zwei Seiten mit Migration (Multitude, 153 f.), in der sie sowohl einen Protest gegen die Ausbeutungs- und Unterdrückungssituation in den Ursprungsländern sehen, als auch den Wunsch nach einem besseren Leben. Durch die Überwindung der Grenzen, das Weitertragen und die Vermischung unterschiedlicher Kultur- und Lebensformen tragen Migrantinnen zur Schaffung einer globalen Gemeinsamkeit, einer mächtigen Potenzialität bei.

Die Multitude ist individuelle Verwirklichung und Gemeinsames («Commune») zugleich. Oft wird das vermischt mit den Kategorien von «öffentlich» und «privat». Besonders seit dem 11. September 2001 schränkt das Empire, die Souveränität, Persönlichkeitsrechte immer weiter ein, während zugleich immer mehr Güter in Gemeinbesitz «privatisiert» werden. Die Freiheit scheint vom Markt zu kommen und die Gleichheit vom Staat, der Liberalismus wird dem Jakobinismus/Sozialismus gegenübergestellt. Tatsächlich kommen sowohl Freiheit als auch Gleichheit vom Gemeinsamen, dem sozialen Leben der Multitude. Sie ist für die individuelle Freiheit gegen die Freiheit des Marktes und für das gemeinsame Leben, aber gegen staatliche und andere Vereinheitlichungen.

Konstituierende Macht

Negri leitet seinen Aufsatz «Repubblica Costituente, Umrisse einer konstituierenden Macht» (Negri 1998) mit einem Zitat Condorcets aus der Französischen Revolution ein: «Einer jeden Generation ihre Konstitution». In der Amerikanischen und der Französischen Revolution galt Konstitution als etwas Dynamisches, durch Revolten Veränderbares. In der revolutionären Praxis erstarrte der Prozess freilich immer wieder zu einer starren Gesetzmäßigkeit. Die Prozesshaftigkeit wird als «konstituierend» im Gegensatz zu «konstituiert» bezeichnet. Da die Unterbrechung in Zeit und Raum historisch immer wieder in Souveränität verwandelt wurde, kann sie nur in Phasen des Umsturzes analysiert werden, als Selbstorganisation in der Revolte.

In seinem Buch «Insurgencies» (Negri 1999) zeichnet Negri die Geschichte der konstituierenden Macht an Hand der Geschichte der europäischen Revolutionen nach. Er beginnt mit den Reflexionen Niccolo Macchiavellis zur Zeit der Umwälzungen der Renaissance und beschreibt die Englische Revolution in der Mitte des 17. sowie die Amerikanische in der zweiten Hälfte des 18. Jahrhunderts. Immer wieder wird dabei die Umwandlung des *konstituierenden* Prozesses in *konstituierte* Macht herausgearbeitet. Seit der Französischen Revolution stellt sich für die Herrschenden die Frage, wie Revolution, die in ihrer Dynamik potenziell jeden Augenblick als Unterbrechung der Zeit auftauchen kann, beendet werden kann. Die konstituierende Macht ist die Macht der radikalen Neuformulierung der sozialen Organisation. Als sich ausdehnende Macht, die zu den synchronen (gleichzeitigen) Effekten der Unterbrechung die diachronen (in der Zeit, hintereinander stattfindenden) Effekte der Kontinuität hinzufügt, ist sie in ununterbrochener Formierung begriffen. Als permanente Revolution ist sie der Prozess der Freiheit und Gleichheit. (Negri 1999, 228)

Das Neue im 19. Jahrhundert war nicht nur, dass die konstituierende Macht als Prozess verwirklicht wurde, sondern auch, dass die Organisation der Arbeit und die lebendige Arbeit selbst Teil des Konstitutionsprozesses wurden – von der Französischen Revolution, den Aufständen 1830 und 1848 bis zur Pariser Kommune. Die russische Oktoberrevolution freilich musste scheitern, weil sie national beschränkt blieb und statt der Weltrevolution einen internationalen Krieg *gegen* die Revolution auslöste. Die Pariser Commune wurde niedergeschlagen, weil sie sich nicht militarisierte, die russische Revolution scheiterte, weil sie sich militarisierte und in einen bürokratischen Staat verwandelte. (Vgl. Hardt/Negri 2002; Foltin 2002, 17)

Auch wenn die Aufstände der konstituierenden Macht durch Reaktion, Faschismus, Nationalsozialismus und den Zweiten Weltkrieg immer wieder eingedämmt wurden, zeigt sich in der permanenten Umstrukturierung des Empire, dass der Wunsch, das Begehren nach Veränderung nicht verschwunden ist. Die Überwindung des Systems kann dabei nur eine «Disutopie» sein. (Negri 1999, 313 ff.) Sie ist das Gegenstück zum Nicht-Ort «Utopie», ist also an einem Ort und in einer Zeit, aber nicht bezogen auf die herrschende Wirklichkeit, sondern auf den Nicht-Ort einer nicht-kapitalistischen Welt. Disutopie ist der andauernde Versuch eines besseren Lebens, sie ist Kampf verbunden mit der Organisation des Lebens.

«Gut gegraben, alter Maulwurf», stellte Marx im «18. Brumaire» (MEW 8, 111–207) fest, denn unterirdisch arbeitete das Proletariat an der Subversion, um einen revolutionären Prozess anzustoßen. Konstituierende Macht als Selbstorganisation wurde immer nur in Ereignissen, Revolutionen und Revolten sichtbar. Inzwischen hat sich die «lebendige Arbeit» (Marx) als Produktivität auf die ganze Gesellschaft, das ganze Leben ausgedehnt. An die Stelle der Mauern der Disziplinargesellschaft ist die alles durchdringende Kontrolle getreten.

Heute unterhöhlen nicht mehr eine Vielzahl starrer, am Reißbrett geplanter Maulwurfsgänge das herrschende System, wie es die revolutionären Organisationen des 19. und 20. Jahrhunderts taten. Vielmehr stoßen Revolten jetzt wie eine sich windende Schlange (Empire, 71 ff.; nach einem Bild von Gilles Deleuze) immer wieder an die sich verändernden Begrenzungen der Kontrollgesellschaft. Subversion ist kein fixes Konzept mehr, alles ist integrierbar, darum muss der Widerstand immer wieder neue Ausdrucksformen finden. Die konstituierende Macht unterminiert das Empire nicht mehr von außen wie ein System unterirdischer Maulwurfsgänge, sondern sie ist überall, als Multitude in ihren unterschiedlichen Ausdrucksformen, besonders aber in der Selbstorganisation der immateriellen Arbeit.

Negri (2004, 25) schreibt, dass von ihm die konstituierende Macht vor der Multitude untersucht wurde und sie dadurch nur als Ereignis, als das Unvorhergesehene, als das Unmittelbare, das nicht Andauernde zu erkennen war. Die Selbstorganisation der Multitude im alltäglichen Leben muss mit dem Prozess der Revolte zusammenkommen. Es ist dieses Zusammenfallen des Communen, der lebendigen Arbeit mit der Selbstorganisation der Revolte. Das könnte beinahe als dialektische Vermittlung verstanden werden, ist es aber nicht, weil diese Konstitution völlig ohne das Empire stattfindet, das nur noch eine leere Hülle ist. Die Multitude ist dagegen alles, sie ist das Ja des Lebens und das Ja der Revolte (im Gegensatz zu Holloway [2002, 188 ff.], der die Revolution als Negation der Negation sieht; siehe unten). Revolution ist nicht mehr Vermittlung durch Machtübernahme, sondern Separation. Die Multitude ist potenziell autonom von der herrschenden Struktur. Stellt sich noch die Frage nach der Organisation, also danach, wie wir dorthin kommen. Hier verweist Negri auf die konkreten Bewegungen:

«Nicht in der Theorie, sondern in den Aufständen werde immer wieder die Frage der konstituierenden Macht gestellt. Nicht die Marxsche Theorie stellt die Organisationsfrage, sondern die Pariser Commune, nicht das Weltsozialforum, sondern die argentinischen Piqueteros. Vom theoretischen Standpunkt kann man höchstens hinzufügen, dass die Multitude nicht einfach die Grundlage der Organisation ist, [...] sondern sie ist zugleich Inhalt der Organisation. Die Organisation kann nichts anderes als Ausdruck der Multitude zu sein, ihre autovalorizzazione (Selbstverwertung), ihre Selbstkonstituierung.» (2003, 61 ff.)

2. John Holloways urbaner Zapatismus: Das Nein und die kreative Macht

John Holloway wurde in Irland geboren, studierte unter anderem in der BRD und unterrichtete in Edinburgh. Seit mehr als zehn Jahren lebt er in Puebla (Mexiko), wo er an der dortigen Universität lehrt. Die Entwicklung von Holloways Denken ist eng mit jener Strömung verknüpft, die wir als «Open Marxism» bereits vorgestellt haben. Seine eigenen theoretischen Wurzeln reichen aber bis zur bundesdeutschen «Staatsableitungsdebatte» der 1970er Jahre zurück. Dementsprechend sind seine früheren Arbeiten hauptsächlich staatstheoretischen Fragestellungen gewidmet. Zentrale Aspekte von «Die Welt verändern, ohne die Macht zu übernehmen» sind bereits in diesen frühen Texten angelegt: Der Staat wird nicht als Subjekt oder Instrument gedacht, sondern als ein Verhältnis, von dem auch die ArbeiterInnenklasse und das Kapital Teile sind. Es gibt also kein Außen, keine privilegierte Position (und keine Partei) im Klassenkampf, dieser ist vielmehr durch die Bewegungen der in ihr und gegeneinander sich artikulierenden Kräfte bestimmt. In Anlehnung an Adornos «Negative Dialektik» (Adorno 1973) versteht Holloway diesen Klassenkampf als negativen, als Ablehnung, als «Nein zur Herrschaft». Im Gegensatz etwa zu Hardt/Negris unhintergehbarer Positivität des Vermögens der Multitude steht am Anfang von Holloways Denken der Schrei der bedrängten Kreatur gegen seine bzw. ihre Beherrschung. (Vgl. Holloway 2002, 10; vgl. auch Holloway 2003, 15 ff.) Die Verbindung von operaistischem Denken und Kritischer (Staats-) Theorie mit den Bezugspunkten Adorno, Benjamin und Bloch sowie die ständige Auseinandersetzung mit den sozialen Bewegungen machen die Bedeutung der Theorie John Holloways aus.

Zuerst wird nun kurz die Entwicklung des Hollowayschen Denkens nachgezeichnet. Dabei werden bereits jene Aspekte deutlich, die in «Die Welt verändern, ohne die Macht zu übernehmen» zu einer Theorie der Revolte ausgearbeitet werden. Die in diesem Hauptwerk entwickelten Gedanken werden ausführlich dargestellt, wobei sowohl die Stärken als auch die Schwächen benannt werden sollen. Im Anschluss werden noch kursorisch die Beiträge Holloways zur Reflexion der zapatistischen Bewegung vorgestellt, die 2006 in dem Sammelband «Zwei Zeiten der Revolution» (Holloway 2006) in deutscher Sprache erschienen sind. Kritische Stimmen zu Holloways

Theorie und seiner Entwicklung werden in diesem Kapitel nur kurz erwähnt, sollen im Abschnitt über die Kritik am postoperaistischen Denken aber – nicht zuletzt anhand einer umfangreichen Diskussion in der britischen Zeitschrift «historical materialism» – ausführlich zu Wort kommen.

Von der Conference of Socialist Economics zum «Offenen Marxismus»

Der erste breiter diskutierte Text John Holloways ist sein 1977 als Ergebnis von Diskussionen innerhalb der «Conference of Socialist Economics» (CSE) gemeinsam mit Sol Picciotto verfasster Beitrag «Capital, Crisis and the State» (Holloway/Picciotto 1977). Dieser sehr grundsätzliche Text umreißt ein marxistisches Staatsverständnis, das in seinen Grundkategorien bis heute für Holloways Denken bezeichnend ist. Darin wird der Staat nicht als Subjekt oder als «Instrument der herrschenden Klasse» dargestellt, sondern als gesellschaftliches Verhältnis (Holloway/Picciotto 1977, 77), dem ein ebenfalls relationaler Begriff des Kapitals eben als Kapital*verhältnis* zugrunde liegt. Dieses Verhältnis ist als Klassenverhältnis antagonistisch bestimmt, der Staat eine notwendige Erscheinung dieser Klassenherrschaft im Sinne der Herrschaft eines konstituierten Verhältnisses, in dem die ArbeiterInnen nur als Negierte, als Unterworfene existieren. Holloway und Picciotto wenden sich gegen die damals wie heute beliebte, an Gramscis Denken angelehnte Theorie der Autonomie des Politischen. (Holloway/Picciotto 1977, 81) Eine Kritik der politischen Ökonomie im marxschen Sinne kann niemals von den sie begründenden Klassen(kampf)verhältnissen abstrahieren. Obwohl zu diesem Zeitpunkt offensichtlich kein Austausch zwischen den Autoren und den italienischen OperaistInnen stattgefunden hat, ist der theoretische Ansatz dennoch jenem von Negri (vgl. Negri 1977, 36 ff.) sehr ähnlich. Auch Negri weist die (neo-)gramscianischen Theorien der Autonomie des Politischen scharf zurück.

Die Formanalyse des kapitalistischen Staates steht zwar im Zentrum der Ausführungen von Holloway und Picciotto, dennoch verweisen sie auf die Notwendigkeit, diese mit genauen Beobachtungen jeweils aktueller sozialer Kämpfe zu verbinden. (Holloway/Picciotto 1977, 85, 94) Wie in den italienischen Ansätzen sehen die Autoren diese Entwicklungstendenzen des Kapitalismus durch die Kämpfe der ArbeiterInnenklasse angetrieben und interpretieren den keynesianischen Versuch, die

ArbeiterInnenklasse über kontinuierliche Lohnerhöhungen einzubinden, als Antwort des Kapitals auf diese Kämpfe. Die seinerzeit einsetzende Politik der Kürzung der Staatsausgaben, die doch das Kerninstrument keynesianischer, «wohlfahrtsstaatlicher» Politik darstellten, war für Holloway und Picciotto schon damals kein «Rückzug» des Staates, sondern ein Versuch «der ‹Funktionalisierung› des Staates im Sinne der Kapitalakkumulation». (Holloway/Piciotto 1977, 96; unsere Übersetzung, MBRF) Auch dieser Aspekt erinnert an Negris Theorie der «Krise des Planstaats» (siehe z. B. Negri 1973, 30).

Mitte der 1990er Jahre gibt Holloway gemeinsam mit Werner Bonefeld das Buch «Global Capital, National State and the Politics of Money» (Bonefeld/Holloway [Hg.] 1995) heraus. In den Texten dieser Zeit widmet sich Holloway erneut staatstheoretischen Fragestellungen, nun aber zunehmend mit Blick auf die Krise des Keynesianismus und die damit einhergehende Veränderung monetärer Politik. (Vgl. Holloway 1996b) Weit entfernt von der selbst nationalstaatlich orientierten Sichtweise der von ihm kritisierten Regulationstheorie widmet er sich den globalen Implikationen dieser Krise – und interpretiert diese (wieder im Unterschied zur Regulationsschule) als durch die Kämpfe und Fluchtbewegungen der ArbeiterInnenklasse bestimmt, und dies nicht nur in letzter Instanz. «Capital Moves», die Tatsache, dass sich Kapital bewegt, ist für Holloway eine «Tautologie»: Das Kapital bewegt sich wegen seiner «konstanten Unfähigkeit [...], die Arbeitskraft im Zaum zu halten». (Holloway 1995b)

Aber nicht nur die Bewegung, sondern auch der Fetischismus bzw. der Prozess der Fetischisierung wird in diesen Texten Mitte der 1990er zu einer wichtigen Kategorie in Holloways Denken. Die von unserem Tun geschaffenen Produkte treten uns als äußerliche Gegenstände mit scheinbar eigenen Entwicklungsgesetzen entgegen. In den Formen von Staat und Kapital erreicht der Prozess der Fetischisierung seinen Höhepunkt, treten uns hier doch nicht mehr materielle Produkte, sondern rein zwischenmenschliche Verhältnisse als Dinge gegenüber. Jeder Klassenkampf beginnt nach Holloway mit einem NEIN zu diesem Prozess, mit dem Schrei der Verweigerung gegen die allgegenwärtigen Prozesse der Fetischisierung. Ausgehend von diesem theoretischen Muster, das aus seiner an der kritischen Theorie Adornos und Horkheimers geschulten dialektisch-relationalen Lesart des marxschen «Kapital» abgeleitet ist, entwickelt Holloway seine Theorie der Negativität. Die Negation als

Verweigerung des Verwertet-Werdens, des kapitalistischen Unterbrechens des «Fluss des Tuns», wie es in «Die Welt verändern, ohne die Macht zu übernehmen» heißen wird, wird für Holloway zum Ausgangspunkt seiner Negativen Dialektik der Revolution.

Holloway, der mittlerweile an der Universität in Puebla in Mexiko lehrte, wurde vom Aufstand der Zapatistas am 1. Januar 1994 überrascht – und gepackt. In den Aktivitäten der EZLN fand Holloway viele Momente seines Denkens wieder und setzte sich fortan intensiv damit auseinander. (Vgl. Holloway 2006) Sind die Texte Holloways bis Mitte der 1990er Jahre zumindest in der Terminologie noch stark vom klassischen Marxismus beeinflusst, so verlagert sich – nicht zuletzt unter dem Eindruck der Rebellion in Chiapas – der Stil und auch die theoretischen Schwerpunkte hin zu einer mehr philosophischen Herangehensweise. Mitunter wurde kritisiert, dass mit dieser Verschiebung auch das historisch-kritische Potenzial seiner Theorie einem abstrakten und ahistorischen Humanismus gewichen sei und der Bezug auf «menschliche Würde» die konkreten Momente von Klassenherrschaft nicht mehr adäquat bestimmen könne (vgl. Wildcat 1997 und Holloways Antwort [Holloway 1998]). Dies zeigt sich unter anderem in der Tatsache, dass sich in Holloways neueren Texten keine Hinweise zu konkreten Untersuchungen der Neuzusammensetzung der ArbeiterInnenklasse mehr finden.

Trotz oder gerade wegen dieser wichtigen Einwände war die Debatte um Holloways Buch von enormer Bedeutung. Diese weltweite Diskussion, die besonders intensiv in Lateinamerika im Zusammenhang mit Revolten wie dem Aufstand in Argentinien 2002 geführt wurde, markiert eine wichtige Etappe auf dem Weg zu einer Neubestimmung undogmatischer revolutionärer Theorie und Praxis. Auch in Deutschland und Österreich wurde Holloways Buch breit diskutiert. Die sich in den letzten Jahren in der globalen Protestbewegung grob abzeichnenden drei Strömungen lassen sich dabei anhand ihrer Haltung in dieser Debatte und der um «Empire» unterscheiden: Die auf die Staatsmacht und deren Übernahme fixierten parteiförmigen Gruppen können den Ansätzen Holloways nur ein mildes Lächeln abgewinnen; «kleinbürgerlich», «illusorisch», «Wunschdenken» lautet das Urteil.

Demgegenüber finden die institutionalisierten Flügel der sozialen Bewegungen und vor allem der NGOs zwar die Radikalität dieser Konzepte sympathisch und erfrischend, sehen für sie aber auf dem «realistischen» Terrain von Kampangnenarbeit und Lobbyismus, auf dem sie sich bewegen, keinerlei praktischen Anwendungsmöglichkeiten. Für eine dritte Strömung schließlich, die als libertärer Linksradikalismus bezeichnet werden kann, eröffnen die Theorien Holloways zumindest Räume der Diskussion, in denen die Möglichkeit eines nichthierarchischen Austausches und die Formen kollektiver Aktion wieder in den Blick kommen können.[55] Die massiven politischen Differenzen innerhalb der globalen Protestbewegung konnten so lange überbrückt werden, wie die unterschiedlichen Strömungen in den relativ offenen Räumen der Sozialforen und «Gegengipfel» noch miteinander in Kommunikation standen.

«Die Welt verändern, ohne die Macht zu übernehmen»

Michael Hardt und Toni Negri gehen in ihrer Theorie des Empire vom Prinzip der strikten Immanenz aus: Es gibt kein Außen. Das ist mit ein Grund, warum sie die emanzipatorischen Elemente in den herrschenden Strukturen selbst, im Empire, in der immateriellen und affektiven Arbeit suchen und auch finden. John Holloway kritisiert an dieser Sichtweise, dass in ihr die Multitude als relativ reine, nicht widersprüchliche, die Gesellschaft verändernde Form erscheine. Tatsächlich gibt es bei Negri/Hardt nur die Multitude, während das Empire nur noch parasitär existiert, nicht mehr als eine leere Hülle und eigentlich schon am Ende ist. (Empire, 367) Holloway erkennt in der Sichtweise Hardt/Negris zwei «Titanen», Empire und Multitude, die gegeneinander stehen. (Holloway 2002, 199) Diese Kritik ist Ausdruck seiner konfliktiven Sichtweise, in der das Kapital zwar als sehr mächtig, aber als Klassenkampf auch notwendig krisenhaft ist. (Holloway 2002, 198) Der Antagonismus erscheint nicht außerhalb, sondern ist die Zerrissenheit des Kapitals selbst. Das korrespondiert mit Holloways allgemeiner Bewertung des Operaismus, der zwar mit Recht den Blick weg vom Kapital auf die Kämpfe richte, dabei aber das Positive einfach auf den (organisierten) Kampf der ArbeiterInnenklasse verschiebe, die erst die negative Antwort des Kapitals erzwinge. (Holloway 2002, 188 ff.)

55 Zu möglichen anarchistischen Anknüpfungspunkten in der Theorie Holloways siehe die inspirierende Einleitung Jens Kastners in Holloway 2006 (Kastner 2006).

Holloway selbst sieht hingegen auch die ArbeiterInnenklasse negativ, sowohl in der Ablehnung der kapitalistischen Struktur wie auch als (negativer) Teil des Kapitals. Am Anfang steht für ihn die unartikulierte rohe Form der Revolte, der Schrei, das NEIN, d. h. die Negation dieser ungerechten Welt und der Wunsch nach einer besseren. Diese Revolten sind widersprüchlich, nicht unbedingt organisiert oder kollektiv, auch individuell und nicht unbedingt emanzipatorisch. Sie sind aber das unabweisbare Begehren nach einem besseren Leben, das Noch-Nicht (Bloch), der Wunsch nach etwas anderem. Der Schrei schließt Tun ein (Holloway 2002, 34 ff.), und dieses Tun ist praktische Negation. Das Tun, die Negativität gegen die herrschende Ordnung, entsteht nicht aus der Menschlichkeit, sondern aus der Negation, der Verweigerung der Menschlichkeit. (Holloway 2002, 37) Und es ist die Negation des Negiertwerdens, im Gegensatz zu Negri/Hardt nichts «Positives» also, das rebelliert. Und wenn dieses Tun, der Kampf gegen die entfremdung, auch isoliert erscheinen mag, so ist es doch etwas Gesellschaftliches. Selbst die einsamsten Verrichtungen sind gesellschaftlich, weil schon die Produkte des täglichen Lebens von der Nahrung bis hin zu John Holloways Computer von Menschen erzeugt wurden. Es ist unmöglich, sich ein Tun vorzustellen, das nicht das Tun anderer als Voraussetzung hat. Noch klarer wird dies beim Schreiben: Es gibt keinen Text, der nicht auf anderen Texten aufbaut. Und auch im alltäglichen Leben, wo wir sprechen, wo wir uns ansehen und Zuneigung oder Abneigung empfinden (vergleiche das «Commune» bei Hardt/Negri), sind unsere Handlungen miteinander verwoben; es ist unmöglich zu sagen, wo das eigene Tun anfängt oder aufhört, in den Worten Holloways: ein ununterbrochener «Fluss des Tuns». (Holloway 2002, 39)

Dieser Fluss des Tuns ist mit dem Vermögen verbunden, die Welt zu ändern. Dieses Vermögen nennt Holloway «power-to-do» (wörtlich: die «Macht-zu-tun», in der deutschsprachigen Ausgabe als «kreative Macht» übersetzt). Wenn der Fluss des Tuns unterbrochen wird, dann wird «power-to-do» zu «power-over» («Macht-über», instrumentelle Macht). Dies geschieht, wenn das Getane vom Tun getrennt und etwa das Produzierte zur Ware im Supermarktregal wird, wo die lebendige Arbeit und die Kreativität der Produktion nicht mehr sichtbar sind.

Marx analysiert den Bruch des Tuns, die Abtrennung des Getanen im ersten Band des «Kapital» als Fetischismus. (MEW 23,

85 ff.; vgl. Holloway 2002, 63 ff.) Der fetischistische Charakter der Waren entsteht nicht aus ihrem Gebrauchswert, sondern daraus, dass die Arbeitsprodukte Warenform annehmen. Die gesellschaftlichen Verhältnisse werden nicht durch bewusst handelnde Subjekte hergestellt, sondern durch den Tauschwert der Waren. Das Getane der Dinge negiert seinen Ursprung in der Gesellschaftlichkeit des Tuns. Wir leben in einer kapitalistischen Gesellschaft, in der die Trennung des Getanen vom Tun alle Beziehungen zwischen den Menschen und ihr Verhältnis zur Welt durchdringt.

Viele marxistische Strömungen leiteten aus diesem Befund eine Theorie antagonistischer Klassen ab, in der die Eigentümer der Produktionsmittel, die Bourgeoisie, jenen gegenüberstehen, die nichts zu verkaufen haben als ihre Arbeitskraft: dem Proletariat. Dabei wird das fetischistische Verhältnis nur als etwas Äußerliches aufgefasst und Revolution auf die Enteignung der KapitalistInnenklasse verkürzt. So einfach ist es aber nicht, denn die fetischistische Logik durchzieht, so Holloway, auch die Existenz der ArbeiterInnen. Die ArbeiterInnenklasse ist nicht unberührt vom Fetischismus unterschiedlicher Herrschaftsformen, wie etwa Sexismen oder Rassismen.

Jede Identitätskonstruktion ist ein Abtrennen, ein Begrenzen und Beschränken des Flusses des Tuns. Das Subjekt in der bürgerlichen Theorie, das «freie Individuum» erscheint zufrieden in dieser Zerrissenheit, dem Auseinanderfallen von Tun und Getanem. «Das Subjekt bürgerlicher Theorie schreit nicht. [...] Wir hingegen verstehen hier unter Subjektivität die Negation von Identität.» (Holloway 2002, 89) «Wir» (und dieser Begriff Holloways ist durchaus vergleichbar dem der Multitude bei Hardt und Negri) wehren uns gegen das Klassifiziertwerden. Der Kampf unterdrückter Identitäten, etwa der Schwulen und Lesben oder der slowenischen Volksgruppe im Süden Österreichs, widerspricht dem nicht notwendig. Diese werden ja durch negative Klassifizierung in die Unsichtbarkeit getrieben, Schwule kommen klassifiziert in Schwulenwitzen vor, die SlowenInnen wehren sich nicht umsonst dagegen, gezählt und dadurch identifizierbar zu werden, weil das negative, klassifizierte Bild zur Diskriminierung führt. Der Kampf dieser Gruppen ist dann als Negation der Negation zu verstehen, die Verwandlung der negativen Klassifizierung in Anerkennung. Natürlich besteht hier die Gefahr, dass der Schritt der Definition, der Identifizierung, der Abgrenzung zu neuer Unterdrückung führt, wenn er in diesem Stadium verbleibt. In allen «identitätspolitischen» Bewegungen gibt es Diskussionen über die Problematik der Identität: Im Feminismus wird die Ausgrenzung rassistisch unterdrückter Frauen diskutiert, Schwule und Lesben kritisieren ihre jeweilige Dominanz gegenüber anderen sexuellen Ausdrucksformen, sich emanzipierende Nationalitäten und «Volksgruppen» werden mit ihren AußenseiterInnen konfrontiert. Ein positives Beispiel für den taktischen Umgang mit Identitätspolitik sind für Holloway die ZapatistInnen (Holloway, 123 ff.), die über ihre Identität hinaus denken. Sie sagen «Wir sind Indigene und darüber hinaus», sie sehen sich als eine Bewegung, die für Menschlichkeit kämpft, für eine Welt vieler Welten. Sie fordern die Solidaritätsbewegungen nicht dazu auf, Werbeträger für ihre Organisation zu sein, sondern Kämpfe um die jeweils eigene Emanzipation zu führen und miteinander zu verbinden.

Die ganze Gesellschaft, so Holloway, ist durch den Prozess der Fetischisierung bestimmt. Die Macht hat uns alle fragmentiert, den «Fluss unserer Tun» gebrochen, und zwar bis hinein in die Körperlichkeit und das Begehren der Individuen selbst. Angesichts dieser Dominanz halten viele eine Revolution für unmöglich. Der «postmoderne Zynismus» hat jegliche Hoffnung aufgegeben und Entfremdung als unabänderlich hingenommen. Andere, wie die Restbestände der ML-Organisationen, ignorieren das Problem des Fetischismus schlichtweg und gehen unbeirrt ihren bequemen Weg der revolutionären Partei weiter. Wo Kritik am Fetischismus geübt wird, bleibt diese zuweilen im Pessimismus stecken: Der Fetischismus des kapitalistischen Systems durchziehe die ganze Gesellschaft so vollkommen, dass nurmehr eine kritische Elite zur Kritik fähig sei. (vgl. Holloway 2002, 90; siehe auch Reitter 2003, 20)[56] Holloway bezeichnet diese Haltung als «starren Fetischismus» (2002, 97), der auf einer Trennung von Konstituierung und Existenz beruhe. Der Fetischismus ist aber nicht irgendwann in der Geschichte entstanden und besteht heute als Kapitalismus, sondern er wird tagtäglich durch die gesellschaftlichen Verhältnisse, durch uns alle produziert. Holloway nennt das «Fetischisierung als Prozess».

Die Entfremdung, der Fetischismus ist eine tägliche Auseinandersetzung. Er schließt den Widerstand, die Verweigerung, die Ablehnung, den Anti-Fetischismus mit ein. Das herrschende System, Staat und Kapitalismus, wird permanent erzeugt –

56 Diese Elite erkennt auch nicht, wie sehr sie Teil des Fetischismus ist, wie etwa im deutschsprachigen Raum die rassistischen und sexistischen «Ausrutscher» mancher KritikerInnen des Antisemitismus zeigen.

aber auch fortwährend in Frage gestellt, was die Ausübung offener Repression immer wieder belegt. Marxistische Kritik hat sich häufig darauf beschränkt, den instrumentellen Charakter des Staates aufzuzeigen, der durch Wahlen oder bewaffneten Kampf nur erobert werden müsse. Diese instrumentelle Sichtweise verkennt die Funktion des Staates, der ihr als ein gesellschaftliches Verhältnis erscheint, das in einer den gesellschaftlichen Verhältnissen äußerlichen Form existiere. (Holloway 2002, 112) Wie die Beispiele revolutionärer Machtübernahmen zeigen, ist das aber nicht so. Der Staat ist in instrumentelle Macht umgewandelte kreative Macht. Das lebendige, kreative Vermögen, «power-to-do», kann nicht durch eine Übernahme wiedergewonnen werden. Im Gegenteil: Die Institutionen müssen zersetzt werden, aufgelöst und subvertiert.

In den meisten Staatstheorien wird angenommen, dass sich Staat und Gesellschaft auf einem gemeinsamen Territorium befinden. Aber sowohl das Kapital wie auch die lebendige Arbeit sind nicht notwendig an nationale Grenzen gebunden, wie Migrationsbewegungen zeigen oder der Umstand, dass Menschen mit verschiedenem Pass in einer Region zusammenleben. Um die Anti-Fetischisierung zu (er-)finden, müssen wir uns außerhalb der Herrschaftsbewegungen der Staaten umschauen. (Vgl. Holloway 2002, 118) Es sollte nicht darum gehen, Gegenmacht durch Parteien oder bewaffnete Gruppen aufzubauen, die die (staatliche) Herrschaftsstruktur nur widerspiegelt, sondern wir sollten versuchen, unsere Kreativität als subversive Anti-Macht einzusetzen.

Der Kapitalismus ist doppelgesichtig und umkämpft. Im Klassenkampf geht es um Identifizierung und um die Verweigerung von Identifikation. Immer wieder werden die Produktionsstrukturen verändert und neu zusammengesetzt, MigrantInnen und Mehrheitsgesellschaft, Männer und Frauen gegeneinander ausgespielt. Gegen das Definiertwerden, auch als ArbeiterInnenklasse, wehren sich die ArbeiterInnen: Klassenkampf ist ein Kampf der Klassifizierung und gegen das Klassifiziertwerden, so wie er gleichzeitig der Kampf zwischen konstituierten Klassen ist. (Holloway 2002, 164) Die ArbeiterInnen produzieren ihre eigene Trennung vom produzierten Objekt. Die Mehrwertproduktion ist aber nur ein Teil einer allgemeinen Trennung von Tun und Getanem, sie ist Teil einer Fragmentierung, die unsere Kreativität, unser Tun in Arbeit verwandelt. Ausgangspunkt ist der Kampf als Prozess und nicht die Unterordnung, keine soziologisch definierte industrielle ArbeiterInnenklasse, sondern kämpfende Subjekte, die sich durchaus widersprüchlich gegen die Klassifizierung wenden.

Die konstituierten Klassen sind zwar ein Produkt des Fetischismus als Prozess, sie sind aber weiter umkämpft. Der entscheidende Kampf ist nicht der zwischen Kapital und Arbeit als Entitäten – beide Verhältnisse sind ja voneinander durchzogen –, sondern jener zwischen Tun und entfremdetem Tun, zwischen unserer Kreativität und der Negation dieser Kreativität, die uns einordnen, identifizieren und klassifizieren will (Holloway. 169).[57] Der Klassenkampf ist ein Kampf um das und gegen das Klassifiziertwerden.

«Wir», die Anti-Macht

Immer wieder spricht Holloway von «wir». Es handelt sich dabei um das kämpfende, negative Subjekt. Dieses Wir ist kein ein- und ausschließendes, definierendes, identifizierendes Wir («wir Autonomen», «wir Feministinnen»), sondern es ist die Subjektivität, die gegen eine solche Identifizierung kämpft. Holloways Wir ist im Unterschied zur Multitude kein reines Subjekt ohne «Schrammen, Verwundungen oder gar tief greifende Defizite» (Reitter 2003, 19 f.), sondern zerrissen, selbst umkämpft, klassifiziert, klassifizierend, aber eben auch dagegen kämpfend. «Wir», das sind wir alle in unserem bescheidenen Leben, ob wir im Büro arbeiten, Texte schreiben, kochen, putzen, mit den Kindern streiten, unsere Beziehungen pflegen oder vernachlässigen, in der Arbeit nicht kämpfen, weil wir zu verzweifelt oder zu deprimiert sind, auf andere schimpfen, weil sie vermeintliche Privilegien haben, aber mit einem Wunsch nach einem besseren Leben, fragmentiert im Kapitalismus und trotzdem widerständig (zumindest manchmal).

Unser Tun, unsere kreative Macht wird andauernd durchbrochen und wir schreien dagegen an. Wenn die Kreativität und die Negativität des Schreis im Widerstand zusammenkommen, ist das «Würde», ein Kampfbegriff, den Holloway von den ZapatistInnen übernimmt. «Würde» ist die Einheit von

57 Wenn er den Klassenkampf auf einen Kampf zwischen Menschlichkeit und Negation der Menschlichkeit, zwischen kreativem Tun und entfremdeter Arbeit reduziere, so wäre das, wie Holloway in Wildcat 39 (1997, 39 ff.) vorgeworfen wird, eine unzulässige Ausweitung des Klassenbegriffs auf allgemein menschliche Werte. Damit stelle er sich auf die Seite einer fragwürdigen Zivilgesellschaft und nicht auf die Seite der Klasse in ihrem Kampf gegen die Arbeit.

«Schrei dagegen» und kreativer Macht, die Negation der Unterdrückung und die Selbstorganisation in der Revolte – ein politisches Projekt, das von dem Traum einer würdevollen Welt gegenseitigen Respekts erfüllt ist und auf der Überzeugung beruht, dass die Verwirklichung dieses Traums die Zerstörung des Kapitalismus und all dessen erfordert, was uns entmenschlicht und entsubjektiviert. (Holloway 2002, 177) Ob eine solche Revolution erfolgreich sein kann, ist jedoch keineswegs gesichert: «Die Revolution ist dringend, aber ungewiss. Keine Antwort, sondern eine Frage», lautet die letzte von Holloways zwölf Thesen über Anti-Macht. (Holloway 2002b)

In den beiden Abschnitten über «die materielle Wirklichkeit der Anti-Macht» arbeitet Holloway die Schwäche des gegenwärtigen Systems heraus und betont unsere Stärke, d. h. die Kraft der Anti-Macht. Ein erster Beleg für diesen Befund ist die Alltäglichkeit des Widerstandes (Holloway 2002, 178 ff.): Jenseits der sichtbaren und spektakulären Streiks, Demonstrationen und Aufstände gibt es unzählige Beispiele individueller Widerständigkeit und Verweigerung. Das muss nicht immer bewusst geschehen und kann durchaus selbstzerstörerisch sein, etwa das Krankwerden, wenn die Arbeit oder die Schule unerträglich sind. Verweigerung kann die Einnahme von legalen und illegalen Drogen sein, um der Welt zu entfliehen, aber auch der Selbstmord oder die sinnlose Aggression gegen andere. Widerständigkeit ist aber auch die Eroberung alltäglicher Freiheiten gegen die vorherrschende Arbeit und unerträgliche Lebensbedingungen: zu spät kommen, krankfeiern, Pausen verlängern, Arbeitszeit für das eigene Leben benutzen. Die Vielfalt der rebellischen Bewegungen der letzten Jahrzehnte, die nicht in den traditionellen Kämpfen der ArbeiterInnenklasse aufgehen, sind sichtbare Zeichen für den Wunsch nach emanzipatorischer Veränderung. Beispielhaft nennt Holloway die Feministinnen und die ZapatistInnen, die um ihre Anerkennung als Frauen und Indigene kämpfen – und um mehr als das.

Holloways zweites Argument für die materielle Wirklichkeit der Anti-Macht ist, dass diese die eigentlich treibende Kraft des kapitalistischen Systems sei. (Holloway, 184 ff.) Hier knüpft er direkt an operaistische Gedanken an und beruft sich auf die Analyse Negris (Negri 1973), der zeigen konnte, dass der Keynesianismus die Antwort auf die Oktoberrevolution und die Krise von 1929 war. (Holloway 2002, 191)

Drittens schließlich verweist Holloway auf die Abhängigkeit des Kapitals von der Umwandlung des Tuns in wertschöpfende

Arbeit. Wenn der Kapitalismus nur durch unser Leben, unsere Kreativität, unsere lebendige Arbeit existiert, brauchen wir ihn nicht. Darum auch die Aufforderung Holloways: «Stop making capitalism!» (Holloway 2004) In unserem Widerstand und unserer Suche nach einem besseren Leben sind wir fortwährend bestrebt, der Ausbeutung zu entfliehen und den Kapitalismus nicht immer wieder neu zu erzeugen. Es ist unsere Flucht vor ihm, unsere Widerständigkeit, aus der immer wieder Krisen entstehen. Aber auch das Kapital flieht dauernd vor unserer Widerständigkeit – in neue Regionen, in neue Produkte, auch in die Finanzspekulation.[58]

Nach einer Beschreibung der krisenhaften Entwicklung des Kapitalismus im letzten Jahrhundert, wo der Kapitalismus in seiner keynesianischen Variante auf die Kämpfe der ArbeiterInnen immer nur mit einer Professionalisierung des kapitalistischen Kommandos und dem Rückgriff auf Kredite[59] antworten konnte, sehen wir nun die Möglichkeit der Revolution. Sie ist die Bewegung gegen das Trennen, gegen die Fetischisierung. Doch Revolution geht über diese reine Negativität hinaus: Der Schrei und das Tun müssen sich verbinden. (Holloway, 245)

Das ist nicht ohne Widersprüche: Während Kämpfe andauerndr Prozesse der Selbstemanzipation sind, kann die Revolution nur in Brüchen stattfinden. Wie können die Brüche zur Kontinuität werden, ohne dass es zur Abtrennung, Identitätsbildung, Definition kommt? Das Zusammenfallen von Konstitution und Existenz (vergleichbar Negris konstituierender Macht) und die Brüche als Aufblitzen gegen die kapitalistischen Formen gesellschaftlicher Prozesse (Holloway, 247) sind dabei mögliche Ansatzpunkte. Die Hoffnung liegt in der Erweiterung der Sprünge und Risse des herrschenden Systems (vgl. Hollo-

58 Eine sehr schöne Beschreibung der Flucht des Kapitals vor ArbeiterInnenunruhen im letzten Jahrhundert gibt Beverly Silver (Silver 2005); vgl. auch den Abschnitt «Klassenzusammensetzung im Weltsystem» im Kapitel «Kritik und Kopplungen» dieser Einführung.

59 «Die Macht der ArbeiterInnen bricht sich an den Formen des Kapitalverhältnisses, insbesondere am Geld und am Kredit. Wenn das vorherrschende Ausbeutungsmodell an seine Grenzen stößt, wenn das Profitstreben des Kapitals durch die errichteten Positionen der ArbeiterInnen blokiert [sic!] wird, kommt es sowohl zur Nachfrage als auch zur Bereitstellung von Krediten. Einerseits braucht das Kapital Darlehen, um über das hinwegzukommen, was es als zeitweilige Schwierigkeiten betrachtet. Andererseits versucht Kapital, das sich schwer tut, Profite in der Produktion zu finden, sich auf den Finanzmärkten auszudehnen.» (Holloway 1996b; vgl. auch Holloway 1996, 105)

way 2004). Da aber die Subjektivität nicht rein ist, es also keine Gewähr gibt, dass die Revolten und Brüche nur emanzipatorisch sind, ist die Revolution ein Experimentieren mit offenem Ausgang: «Preguntando caminamos» («Fragend gehen wir voran»), wie es bei den ZapatistInnen so schön heißt.

Urbaner Zapatismus

Nach diesem Durchgang durch Holloways Hauptwerk möchten wir kurz einige Gesichtspunkte seiner Arbeiten über die zapatistische Bewegung vorstellen, deren Einfluss in «Die Welt verändern ohne die Macht zu übernehmen» gegenüber früheren Schriften bereits deutlich erkennbar ist.

In zahlreichen Texten, die in dem im Frühjahr 2006 erschienenen Band «Die Zwei Zeiten der Revolution» (Holloway 2006) versammelt sind, hat sich Holloway seither direkt mit verschiedenen Aspekten zapatistischer Theorie und Praxis auseinandergesetzt. Die Frage nach der «Alltäglichkeit» der Revolution und den RevolutionärInnen als «ganz normalen Menschen», die (Nicht-)Distanz eines europäisch geprägten Intellektuellen zu einer agrarisch strukturierten indigenen Bewegung sowie die Rolle von Zeitlichkeit und Festen gehören dabei ebenso zu Holloways Themen wie die zentrale Frage: «Was bedeutet Zapatismus in den Städten?» (ebd. 56)

Dabei geht es ihm nicht – oder zumindest nicht vorrangig – um Solidarität mit dem Kampf der ZapatistInnen, sondern um unser Selbstverständnis als TeilnehmerInnen dieses Kampfes. Dieses Selbstverständnis steht freilich nicht ein für alle Male fest, sondern ändert sich mit dem Rhythmus der Auseinandersetzungen. Ein «urbaner Zapatismus» kann selbstredend nicht alle Momente des zapatistischen Widerstandes, dessen Wurzeln ja in einer agrarischen Gesellschaft liegen, einfach so übernehmen: Weder die ökonomische noch die militärische Organisierung lassen sich in metropolitane Räume «kopieren». Stattdessen plädiert Holloway entschieden für einen gleichberechtigten Austausch der Ideen und eine Verbindung urbanen Widerstands mit gewissen Formen des zapatistischen Kampfes. Die beiden durch die Zaptatistas einberufenen «Intergalaktischen Treffen» 1996 in Mexiko und 1997 in Spanien sind für ihn Beispiele, wie ein solcher Austausch aussehen könnte.

Zeit & Poesie

«Leben trotz Kapitalismus bedeutet, nicht zu warten, um zu leben.» (Holloway 2006, 69)

Für das Bestreben, den Kapitalismus zu überwinden, gibt es in Bezug auf die Zeitlichkeit als Grundkategorie menschlichen Erkennens und Handelns zwei Möglichkeiten: vorher–nachher oder jetzt–immer. Gegen die erste Variante, hinter der die verschiedensten Varianten staatsförmiger (Schein-)Emanzipation lauern («Erst die Macht übernehmen, dann die Welt verändern» oder «Erst die Massenbewegungen aufbauen und stärken, dann der Kommunismus»), plädiert Holloway für die «Zeitlichkeit des ungeduldigen ‹ Ya Basta!›, der Revolution hier und jetzt, und die Zeitlichkeit der geduldigen Erschaffung einer anderen Welt». (Holloway 2006, 73) Jede Minute, die der Kapitalismus länger dauert, ist eine zuviel. Hinter diesem Gedanken steckt mehr als nur das Sich-Verweigern gegenüber den klassischen politischen Vorstellungen von Zeit. Es ist die Einsicht, dass eine neue Zeitlichkeit notwendige Bedingung einer nicht mehr kapitalistischen Welt ist. Die Dringlichkeit, ja Unaufschiebbarkeit des Bruchs mit dem Kapitalismus verbindet sich mit dem geduldigen, «fragenden Voranschreiten» im Aufbau einer «anderen Welt». Beide Momente existieren gleichzeitig und jetzt, sie entbehren der Vermittlung, des «Inzwischen», das das Gegebene mit der strahlenden Zukunft verbinden möchte.

Raum & Intensität

«Wir fangen also an, diese andere Welt, die wir schaffen wollen, nicht in Begriffen der Dauerhaftigkeit zu konzipieren [...], sondern in Begriffen der Intensität.» (Holloway 2006, 110)

Neben den überkommenen Zeitvorstellungen weist Holloway auch jegliche Avantgarde-Konzeption entschieden zurück. Unter dem Titel «Ganz normale Leute, Rebellinnen und Rebellen» zeichnet er ein Bild der alltäglichen Revolte gegen die Alltäglichkeit der kapitalistischen Zumutungen – das «Herzstück zapatistischer Politik». (Holloway 2006, 76) Der Text ist ein einziges Plädoyer gegen jeglichen Elitismus: Die Rebellion lebt in uns allen! Keime der Hoffnung zum Sprießen und die brodelnden Vulkane in uns zum Ausbruch zu bringen – das ist der Ansatz von Holloways politischer Theorie. Parteiorientierten Ansätzen setzt er dabei den offeneren Rätegedanken entgegen. In dem kurzen Text «Die Andere Kampagne» (Holloway 2006, 106 ff.), der den Sammelband beschließt, bringt Holloway den Zapatismus erneut «zu uns zurück, und zwar ganz konkret». (ebd., 107) Die Intensivierung des Zapatismus in den Städten stelle uns vor große politische Herausforderungen: Die durch die zapatistischen Aufstände erreichte Befreiung indigener Gemeinden im lakandonischen Urwald lege, so Holloway, eine räumliche Vorstellung von Befreiung nahe. Der urbane Zapatismus muss die Prozesse der Befreiung, das Eröffnen, Vergrössern und Verbinden von Rissen in der kapitalistischen Herrschaft vor allem in Begriffen der Aktivität oder eben der Zeit denken. (Ebd., 109) Wenn Holloway praktische Hinweise auf die Kampfformen des urbanen Zapatismus gibt, so sind dies allerdings Beispiele räumlicher Natur wie Soziale Zentren oder alternative Cafes, diese wiederum eröffnen jene Risse bzw. Spielräume, die als Ermöglichungsbedingung des Brechens mit der Uhr-Zeit (ebd., 110) dienen können. Erkämpfte Räume können durch das Kapital zurückerobert werden, die Intensität der Nicht-Zeit der Revolution (als zerbrechender Raum kapitalistischer Herrschaft) aber kriegen sie nicht.

Trotz der scharfen Abgrenzung Holloways von der Theorie Hardts und Negris kommen gerade in seinem Text «Urbaner Zapatismus» seine operaistischen bzw. autonomen Bezüge wieder stärker zum Vorschein. «Vielleicht», so Holloway, «ist die zentrale Herausforderung für den urbanen Zapatismus die Herausforderung der Autonomie.» (ebd., 61) Diese Autonomie wird aber nicht, wie dies normalerweise bei Holloway der Fall ist, als Negativität gegen das Kapital, sondern als Vorgängigkeit unserer kreativen Macht bestimmt. «Kapital ist die Negation von Autonomie» (ebd., 62), heißt es da ganz ungewohnt, und: «Indem wir die Entwicklung unserer eigenen Kreativität [...] zum Mittelpunkt der Bewegung machen, entpuppt sich das Kapital als Parasit, die ganze Zeit genötigt, hinter uns herzurennen.» (ebd.) Frappant an Hardt und Negri erinnern auch die Passagen, in denen Holloway das Problem der Revolution als «Abschütteln der Parasiten» bezeichnet. Vom Schrei der Negation kein Wort mehr, vielmehr gilt es «unsere eigene Realität, unsere eigene Logik, unsere eigene Sprache, unsere eigenen Farben, unsere eigene Musik, unsere eigene Zeit und unseren eigenen Raum [zu] etablieren.» (68) Es scheint, als ob nun endlich ein fruchtbarer Dialog zwischen den verschiedenen postoperaistischen Theorieansätzen in Gang kommen könnte.

3. Unheimliches Gerede, Subjekte und Lebensformen: Paolo Virnos «Grammatik der Multitude»

Revolution ist für John Holloway das Zusammentreffen der Negativität des Subjekts mit dem Fluss des Tuns, das herrschende System spielt dabei nur eine untergeordnete Rolle. Bei Hardt und Negri hingegen ist die Multitude in der herrschenden Struktur eingekapselt, die emanzipatorischen Entwicklungen sind Teil des Empire, wenn auch potenziell unabhängig. So sehr sich Holloway auch um Abgrenzung von Hardt und Negri bemüht (vgl. Holloway 2002c), so ähnlich sind sich doch beide Konzepte einer nicht identitären, grundsätzlich politisch handelnden Subjektivität. Ob Holloways «Wir» oder «Multitude», die Problemlage ist die gleiche: Wie kann ein gemeinsames Handeln aussehen, das die vorherrschenden gesellschaftlichen Verhältnisse überwindet, ohne zugleich in die Neukonstitution oder Restauration von Herrschaftlichkeit zu münden? Nicht ohne Grund grenzen sich sowohl Holloway als auch Hardt und Negri grundsätzlich von jenen (nicht zufällig gescheiterten) Versuchen menschlicher Emanzipation im 20. Jahrhundert ab, die mit der Ergreifung der Macht im Staat verbunden waren.

Paolo Virno kommt wie Negri aus der Tradition des italienischen Operaismus bzw. der Bewegung der Autonomia. Auch er wurde 1979 verhaftet und verbrachte unter ähnlichen Anschuldigungen wie Toni Negri drei Jahre im Gefängnis, wurde aber in zweiter Instanz freigesprochen. Derzeit ist er Professor für Philosophie an der Universität von Kalabrien. Virnos Denken kreist um das Problem der realen Trennung von philosophischem Schreiben und politischer Aktivität. (vgl. Virno 2002, 44) In seinem Buch «Grammatik der Multitude» versucht er, diese Dimensionen zusammenzubringen, und schlägt eine philosophische, sprachphilosophische und erkenntnistheoretische Definition der Multitude vor. Dabei bezieht er sich, was in der deutschsprachigen Linken eher ungewöhnlich ist, auch auf Heideggersche Begriffe: «Die Art und Weise, wie ich über diese Begriffe sprechen werde, stützt sich zwar auf einige Seiten von ‹Sein und Zeit›, ist aber grundsätzlich nicht-heideggerianisch oder anti-heideggerianisch.» (Virno 2005, 34)

Hauptthema des Buches ist die Beschreibung der Multitude als «Seinsweise». Die Subjekte («Singularitäten») werden im Sinne des marxschen «Gattungswesens» aus den «Ökonomisch-Philosophischen Manuskripten» (MEW, Ergänzungsband 1, 465 ff.) als Lebensformen betrachtet und mit ihren Eigenschaften untereinander in Beziehung gesetzt. Darum auch der Begriff «Grammatik», der die Darstellung von Verhältnissen und Zusammenhängen bezeichnet. Grammatik ist für Virno nichts rein Statisches wie im Strukturalismus, wo es nur um den vorgegebenen herrschenden Rahmen geht, sondern enthält auch dynamische Elemente und ist veränderbar, ganz so wie Sprache in der Sprechakttheorie[60]. Virno beschäftigt sich sowohl mit den «starren» strukturalistischen Momenten als auch mit den dynamischen.

Die Multitude als eine uneinheitliche, «wilde» Menge von Menschen gefährdete im 17. Jahrhundert den Staat: Nach Virno war sie der Aufruhr, der Sand im Getriebe, das ursprüngliche Ungeordnete, gegen das der «eine Wille» des Volkes erst durchgesetzt werden musste – und sich schließlich auch durchgesetzt hat, denn wie wir wissen, haben die Staaten ihre zu repräsentierenden Völker gefunden. Die Gefahr der permanenten Rebellion wurde gezähmt, indem die Multitude im Spannungsfeld zwischen Öffentlichkeit und Privatsphäre sowie zwischen dem Kollektiven und dem Individuellen zum Verschwinden gebracht wurde. Volk und Staat waren nun die vereinheitlichenden, repräsentativen und allein zu politischem Handeln bestimmten Instanzen, während das Unkontrollierte im Privaten und Individuellen wuchern durfte. Das ist freilich nicht so zu verstehen, dass sich die Multitude nun einfach auf diese Sphären zurückgezogen hätte. Die Multitude ist und bleibt kollektiv und individuell, öffentlich und privat zugleich.

Mit der Auflösung der Grenzen zwischen Privatsphäre und Öffentlichkeit in den postfordistischen Arbeits- und Lebensverhältnissen wird die Multitude wieder sichtbar. Diese «Entstehung» einer postfordistischen Multitude in den gesellschaftlichen Umbrüchen der letzten Jahrzehnte ist Virnos zentrales Thema. Die ontologische Multitude trifft auf die historische, weshalb Virno sie auch als zeitgenössische Lebensform ansieht, die er aus verschiedenen Blickwinkeln analysiert: Zunächst wird die Multitude vor dem Hintergrund der «wachsenden Unsi-

---

60 John Austin (1979) weist nach, dass jedes Sprechen immer etwas bewirkt. Es gibt Sprechakte, deren Hauptfunktion die Wirkung ist. Sie werden «performative Sprechakte» genannt. Beispiele dafür sind die Heiratsformel oder der Urteilsspruch einer Richterin. Wenn diese im richtigen Kontext von den richtigen Personen geäußert werden, bewirken sie eine bedeutende Veränderung im Leben der betroffenen Personen.

cherheit in der Postmoderne» (Virno 2005, 35 ff.) betrachtet. Sodann stellt sie Virno in den Kontext des «Zusammenfallens von Arbeit, Praxis (d. i. politisches Handeln) und Intellekt» (ebd., 61 ff.) in der Gegenwart. Und schließlich werden die «Auswirkungen auf die Entwicklung der Subjektivitäten», die Vorstellungen und Gefühle der Individuen in ihrer Beziehung zu einem Gemeinsamen untersucht.

Postfordistische Unsicherheit

Eine wichtige Veränderung im Postfordismus ist die steigende *Unsicherheit*. Virno diskutiert das anhand der Heideggerschen Begriffe «Furcht» und «Angst». (Ebd., 35 ff.) Demnach ist Furcht das Gefühl, das von einer konkreten Bedrohung herrührt, während die Angst mit dem allgemeinen Der-Welt-ausgesetzt-Sein zu tun hat. Die Furcht tritt typischerweise in einem sonst vertrauten Zusammenhang auf und kann durch Sicherheitsmaßnahmen (Zuflucht) bewältigt werden. So erzeugt etwa die Bedrohung durch eine Dachlawine Furcht, wobei Sicherheit durch eine Absperrung wieder hergestellt werden kann. Angst dagegen richtet sich gegen das «Fremde», vermeintlich Unbekannte und Unheimliche, sie ist das diffuse Gefühl des Bedrohtseins durch ein fremdes Außen, wie es beispielsweise durch den Diskurs über (Ausländer-)Kriminalität erzeugt wird. Im Zeitalter des Postfordismus verschwinden nun die Grenzen zwischen Innen und Außen zunehmend, Furcht und Angst fallen zusammen. Das ganze Leben wird von Unsicherheit durchdrungen, es gibt keine sicheren Lebensläufe mehr und die Welt wird den Individuen fremd: Jedes Ereignis wird zur allgemeinen Bedrohung. Es geht nicht mehr um konkrete Arbeitslosigkeit, sondern um diffuse Zukunftsängste. Das kann zu schrecklichen Verwerfungen führen, etwa der verzweifelten Suche nach «substanziellen Gemeinschaften», wie sie allerlei Völker versprechen, die sich in den letzten Jahren sprunghaft vermehrt haben und neue ethnische Heimaten produzieren – bis hin zur Vertreibung und Vernichtung der jeweils anderen.[61]

Der Staat formt aus den Individuen einen einheitlichen Willen, der scheinbar die Bedürfnisse der Subjekte ausdrückt. Im Gegensatz dazu ist das Eine der Multitude die *Voraussetzung,*

61 Genau betrachtet besteht die Gefahr in der Zuflucht zu einem schrecklichen Heilsversprechen. Man denke nur an den Kult der «kleinen ethnisch reinen Heimat». (Virno 2005, 41)

nicht das Ergebnis, aus der in einem Prozess der «Individuation» die Vielen entstehen. Virno nimmt dazu Aristoteles' Begriff der «Gemeinplätze» (topoi kinoi) auf und versteht darunter die «allgemeinen Gesichtspunkte» im Gegensatz zum spezifischen Wissen, etwa von Intellektuellen. (Virno 2005, 42 ff.) Es sind die grundlegenden Fähigkeiten des Menschen, sein Sprachvermögen und die alltägliche Kommunikation. Virno vergleicht das mit dem General Intellect, der Massenintellektualität. Die Multitude bewegt sich im Unterschied zum Volk von diesem Gemeinsamen der Gemeinplätze zu den Vielen, zu den Unterschiedenen. Auf der Suche nach einheitlicher Repräsentation, dies ist die gegenläufige Bewegung zur Multitude, kommt es im Volk zur Abtrennung von SprecherInnen und ExpertInnen, die vorgeben, das Volk zu vertreten. Die Dynamik der postfordistischen Multitude löst diese Strukturen nun auf, was aber nicht bedeutet, dass Hierarchien verschwinden. Im Gegenteil produzieren die Gemeinplätze soziale Beziehungen, die häufig Hierarchien sogar verstärken. Mensch denke nur an das Knüpfen persönlicher Beziehungsnetze, wenn es beispielsweise um die Akquirierung von Aufträgen für eine ProjektarbeiterIn geht. Das alltägliche Leben, die Kommunikation und die sozialen Beziehungen, kurzum: das aus der Fabrik Ausgeschlosse wird jetzt zu einem maßgeblichen Teil des Produktionsprozesses. Die strukturelle Hierarchie der Fabrik, vermittelt durch die «feindliche» VorarbeiterIn oder MeisterIn, wird ersetzt durch persönliche Abhängigkeiten. Unter diesen veränderten Unterdrückungs- und Ausbeutungsverhältnissen ist es nicht mehr notwendig, Wohlverhalten zu erzwingen, denn es sind vermeintlich unabänderliche Sachzwänge, die ein freundliches und kooperatives Verhalten erfordern. Auch rassistische und sexistische Strukturen, die ja gerade im Alltag verwurzelt sind, bestehen weiter oder werden sogar noch durch die entsprechenden Abhängigkeiten verstärkt.[62] Wurden Frauen oder rassisch Ausgegrenzte einst von einer paternalistischen Repräsentation bevormundet, die doch angeblich nur das Beste für alle wollte, so

62 Die Immaterial Workers of the World schreiben, dass das Zusammenfallen von Arbeitsverhalten und Lebenswelt «die überlieferten Eigenschaften der Frauenarbeit zu einem universellen Vorbild» (IWW 1999, 4) mache. In der postoperaistischen Theorie werden feministische Themen meistens nur implizit angesprochen. So auch dann, wenn es um Frauenarbeit geht. Was sich aber ebenfalls ausbreitet, ist die sexistische Unterdrückung, die ja besonders mit persönlichen Abhängigkeitsverhältnissen zusammenhängt.

ist es jetzt die Konkurrenz, die wie zufällig die gleichen Hierarchien erzeugt. Zwar haben beispielsweise im Gefolge der US-BürgerInnenrechtsbewegung einzelne Schwarze den sozialen Aufstieg geschafft, der Großteil aber muss weiter unter miserablen Bedingungen in den Gettos leben. Frauen haben heute die Freiheit, andere Lebensformen zu wählen, doch im «freien Spiel der Kräfte» machen nur wenige davon Gebrauch, während die meisten in der Abhängigkeit von männlichen Strukturen stecken bleiben.

In der politischen Philosophie gibt es seit Aristoteles die Unterscheidung zwischen der *Arbeit*, verstanden als Austausch des Menschen mit der Natur, der *Politik* als ein auf die Gestaltung der sozialen Beziehungen gerichtetes Handeln und dem *Intellekt* des von beiden Sphären getrennten, «freischwebenden» Wissenschaftlers und Genies. In der postfordistischen Welt persönlicher Dienstleistungen werden diese Trennungen weitgehend aufgehoben. Virno verdeutlicht dies am Beispiel musikalischer Virtuosität: Das Produkt einer Klavierspielerin existiert nur in der Aufführung vor einem Publikum, ihre Arbeit ist öffentlich und somit «politisch». Im Gegensatz zu materiellen Gütern lässt sich das Produkt der Virtuosin als einer persönlichen Dienstleisterin nicht vom Handeln trennen. Diese Art von Arbeit baut auf Kommunikation, Sprache und Beziehungen auf und erobert somit den Bereich, der einst politischem Handeln vorbehalten war. Die Entwertung der Politik erfolgt nicht, weil sie zur Arbeit geworden wäre, sondern weil die Arbeitenden gemessen an ihrer Lebenserfahrung in der Politik nur relativ primitive Kommunikationsnetze und Wissensinhalte erkennen können. (Virno 2005, 64) Die Musikerin hat eine Partitur, die ihr vorgibt, was sie individuell zu interpretieren hat. Was ist die «Partitur» der postfordistischen DienstleisterInnen? Es ist der General Intellect, das Wissen und die Erfahrung der alltäglichen Beziehungen, die Organisation des täglichen Lebens, das, was schon als «Gemeinplatz» identifiziert wurde: «Im Postfordismus ist der General Intellect nicht mit dem fixen Kapital gleichzusetzen, sondern erscheint grundsätzlich als sprachliche Interaktion der lebendigen Arbeit.» (Virno 2005, 150 ff.) Die Bedienung durch die Kellnerin oder die Kommunikation in einem Call-Center baut auf solchen alltäglichen Verrichtungen auf. Auch die Art der Kommunikation in den Betrieben oder die Beziehungen der neuen Selbständigen greifen auf Fähigkeiten aus dem Alltags zurück. Für Virno ist der General Intellect nicht wie bei Marx das in komplexen Maschinen kondensierte wissenschaftliche ExpertInnenwissen (vgl. Marx 1953, 582 ff.), sondern die tatsächliche Massenintellektualität der alltäglichen Kommunikation noch in den entqualifiziertesten Jobs.

Elemente der Multitude

Das Präindividuelle, der Ausgangspunkt des Individuationsprozesses, besteht aus drei Elementen:

Zunächst einmal liegt der Spezies Mensch etwas «*Natürliches*» – Sinnesorgane, Bewegungsapparat, die Wahrnehmungsleistungen – zu Grunde. Das zweite Element ist die *Sprache*, die sowohl als historisch-spezifische Sprache besteht wie auch als allgemein menschliche Sprachfähigkeit (historisch und natürlich). Individualität zeigt sich dann in den einzelnen Sprechakten, in der aktuellen Anwendung der Sprache in der Kommunikation. Und drittens ist es die spezifische, historisch entstandene gesellschaftliche Situation, die Gesamtheit der bestehenden Produktivkräfte im Kapitalismus.

Das Präindividuelle macht das Gattungswesen aus. Der Mensch ist ein «gesellschaftliches Individuum» (Marx 1953, 593), gesellschaftlich ist das bestehende Präindividuelle, das Individuum das Ergebnis des Individuationsprozesses.[63] «Das Subjekt fällt niemals mit dem Individuum (als dem Ergebnis eines Individuationsprozesses) zusammen, sondern es gibt immer einen gewissen, nicht eliminierbaren Teil vorindividueller Wirklichkeit. Das Subjekt ist ein instabiles Kompositum.» (Virno 2002)

Die Gesamtheit der Subjekte als gesellschaftliche Individuen ist die Multitude. Durch den permanenten Individuationsprozess leben die Subjekte in einem ständigen Widerspruch zwischen der vorgegebenen Welt, dem Präindividuellen, und dem Individuum als Endpunkt des Prozesses. Aus dieser Spannung entstehen die Affekte und Leidenschaften, die die Subjektivitäten prägen. Das «Kollektive» in der postfordistischen Multitude unterdrückt Individualität nicht, sondern fördert den Individuationsprozess. Das Gemeinsame, die Kommunikation und die Beziehungen in den Kollektiven, formt gerade die spezifischen Ausprägungen der Subjekte. Erst in der Auseinandersetzung mit Anderen entwickelt sich die spezifische Individualität.

63 Virno 2005, 101 ff. Negri vermeidet auf Grund dieser Widersprüchlichkeit den Begriff des Individuums und spricht stattdessen von «Singularität», die sowohl individuell wie gesellschaftlich ist: «Die Menge ist ein Ensemble von Singularitäten.» (vgl. Negri 2003, 111)

Das Wort «Biopolitik» wird im Zusammenhang mit den postfordistischen Arbeits- und Lebensverhältnissen sehr häufig verwendet. Was Hardt und Negri die «Produktion von Leben» nennen (vgl. etwa Empire, 27 ff.), ist für Virno alles, was mit Arbeit und Nicht-Arbeit, Massenintellektualität und den «Gemeinplätzen» zu tun hat. Deshalb zieht er einen engeren Begriff von Biopolitik vor und versucht zu erklären, warum die Diskussion darüber in den letzten Jahren so intensiv geführt worden ist. Erst heute, so seine These, rücke das Leben als Ganzes in den Blickpunkt, weil erst jetzt die ganzen potenziellen Möglichkeiten der Arbeitskraft ausgebeutet würden, nicht nur Hand- und Kopfarbeit, sondern auch Kommunikation und Beziehungen. Wenn die UnternehmerInnen die Arbeitskraft kaufen, kaufen sie nicht die Arbeit(-szeit), sondern das Vermögen zu produzieren, ein allgemeines, unbestimmtes Potenzial. (Virno 2005, 112) Dies gilt für jede Art von Tätigkeit, von der Fabrikation einer Wagentür über die Kommunikation in einem Call-Center bis zur Kreativität der WissenschaftlerIn. Das Produkt löst sich nicht von der Person und landet im Regal eines Supermarktes, sondern ist mit deren Körper, Intellekt und Emotionalität verbunden. Darum das große Interesse, das Leben zu steuern, zu kontrollieren und zu optimieren.

Nur folgerichtig ist es deshalb, dass für Virno auch die «Stimmungen» der Multitude ein wichtiger Untersuchungsgegenstand sind. Die Gestimmtheit der postfordistischen Multitude ist durch das unmittelbare Zusammenfallen von Produktion und Ethizität, von «Basis» und «Überbau» gekennzeichnet, bei der sich die Revolutionierung des Arbeitsprozesses und die Gefühle, Technologien und Stimmungen, materielle Entwicklung und Kultur überlagern. (Virno 2005, 118) Das Ende der Trennung zwischen Arbeit und Freizeit, die allgemeine Unsicherheit und der Zwang zur Flexibilität dulden keine Gewohnheiten mehr. In der Arbeit werden keine stabilen Subjektivitäten mehr geformt, vielmehr setzen sich die Unsicherheiten des urbanen Lebens am Arbeitsplatz fort. Die allgegenwärtige Verunsicherung und die Dominanz persönlicher Abhängigkeiten führen zur Anpassung und rufen Gestimmtheiten wie «Opportunismus» und «Zynismus» hervor, für die es keine Alternative mehr gibt zu einem Leben, das einfach existiert, so wie es ist.

Kommunistische Stimmungen?

Virno deutet an, dass diese «negativen» Stimmungen durchaus ambivalent sein können, auch wenn er in «Grammatik der Multitude» keine Belege anführt. Doch ergibt sich dies aus seiner Grundauffassung, dass in jedem Aspekt der Konterrevolution[64] und mit jedem Schritt ihrer Analyse die Umrisse, Inhalte und Bedingungen der revolutionären Möglichkeit zu entdecken seien. (Virno 1998, 84) Opportunismus könnte als eine Art von Pragmatismus gesehen werden: Kämpfe werden geführt, um etwas ganz Konkretes innerhalb des herrschenden Systems zu erreichen. Wenn Studierende nur für bessere Ausbildungsbedingungen kämpfen, weil sie Angst haben, nicht verwertbar zu sein, so ist dieser Opportunismus noch lange keine Grund, überhaupt nicht zu kämpfen. Pragmatische Kämpfe sind notwendig, aber eben auch die Kritik daran. Freilich läuft beides permanant Gefahr, wieder in Opportunismus oder Zynismus umzuschlagen.

Ambivalent sind auch das «Gerede» und die «Neugier». Für Heidegger sind beide Verhaltensweisen rein negativ, «uneigentlich»: Das Gerede dient nur der Aufrechterhaltung der Kommunikation und hat keine Aussage, Neugier ist nicht wissenschaftlicher Wissensdurst, sondern das alleinige Interesse am Spektakel. Dagegen sieht Virno beide Verhaltensweisen durchaus ambivalent und erkennt auch in ihnen einen charakteristischen Zug der postfordistischen Multitude: die Zerstreuung durch das Oberflächliche.

«Es versteht sich von selbst, dass die Zerstreuung ein Hindernis für das ‹intellektuelle›, verstandesmäßige Aufnehmen darstellt. Die Sache sieht jedoch ganz anders aus, wenn es um das sinnliche Aufnehmen geht. [...] Die Sinne – oder besser die Augen- und Schaulust – eignen sich eine abstrakte Realität an, Begriffe, die sich in Techniken vergegenständlicht haben.» (Virno 2005, 134)

Das alltägliche (sinnliche) Erleben ist notwenige Voraussetzung für eine lebenswerte emanzipatorische Alternative. Ist es bei Ereignissen wie Festen oder Demonstrationen nicht gerade die Verbindung von alltäglichem «Gerede» als Organisation des Lebens mit der revolutionären Aktivität in einem besetzten Haus oder einem sozialen Zentrum? Und ist es nicht oft auch

64 Mit Konterrevolution bezeichnet Virno die Niederlage der Bewegung von 1977: «Es ist das Meisterstuck der italienischen Konterrevolution-diesen kollektiven Aufbruch umgekehrt zu haben.» (Virno 1988 S. 85)

die «Neugier», die viele an Demonstrationen teilnehmen und dadurch zu einem Teil der politischen Auseinandersetzungen werden lässt?

Am Schluss seiner «Grammatik» sieht Virno die Niederlage. Der Postfordismus ist der «Kommunismus des Kapitals» als Antwort auf die gescheiterten Revolten der 1960er und 1970er:

«Meiner Auffassung nach haben die sozialen Kämpfe der 1960er und 1970er Jahre folgende [...] Positionen zum Ausdruck gebracht: radikale Kritik der Arbeit; ein ausgemachter Hang zur Differenz, oder, wenn man diesen Ausdruck vorzieht, eine Verfeinerung des Individuationsprinzips; keine Absicht mehr, sich den Staatsapparat anzueignen, sondern die (bisweilen äußerst gewaltvolle) Tendenz, sich gegenüber dem Staat zur Wehr zu setzen, die Abhängigkeit vom Staat als solche aufzulösen. Es ist nicht schwer, in der gescheiterten Revolution der 1960er und 1970er Jahre kommunistische Tendenzen und Orientierungen auszumachen. Aus eben diesem Grund hat der Postfordismus, der eine Antwort auf diese Revolution darstellt, eine Art von paradoxem ‹Kommunismus des Kapitals› ins Leben gerufen.» (Virno 2005, 160)

Während Hardt/Negri in der immateriellen Arbeit eine Art spontanen Kommunismus sehen, der über den Kapitalismus hinausweist, erscheinen die kommunistischen Wünsche von Virno ganz dem Kapitalismus unterworfen. Doch welche Perspektive einer Überwindung des Systems gibt es dann? Die Krise der repräsentativen Demokratie wurde schon erwähnt, bedeutet für sich aber noch nichts Emanzipatorisches. So hat die Massenintellektualität der postmodernen Multitude in Norditalien ihre Repräsentation unter anderem in der neuen Rechten gefunden, was nach Virno zugleich die Krise der repräsentativen Demokratie ausdrückt. (Virno 2002, 43) Andererseits hat durch diese Krise aber auch die nicht-staatliche Öffentlichkeit neue Ausdrucksformen gefunden: Seit der Bewegung von 1977 ist (alternative) Kommunikation von freien Radios bis zu Internetinitiativen heute von großer Bedeutung. «Die Bewegung von ′77 konstituiert die ‹ Zukunft in unserem Rücken›, die Erinnerung an die möglichen Klassenkämpfe einer neuen Epoche, eine zukünftige Geschichte.» (Virno 1998, 86)

Rebellische Momente finden sich im *radikalen Ungehorsam* und im *Exodus*. Radikaler Ungehorsam äußert sich etwa in Besetzungen, die auf die Aneignung von Wohnraum und Lebensmöglichkeiten zielen und sich dadurch vom zivilen Ungehorsam unterscheiden, der sich lediglich gegen «ungerechte Gesetze» richtet und eine bessere repräsentative Demokratie will. Der Exodus, zum Beispiel die Flucht von Jugendlichen aus den Fabriken in prekäre Arbeitsverhältnisse, ist für Virno eine Massendesertion aus den fordistischen Institutionen, in der General Intellect und politische Aktion eine Allianz eingehen. (Virno 1996, 197) Insofern ist das Phänomen nicht nur negativ, Exodus kein bloßer Eskapismus, sondern auch organisierend, intellektuell und virtuos, freilich außerhalb staatlicher Organisationen – vergleichbar mit Negris «konstituierender Macht» oder Holloways «Power-to-do». Virno gebraucht dafür verschiedene Begriffe: «ziviler und sozialer Ungehorsam», «Multitude», «Sowjet», «Recht auf Widerstand», aber auch «Unmäßigkeit», «Maßlosigkeit» und «Beispielhaftigkeit», um den experimentellen Charakter von Selbstorganisationsversuchen wie zum Beispiel in Argentinien nach dem Dezember 2001 auszudrücken. Beide Phänomene, Ungehorsam und Exodus, waren charakteristisch für die Widerständigkeiten in den 1960ern und 1970ern, verweisen aber auch auf den Charakter aktueller und zukünftiger Kämpfe. Mit diesen werden wir uns im Kapitel «Bewegung und Organisierung» näher auseinandersetzen. Zuvor jedoch möchten wir jene KritikerInnen der soeben vorgestellten Ansätze zu Wort kommen lassen, die ein kritisches Be- und Weiterdenken postoperaistischer Ansätze ermöglichen.

V. Kritik und Kopplung

1. *Klassenzusammensetzung im Weltsystem*

Steve Wright konstatiert im Nachwort zur deutschen Ausgabe von «Den Himmel stürmen», dass der Operaismus zerbrochen sei. Mit dem Postoperaismus mag er sich freilich nicht anfreunden und fordert stattdessen, dass nun versucht werden müsse, «... das beharrliche Bemühen des Operaismus [zu retten], moderne gesellschaftliche Verhältnisse durch das Prisma der wechselnden Muster der Klassenzusammensetzung und -neuzusammensetzung zu betrachten, um diese Verhältnisse umzustürzen». (Wright 2005, 245) Ausgehend von der Analyse der immateriellen Arbeit werden im Folgenden einige KritikerInnen und KommentatorInnen des Postoperaismus zu Wort kommen. Dabei sollen die großen theoretischen Entwürfe mit einem schärferen Blick auf die Veränderungen der Klassenzusammensetzung auf ein «realistisches» Maß zurechtgestutzt werden. Denn die Überlegungen Negris und anderer OperaistInnen

«ging von realen Prozessen aus, bezog sich aber schnell nur noch auf sich selbst. Eben um das zu vermeiden, hatte Marx die schwindelerregenden Höhenflüge der Grundrisse aufgegeben und sich den nüchternen, aber historisch spezifischen Passagen des Kapital zugewandt.» (Wright 2005, 189)

Für Wright (2005, 165 ff.) liegt das Problem bereits in Negris Konzept der «gesellschaftlichen ArbeiterIn» in den 1970er Jahren. Die darin gewonnenen Einsichten für die Schaffung einer «Produktion jenseits des Werts» und die Initiierung eines revolutionären Prozesses, der den «Pluralismus der Massenorgane proletarischer Autonomie» berücksichtigt, seien in revolutionärem Triumphalismus untergegangen. (Wright 2005, 187) Das Konzept, in dessen Zentrum die Analyse der neuen, «immateriellen» Arbeitsverhältnisse steht, hatte maßgeblichen Einfluss auf viele Militante der Autonomia Operaia. Die postoperaistische Theorie schließlich entwickelte den Begriff der gesellschaftlichen ArbeiterIn zu dem der Multitude weiter und ging davon aus, dass immaterielle Arbeit nun hegemonial sei. (Vgl. Empire, 300 ff., Multitude, 125 ff.) Diese Thesen, die im Umfeld der französischen Zeitschrift «Futur Anterieur» vor allem, aber nicht nur von Maurizio Lazzarato (1998a, 1998b) entwickelt wurden, fanden besonders nach der Krise der New Economy bei vielen ArbeiterInnen in der Informationstechnologie eine begeisterte Aufnahme.

Lazzarato zufolge hätten die Kämpfe der 1960er und 1970er Jahre im Herzen der kapitalistischen Produktion selbst einen Lernprozess in Gang gesetzt (Lazzarato 1998a, 42), in dessen Folge nun die gegen die Disziplinargesellschaft und die Normierungen in den Fabriken rebellierende Subjektivität für das Kapital produktiv gemacht worden sei: Statt die Abläufe der Arbeit zu diktieren, wird jetzt verlangt: «Werdet Subjekte, nutzt eure Kommunikativität und Kreativität zu Gunsten der Arbeit.» Wenn im Fordismus die Konsumtion durch die «Politik» der Nachfrage Teil des Zyklus der Kapitalreproduktion war, so wird im Postfordismus die Kommunikation in diesen Zyklus integriert. (Lazzarato 1998b, 53) In der großen Industrie zeigt sich das darin, dass Vereinheitlichung und Standardisierung durch differenzierte Produktionsstrategien ersetzt wird: Ein Auto wird erst bei Bestellung durch die HändlerInnen und nach den Wünschen der KundInnen hergestellt. Der Schwerpunkt verlagert sich zunehmend von der Produktion hin zu Vermarktung, Werbung und Investment. (Lazzarato 1998b, 54 ff.)

Im Dienstleistungssektor wird die Kommunikation zwischen Produktion und Konsumtion direkt hergestellt: An die Stelle der von der Öffentlichkeit abgeschotteten, fabrikartig organisierten Büros tritt die persönliche Herstellung der Beziehungen zwischen Produktion und Konsumtion, das Gespräch selbst wird zum Produkt. (Lazzarato 1998b, 56 ff.) Alle diese Merkmale, die Differenzierung der Wünsche und die Zunahme kommunikativer Elemente der Arbeit, verdichten sich in der immateriellen Produktion im eigentlichen Sinn. (Lazzarato 1998b, 57 ff.) Die «Erzeugung» von Mode, Werbung und Software, produziert nicht nur Waren, sondern in erster Linie ein gesellschaftliches Verhältnis, ein direktes, unvermitteltes Kapitalverhältnis. Die Subjektivität steht dem Kapital gegenüber, nicht diszipliniert und normiert, sondern nur den Sachzwängen der Ausbeutung unterworfen. Der «Wert» stammt nicht allein aus der Mehrarbeit, sondern er wird auch bestimmt durch Kommunikation und Kooperation, Wissen und Beziehungen. «Immaterielle Arbeit zwingt uns, die klassische Definition und Unterscheidung zwischen Arbeit und Arbeitskraft in Frage zu stellen, denn sie verbindet [...] intellektuelle Fähigkeiten, manuelle Fertigkeiten und unternehmerische Initiative.» (Lazzarato 1998b, 61)

Stamm der Maulwürfe

Auch der operaistische Historiker Sergio Bologna[65] beschäftigt sich intensiv mit den Veränderungen im «Postfordismus», mit der Prekarisierung, der Vervielfältigung der Formen der Arbeit, der steigenden Bedeutung von Wissen, Kommunikation und Beziehungen sowie besonders mit dem Phänomen der neuen Selbstständigkeit. Den Begriff der immateriellen Arbeit lehnt er dezidiert ab:

«Man sollte bei theoretischen Überlegungen nicht den Boden unter den Füßen verlieren und deshalb die WissensarbeiterInnen als Akteure eines Tausches von Geld gegen Arbeitsleistung definieren [...] statt in den verschiedenen Diskursen schöne und leere Worte aneinander zu reihen und dabei Gefahr zu laufen, Lächerlichkeiten über die ‹immaterielle Arbeit› zu produzieren!» (Bologna 2006, 106)

Bereits 1977 analysiert Bologna in seinem wichtigen Text «Der Stamm der Maulwürfe» (Tribe of Moles, Bologna 1977) die Veränderungen der Klassenzusammensetzung sowohl von der Seite des Staates her als auch mit Blick auf die ArbeiterInnenklasse und die autonomen politischen Organisationen. Darin beschreibt er die Differenzierungen, ohne auf ein vereinheitlichendes Konzept wie die «gesellschaftlichen ArbeiterInnen» zurückzugreifen. Bologna hat sich mittlerweile von linksradikalen politischen Aktivitäten zurückgezogen, doch liefert er nach wie vor wichtige Analysen des zeitgenössischen Kapitalismus, die zu betrachten es schon allein als Gegengewicht zu den oft triumphalistischen postoperaistischen Ansätzen lohnt. Nachfolgend wird die Sichtweise Bolognas nachgezeichnet, ergänzt durch eine aktuelle Analyse der «neuen Selbstständigkeit», die auch für die Selbstorganisation prekärer ArbeiterInnen von Bedeutung ist.

Es war ein ganzer «Stamm von Maulwürfen», der da in der Bewegung von 1977 an die Oberfläche gekommen war. Bologna (1977) beschreibt die Entwicklung seit den Kämpfen der MassenarbeiterInnen von 1968/1969 so: Die Repression im

65 Sergio Bologna beteiligte sich an den Quaderni Rossi und Classe Operaia und war einer der Mitbegründer von Potere Operaio. Er gründete 1973 «Primo Maggio» als Zeitung für «militante Historiker». 1980 lehrte er in Bremen, wo er die HistorikerInnen um Karl Heinz Roth und Angelika Ebbinghaus beeinflusste. In den 1990ern beschäftigte er sich hauptsächlich mit den neuen Selbstständigen. In der Zeitung «Sozial.Geschichte» (Bologna 2005) erschien kürzlich eine Besprechung von Steve Wrights «Den Himmel stürmen».

Zuge der staatlichen Strategie der Spannung bestätigte die außerparlamentarische Linke in ihren Bemühungen zum Parteiaufbau und ihrer Agitation für einen militanten Kampf gegen den Staat. Viele der späteren autonomen AktivistInnen von 1977 verdienten sich in den Ordnerdiensten der linksradikalen Organisationen jener Jahre ihre ersten militanten Sporen. Damit verbunden war der Schritt aus den Fabriken hinein in die leninistischen Organisationen mit ihrer traditionellen Trennung von Ökonomie und Politik[66], was durch Repression sowie Entlassungen von Linksradikalen noch verstärkt wurde. Das Ende der Strategie der Spannung und die Enthüllung einiger Skandale wurde von den radikalen Gruppen, etwa den später in lokal agierende Gruppen der Autonomia aufgelösten Potere Operaio, als Krise des Staates interpretiert und nicht als eine Änderung der Erscheinung der staatlichen Institutionen.[67] Tatsächlich hatte sich die Herrschaft des Kapitals in den Fabriken wieder stabilisiert und auch der Staat war nicht mehr bedroht.

Nach den Fabrikbesetzungen bei Fiat-Mirafiori 1973 ebbten die Kämpfe dort ab und verlagerten sich in andere Wirtschaftsbereiche und Regionen. Die 1970er waren geprägt von vielen Auseinandersetzungen in den kleinen Unternehmen Norditaliens sowie von Streiks der Bank- und Staatsangestellten und nicht zuletzt der Beschäftigten im Gesundheitswesen. ÄrztInnen und Krankenpflegepersonal zeigten dabei eine erstaunliche Militanz. Auch die Studierenden bewegten sich wieder (ein «alter Maulwurf»), die Feministinnen begannen den Kampf um die Selbstbestimmung ihres Körpers.

Der Status von großen Teilen der Beschäftigten in den genannten Sektoren hatte sich grundlegend geändert: Sie waren zumeist keine «garantierten» LohnarbeiterInnen mehr, sondern mussten sich als SchwarzarbeiterInnen, KontraktarbeiterInnen oder «neue UnternehmerInnen» verdingen. Nach Bologna findet in dieser Dezentralisierung eine viel stärkere «Massifizierung» statt als am Fließband, die MassenarbeiterInnen bildeten selbst in der Hochphase des Fordismus nur eine Minderheit der Klasse.

---

66 Bologna bezieht diese Sichtweise ausdrücklich auf den Parteiaufbau und nicht auf die Kampagnen in der Reproduktionssphäre wie «Lohn für Hausarbeit» oder «Nehmen wir uns die Stadt». (Lotta Continua 1972)

67 Diese Bewertung war natürlich auch gegen die Strömung gerichtet, in die Toni Negri involviert war; vgl. etwa den 1974 erschienenen Negri-Text «Staat in der Krise». (Negri 1977)

Die ArbeiterInnen in den Fabriken galten nicht zuletzt durch den Einfluss der KPI und der Gewerkschaften als weitestgehend diszipliniert und ruhig gestellt. Zudem, so die verbreitete Auffassung, fördere die Chance für viele ArbeiterInnenkinder zum Studium die Entstehung einer neuen Mittelklasse, die MassenarbeiterInnen seien zerstreut, die neuen Subjekte angepasst. Doch hatte sich unter der Oberfläche ein gewaltiges Konfliktpotenzial angestaut, das 1977 schließlich explodierte, wobei die Universitäten als Kommunikationszentren und Rückzugsmöglichkeit für proletarische Jugendliche das Zentrum bildeten. Die Autonomia konnte die Kämpfe in einer ersten Phase dominieren, weil sie sich mit den Themen beschäftigte, die die soziale Basis der Kämpfe betrafen. «Aber kaum war das Echo der Zusammenstöße von Bologna verhallt, zogen alle ihre Leninmasken aus der Tasche – vor allem die Autonomia Operaia im Norden.» (Bologna 1977, 20; Übersetzung nach Wright 2005, 222) Die OperaistInnen verloren ihren Einfluss. Es war nicht allein die Repression, die die Bewegung in die Niederlage trieb, sondern viel stärker noch der disziplinierende Sozialstaat in Gestalt der KPI und ihrer Massenorganisationen. Die in den linken Parteien und Gewerkschaften organisierten ArbeiterInnen wandten sich nicht mehr gegen den Kapitalismus, sondern gegen die militanten Jugendlichen und kämpfenden Krankenschwestern. Bologna suchte nach dem «neuen Mirafiori» und glaubte, den antikapitalistischen Hebel in den TransportarbeiterInnen gefunden zu haben, die in den 1970ern Streiks und Blockaden durchgeführt und so den kapitalistischen Lebensnerv getroffen hatten.[68]

Neben der kapitalistischen Struktur des Transportsektors beschäftigte sich Bologna später mit den neuen Selbstständigen, oder, wie er sie nennt, «Selbstständigen zweiter Generation» (Bologna 2006). In zehn Thesen zeichnet er in den 1990ern ein präzises Bild dieser Schicht, das seinen früheren Analysen der prekären und immateriellen Arbeit ähnelt, aber differenzierter ist und kaum mehr positive, «kommunistische» Elemente aufzeigt. Selbstständige der zweiten Generation verrichten neben produktiven vor allem relationale Tätigkeiten, die mit Kommunikation und der Herstellung von Geschäftsbeziehungen zu tun haben. Ihre Ressourcen sind soziale Beziehungen, Kreativität und

68 Auch die Gruppe Wildcat scheint nach einem Zentrum des Klassenkampfes zu suchen, besonders dann, wenn ArbeiterInnen im Transportsektor in Bewegung kommen. Aber Streiks und Kämpfe in irgendeinem «zentralen Sektor» können zwar die UnternehmerInnen treffen, für eine emanzipatorische Umwälzung ist jedoch ein «Hebel» zu wenig.

Wissen, das immer auf dem neuesten Stand gehalten werden muss. Anders als FließbandarbeiterInnen müssen sich diese neuen UnternehmerInnen mit ihrer Tätigkeit identifizieren. Privatsphäre und Arbeit vermischen sich und auch die (Arbeits-)Zeit kennt keine Abgrenzungen mehr. Dies führt zu einem unsicheren, prekären Leben, in dem es weder eine Subsistenzsicherung durch den Staat (Sozialleistungen) noch durch das Kapital (garantierter Lohn) gibt. Darum sind diese «Selbstständigen» zu permanentem Sparen und Verzicht gezwungen. Ihre unvermittelte Abhängigkeit vom Markt bewirkt eine dauernde Unsicherheit über das zukünftige Leben, gemeinsame Kampf- und Organisationsmöglichkeiten gibt es unter diesen Bedingungen kaum.

Bologna zeichnet ein pessimistisches Bild des gegenwärtigen Kapitalismus, in dem die Zwänge des Marktes Kreativität und Bildung zerstören. Obwohl er in den neuen Formen der Organisation der Arbeit auch potenziell «autonome» Elemente entdeckt, vermag er weder für den Kapitalismus noch für die Selbständigen eine Perspektive zu erkennen. Seine Vorschläge zur Verbesserung und Veränderung der Lage beschränken sich auf die Andeutung einer gemeinsamen Organisierung von neuen Selbstständigen und anderen «Prekären».

Anders als Bologna geht Steve Wright (2005a) explizit auf das Konzept der immateriellen Arbeit ein und kritisiert die darin behauptete Hegemonie nichtmaterieller Tätigkeiten: Die Existenz immaterielle Produkte sei noch kein Beleg dafür, dass ein Großteil der Arbeit nicht mehr materiell sei. Dies gelte auch für die affektive Arbeit, die es schon immer gegeben habe, die aber erst jetzt als der Verwertung unterliegend beachtet werde. Und für die Zunahme der Dienstleistungen im Allgemeinen gelte dasselbe: Durch Ausgliederung würden dieselben ArbeiterInnen, die vorher in der «Produktion» waren, zu DienstleisterInnen. Der Postoperaismus nehme an, dass das Ende des Wertgesetzes, wie es Marx im Maschinenfragment der «Grundrisse» angedacht habe, durch die heutige technologische und gesellschaftliche Entwicklung bereits erreicht sei, was der Realität widerspreche.[69] Wright

69 Bei Marx wird das so verstanden, dass die Maschinerie so weit entwickelt ist, dass der Beitrag der lebendigen Arbeit minimal ist. «Sobald die Arbeit in unmittelbarer Form aufgehört hat, die große Quelle des Reichtums zu sein, hört und muß aufhören die Arbeitszeit sein Maß zu sein und daher der Tauschwert [das Maß] des Gebrauchswerts.» (Marx 1953, 593) Die Postoperaisten Negri und Virno sehen das Wissen, den General Intellect, nicht in den Maschinen, sondern wieder in der lebendigen Arbeit (vgl. oben).

verweist dabei auf eine Aussage Caffentzis', der sich wiederum auf die Überlegungen zum tendenziellen Fall der Profitrate im dritten Band des «Kapital» («Die Verwandlung des Profits in Durchschnittsprofit», MEW 25, 151 ff.) bezieht:

«Damit es eine durchschnittliche Profitrate im gesamten kapitalistischen System geben kann, müssen Industriebranchen, die sehr wenige Arbeiter, aber viel Maschinerie einsetzen, das Recht haben, sich aus der Wertmenge zu versorgen, die die Branchen mit hohem Arbeitsanteil und niedriger Technologie schaffen. Gäbe es solche Branchen nicht oder solches Recht, dann wäre die durchschnittliche Profitrate in den High-Tech-Industrien mit wenigen Arbeitern so niedrig, dass es keine Investitionen mehr gäbe und das System zu einem Ende käme [...] Der Computer erfordert die Schwitzbude, und die Existenz des Cyborg setzt den Sklaven voraus.» (Caffentzis 1998, 26 ff.)

Ein Blick auf die Verteilung der weltweiten Arbeitsverhältnisse zeigt, dass materielle Arbeit als wertschöpfende selbst dann keineswegs verschwunden wäre, wenn es tatsächliche eine Vorherrschaft der immateriellen Arbeit gäbe.

Forces of Labor

Hardt/Negri (Multitude, 171 ff.) erwähnen im Zusammenhang mit dem von ihnen postulierten Ende des Wertgesetzes auch die Aktivität der Finanzmärkte. Das Geld tendiere dazu, nicht nur die gegenwärtigen, sondern auch die zukünftigen Werte zu repräsentieren. Wright weist darauf hin, dass Finanzspekulationen immer eine Flucht des Kapitals vor dem Widerstand der ArbeiterInnen seien, und zwar als letzter Ausweg, der einen neuen Zyklus des herrschenden Weltsystems einleite. Dabei bezieht er sich auf Beverly Silver (2005), die aus Sicht der Weltsystemperspektive argumentiert. Diese Theorie nimmt an, dass die Entwicklung des Kapitalismus nur als Weltsystem verstanden werden kann, das sich in langen Zyklen entwickele, wobei es jeweils ein dominierendes Zentrum gäbe. Klassenkämpfe spielten die meiste Zeit nur eine marginale Rolle, was der operaistischen Sichtweise zunächst einmal grundsätzlich widerspricht. Doch erlebten wir, so wird argumentiert, gegenwärtig eine Phase der Krise des von den USA dominierten Weltsystems, in der das kapitalistische System so instabil sei, dass politische Aktivität und Klassenkämpfe Wirkung entfalten könnten. (Wallerstein 2002, 73 ff.)

In ihrem Buch «Forces of Labor» kritisiert Beverly Silver den «Dampfwalzen»-Strukturalismus der Weltsystemtheorie und legt das Ergebnis einer Studie vor, die ArbeiterInnenunruhen seit 1870 untersucht. Auf Grundlage der Datensammlung der «World Labor Group» (vgl. Silver 2005, 225 ff.) werden die Klassenkämpfe eingeordnet, die jeweilige Macht der ArbeiterInnen bewertet und die Flucht des Kapitals vor den Unruhen analysiert. Nicht ohne Grund sehen die ÜbersetzerInnen aus dem Wildcat-Umfeld in diesem Buch einen wichtigen Beitrag zur Analyse der Klassenzusammensetzung im Weltzusammenhang. (Vorwort zu Silver 2005, 9)

Nach Silver gibt es verschiedene Typen von ArbeiterInnenmacht, die den Grad der Militanz und deren Erfolg beeinflussen. Zu nennen sind *Organisationsmacht*, etwa durch Gewerkschaften und linke Parteien, sowie *strukturelle Macht*, von der es wiederum zwei Arten gibt: *Marktmacht* zu Zeiten der Vollbeschäftigung und *Produktionsmacht* besonders in Firmen, in denen kleine Gruppen von ArbeiterInnen die ganze Fertigungskette lahm legen können. Militanz entsteht gegen die Verwandlung der Arbeit (im weitesten Sinne) in eine fiktive Ware. Dabei gibt es unterschiedliche Auslöser für die Entstehung von ArbeiterInnenunruhen. Silver unterscheidet «Marx-Unruhen» und «Polanyi-Unruhen»: Karl Marx hat vor allem Kämpfe im Blick, die sich in den von der Industrialisierung erfassten Regionen entwickeln und von den dort neu entstehenden ArbeiterInnenklassen getragen werden. Karl Polanyi beschreibt dagegen Unruhen, die sich gegen die Ausdehnung des Marktes in Lebensbereiche wenden, die bislang von (meist langfristig erkämpften) sozialen Privilegien dominiert wurden. (Vgl. Silver 2005, 30 ff.) Silver zeigt, wie zu verschiedenen Zeiten – abhängig von der Organisationsstruktur in der Fabrik und der Organisation der ArbeiterInnen – die Kampfformen variieren und zu welch ganz unterschiedlichen Ergebnissen sie führen. Denn der Kapitalismus reagiert auf die Kämpfe mit jeweils anderen Maßnahmen, «Fixes» genannt. (Silver 2005, 60 ff.) Die Zyklen der Kämpfe und die Reaktionen des Kapitals werden am Beispiel der Textil- sowie der Autoindustrie, den Leitindustrien des 19. und 20. Jahrhunderts, dargestellt. Die Antworten des Kapitals reichen dabei von *räumlichen* Fixes, etwa die Verlagerung von Fabriken in Regionen mit billigeren Arbeitskräften, über *technologische* Fixes in Form technischer und organisatorischer Innovationen bis hin zu *Produkt-Fixes*, das Ausweichen in neue Produkte, und *finanzielle Fixes*, also die Flucht vor den Arbeiter-

Innen in die Profitmaximierung durch finanzielle Transaktionen. Das Kräfteverhältnis zwischen Unternehmen und ArbeiterInnen wird zudem durch so genannte Produktzyklen beeinflusst: In der Innovationsphase haben die Unternehmen die Möglichkeiten, übermäßige Profite zu machen, was Zugeständnisse an die ArbeiterInnen erleichtert. In der folgenden Reifephase und der weiter andauernden Standardisierungsphase verringert sich die Möglichkeit eines Erfolges der ArbeiterInnenmilitanz.

Die Analyse Silvers richtet sich aber nicht allein auf das unmittelbare Verhältnis von ArbeiterInnenunruhen und Kapital, sondern bezieht auch die «Weltpolitik» mit ein. (Silver 2005, 159 ff.) So beeinflussten die beiden Weltkriege die Zyklen der ArbeiterInnenunruhen erheblich. Vor den Kriegen zeigte sich jeweils eine zunehmende Militanz, was die These bestätigt, dass Kriege auch eine Antwort auf Unruhen sind, um einen innerstaatlichen Konsens wieder herzustellen. Dass die Unruhen zu Beginn der Kriege abflauten, spricht für eine gelungene Integration der ArbeiterInnen in die jeweiligen nationalen Projekte. Gegen Kriegsende setzten jedoch revolutionäre Entwicklungen ein, die das System gefährdeten und kapitalistische Umstrukturierungen erzwangen.

Über die ArbeiterInnenmacht in den führenden Industrien des beginnenden 21. Jahrhunderts lässt sich nur spekulieren. (Silver 2005, 134 ff.) Im Unterschied zu früheren Produktionszyklen wurde die Halbleiterindustrie gleich in Billiglohnregionen angesiedelt. Die verschiedenen unternehmensorientierten Dienstleistungen unterliegen ganz unterschiedlichen Bedingungen und Arbeitsplätze lassen sich leicht verlagern, was die Bildung von ArbeiterInnenmacht etwa in Callcentern oder der Datenerfassung erheblich erschwert. Andererseits zeigt die «Justice for Janitors»-Kampagne des migrantischen Reinigungspersonals in Kalifornien, dass Widerstand erfolgreich sein kann, weil Gebäude, die geputzt werden müssen, nicht verlagert werden können.

Silvers Buch ist der Versuch, die Untersuchung der Klassendynamik auf globaler Ebene weiterzuentwickeln. (Wildcat 67, 2003) Weil sie dabei ArbeiterInnenunruhen nicht als per se emanzipatorisch betrachtet und auch Abgrenzungstendenzen innerhalb der ArbeiterInnenklasse zur Kenntnis nimmt, ist ihre Darstellung gegen revolutionäre Höhenflüge gefeit und bietet eine realistische Einschätzung der Kämpfe. Im Unterschied zu den bisher diskutierten operaistischen und postoperaistischen Texten ist Silvers Blick aber nur ein Blick von oben und außen und vermag nicht, über den Kapitalismus hinauszusehen. Die ArbeiterInnenkämpfe scheinen genauso wie das Kapital in einer Spirale gefangen, die theoretisch ewig weitergehen kann. (vgl. Naetar 2004, 25 ff.) Alle Auseinandersetzungen, die nicht unmittelbar mit «ArbeiterInnenunruhen» zusammenhängen, werden ausgeblendet, weil sich Silver nur für die gesellschaftlichen Bereiche interessiert, die mit der Kommodifizierung, dem Zur-Ware-Machen der Arbeitskraft zu tun haben. Die Kämpfe gegen die Disziplinargesellschaft kommen ebenso wenig vor wie das «sonstige Leben» im Kapitalismus. Auch die Diskussion um immaterielle Arbeit nimmt Silver nicht zur Kenntnis. So ist es auch kein Zufall, dass in einer Grafik über ArbeiterInnenunruhen in den Metropolenländern für die zweite Hälfte der 1960er («1968»!) keinerlei Steigerungen verzeichnet sind.

Giovanni Arrighi arbeitet eng mit Beverly Silver zusammen und gehört neben Immanuel Wallerstein zu den wichtigsten VertreterInnen der Weltsystemperspektive. Arrighi (2003) setzt sich mit den Thesen von Hardt/Negri auseinander und hat offenbar wenig Probleme mit dem Begriff «Empire», sieht doch auch er die globale Ordnung in einer Übergangsphase, und zwar von einem System der Dominanz von Nationalstaaten zu einem «Weltstaat». In Bezug auf die Klassenkämpfe teilt er den Optimismus der PostoperaistInnen jedoch nicht. Denn es bestehe die Tendenz, dass immer dann, wenn das Kapital die ProletarierInnen in eine undifferenzierte Arbeitskraft zu verwandeln versuche, Merkmale wie Alter, Geschlecht, Hautfarbe und verschiedenartige geo-historische Besonderheiten besonders hervorträten. (Arrighi 2003, 22) Gerade dann, wenn sich die Entwicklung einer WeltarbeiterInnenbewegung abzuzeichnen scheint, gewinnen Sexismus, Rassismus und National-Chauvinismus an Bedeutung. Weitere Einwände Arrighis gegen die Positionen von Hardt und Negri beziehen sich auf die Entwicklung in Richtung Empire und die Möglichkeiten zu dessen revolutionärer Überwindung (Arrighi 2003, 24 ff.). Schon der Übergang vom Weltsystem der Stadtstaaten zu jenem, in dem imperialistische Nationalstaaten dominierten, habe Jahrhunderte gedauert. Auch wenn jetzt eine Beschleunigung der Entwicklungen zu erkennen sei, werde der Übergang zu einem «Weltstaat» nach Arrighi noch zumindest ein Jahrhundert dauern. Dieser Übergang werde zudem ein nicht-linearer mit wenig rosigen Aussichten auf Emanzipation sein. Auch nach der Krise der 1970er, die – wie Arrighi anerkennt – von Klassenkämpfen geprägt war, seien die sozialen Kräfte wieder desorganisiert worden. Weder hätten sich seitdem die Ungleichheiten zwischen Nord und Süd nennenswert verändert noch sprächen die ausbrechenden Verteilungskämpfe für eine «emanzipatorische Multitude». Schließlich wirft Arrighi Hardt/Negri vor, aus einem europäisch-amerikanischen Blickwinkel zu argumentieren und dadurch die Veränderungen beispielsweise in Ostasien nicht erfassen zu können.

Cyber-Negri

Der große Blick auf die Entwicklung des Weltsystems und der globalen ArbeiterInnenunruhen soll nun durch eine knappe Darstellung der Auseinandersetzung Nick Dyer-Withefords mit dem Konzept der immatierellen Arbeit ergänzt werden. In seinem 2005 erschienen Aufsatz «Cyber-Negri: General Intellect and Immaterial Labor» zeichnet er zunächst die Theorie Negris in ihren Grundzüge nach. Diese beruhe wesentlich auf der Annahme sich abwechselnder Kampfzyklen, die sich jeweils auf ein hegemoniales Subjekt stützten: zuerst die Massenarbeiterschaft, dann die gesellschaftlichen ArbeiterInnen und schließlich das immateriell arbeitende, postfordistische Proletariat. Im Anschluss an Caffentzis (1998) macht Dyer-Witheford jedoch darauf aufmerksam, dass die immaterielle Arbeit als Ausdruck des bereits über den Kapitalismus Hinausweisenden weltweit ziemlich ungleich verteilt sei, und spricht dabei vom «Cyber-Leninismus» einer elitären Avantgarde, von der Frauen, der globale Süden sowie Arme und «Minderheiten» ausgeschlossen seien. Auch die Erweiterung des Begriffs der immateriellen Arbeit durch eine affektive Komponente sei eher an den Haaren herbeigezogen. So verrate die Behauptung, Programmierarbeit und die Tätigkeit einer Sexarbeiterin seien vergleichbar, einen ziemlich männlichen Blickwinkel. (Dyer-Witheford 2005, 152)

Neben der immateriellen Arbeit privilegierter NetzarbeiterInnen existierten nach wie vor die materielle Arbeit in den Weltmarktfabriken und den neuen industriellen Zonen in den globalen Metropolen sowie Massenarmut in den Slums aller größeren Städte nicht nur im Trikont. (ebd., 156) Diese Erscheinungen, immaterielle und materielle Arbeit sowie Massenarmut, seien keine starren Gebilde, sondern durch Auf-, Ab- und Umstiegsmöglichkeiten in fließenden Übergängen begriffen. Für eine revolutionäre Bewegung sei es notwendig, diese Bereiche zu verknüpfen und so das Aufständische in den Unruhen, Landbesetzungen und *riots* mit den gewerkschaftlich organisierten

Exkurs: Noch einmal «militante Untersuchung»

Als geeignetes Werkzeug zur Analyse der globalen Bewegungen empfiehlt Steve Wright die «militante Untersuchung», auch als «Fragebogen», «ArbeiterInnenuntersuchung» oder «Mituntersuchung» bezeichnet. Aktuell erfährt diese Methode in verschiedensten Zusammenhängen ein erstaunliches Comeback. Entwickelt im Italien der 1960er Jahre war die «conricerca» dazu gedacht, die technische Zusammensetzung der ArbeiterInnenklasse zu untersuchen und ihre politische Zusammensetzung bzw. Neuzusammensetzung (also die Kämpfe und die Organisation der ArbeiterInnen) zu erkennen, voranzutreiben und zu beeinflussen. Kommunikation und Informationsaustausch unter den ArbeiterInnen sollten gefördert und, wie es Wildcat noch als «Karlsruher Stadtzeitung» einmal bombastisch formulierten, «spontane» Kämpfe vorbereitet werden (Karlsruher Stadtzeitung Reprint 1985).

Es existieren zwei grundsätzlich unterschiedliche, aber dennoch miteinander verbundene Konzepte der Mituntersuchung: Die «traditionelle» Vorstellung einer *Intervention in die Klasse* hatte die Selbstorganisation der ArbeiterInnen zum Ziel. Die revolutionären Avantgarden gingen von außen in die Fabriken, freilich nicht, um ihr eigenes (leninistisches) Besserwissen hineinzutragen, sondern um den ArbeiterInnen «zuzuhören». In den letzten Jahrzehnten hat sich die Auffassung durchgesetzt, dass sich – etwa in der prekären Arbeit – die Lebens- und Arbeitsbedingungen zwischen linken Intellektuellen und breiten Schichten der ArbeiterInnen zunehmend annäherten. Auch unter diesen Bedingungen hat «militante Untersuchung» das Ziel, Kommunikation, Information und Organisation zu fördern. Doch sind die Untersuchenden selbst nun viel stärker persönlich betroffen. Untersuchung heißt jetzt vor allem, durch *Selbstuntersuchungen* die eigenen Lebensbedingungen zu reflektieren und Möglichkeiten des Kampfes zu erkennen. Die Entwicklung der (post-)operaistischen Theorie ist mit Klassenkämpfen und sozialen Bewegungen eng verbunden. Das Instrument der «militanten Untersuchung» ist eine Möglichkeit, die revolutionäre Theorieproduktion mit dem eigenen Leben, mit alltäglichem Widerstand, aber auch mit spontan ausbrechenden Revolten zu verknüpfen.[70]

70 Auf der Webseite zu theorie.org (www.theorie.org) finden sich Texte zu konkreten militanten Untersuchungen der jüngeren und jüngsten Vergangenheit. Siehe auch das Webjournal «militante untersuchung» unter http://transform.eipcp.net/transversal/0406.

materiellen ArbeiterInnen und dem kommunikativen Charakter der immateriellen Arbeit zu verbinden. (Ebd., 157) An anderer Stelle nennt Dyer-Witheford (2004, 208 ff.) konkrete Beispiele für eine solche kämpferische Verbindung der unterschiedlichen Welten: So könnten Streiks und Kämpfe in den Weltmarktfabriken der «Dritten Welt» via Internet verbreitet werden und dadurch Aktivitäten in den Metropolen zum Schaden der dortigen Multis auslösen (siehe dazu auch Klein 2001). Unter den NutzerInnen des Internets sind Formen ungesetzlicher Aneignung, etwa durch Piraterie, von größter Bedeutung. Dyer-Witheford schlägt vor, die drei Elemente des globalen Widerstands (Massenarmut, materielle und immaterielle ArbeiterInnen) angelehnt an Marx[71] unter dem Begriff der «Allgemeinen ArbeiterInnen» («Universal Workers») zusammenzufassen. Nach den FacharbeiterInnen und den MassenarbeiterInnen könnten die «Universal Workers» die Träger des neuen Kampfzyklus werden. Als internationale Bewegung verkörperten sie die politische Neuzusammensetzung der Klasse: Die zersplitterten Kämpfe der immateriellen ArbeiterInnen, der materiellen Arbeitschaft und der Massenarmut könnten zusammengebracht und dadurch alle Bereiche der Subsumption der Arbeit unter das Kapital erfasst werden, ohne wieder ein zentrales Subjekt zu generieren. Natürlich hat dieses «Subjekt», oder besser: haben diese Subjektivitäten Ähnlichkeit mit der Multitude, doch sind Hardt/Negri in ihrer Theorie gezwungen, die verschiedenen Seinsweisen der Mulitude nebeneinander zu stellen. (Multitude, 121 ff.) Um den Zugriff auf das Leben durch das Kapital und den Widerstand dagegen zu erfassen, führt Dyer-Witheford einen weiteren marxschen Begriff ein: das «Gattungswesen» aus den Ökonomisch-philosophischen Manuskripten. Darauf werden wir im Abschnitt «Feministische Kritik und Biopolitik» zurückkommen.

71 Das ist eine trockenere Formulierung für den «General Intellect», der sich auch auf die Arbeit bezieht: «Allgemeine Arbeit ist alle wissenschaftliche Arbeit, alle Entdeckung, alle Erfindung. Sie ist bedingt durch Kooperation mit Lebenden, teils durch Benutzung der Arbeiten Früherer.» (MEW 25, 114)

Auf Uhren schießen

Exkurs zu einem Symposium von «Historical Materialism» über John Holloways Buch «Die Welt verändern ohne die Macht zu übernehmen»

Die Ausgabe 13.4 der britischen Zeitschrift «Historical Materialism» enthält fünf Beiträge zu und eine Antwort von John Holloway.[72] Auf zwei Beiträge wird im Folgenden nicht eingegangen, weil sie als Wiederkehr der immergleichen trotzkistischen Mantras (Daniel Bensaid) beziehungsweise durch das vulgärmaterialistische Abqualifizieren der Hollowayschen Gedanken als «Idealismus», «Nein zum marxschen Kapital» und ähnlichen Schlagworten (Michael A. Lebowitz) nichts zur Diskussion beitragen. Bevor wir uns im Einzelnen mit den Beiträgen auseinandersetzen, soll kurz auf die begrifflichen Achsen hingewiesen werden, um die sich die Diskussion dreht: Dies ist zum einen die theoretisch-praktische Frage nach dem Stellenwert der Negativität sowie der Bedeutung eines Fetischismusbegriffes, der den *Prozess* der Fetischisierung und des Kampfes gegen sie bezeichnet. Zum anderen geht es um die politisch-praktische Frage nach der unmöglichen Möglichkeit von Organisierung und Konstitution.

Negative Dialektik, synthesefrei

Marcel Stoetzlers Beitrag dreht sich um die Negative Dialektik im Zentrum des Hollowayschen Theoriegebäudes und wirft einen scharfen Blick auf die Überzeugungskraft, aber auch auf die Unschärfen und Defizite dieses Negativitätsverständnisses. Klassenkampf, soweit folgt Stoetzler der Argumentation Holloways, ist kein Konflikt zwischen bereits fertig konstituierten sozialen Entitäten, sondern eine Auseinandersetzung um und gegen das Klassifiziert-Werden: «Nur insofern wir nicht ArbeiterInnenklasse sind, kann die Frage nach Emanzipation überhaupt

---

72 Historical Materialism. Research in Critical Marxist Theory, Vol. 13 Issue 4, 2005, Seite 161–284. Beiträge: Guido Starosta: «Editorial Introduction»; Daniel Bensaid: «On a Recent Book by John Holloway»; Marcel Stoetzler: «On How to Make Adorno Scream, Some Notes on John Holloway's Change the World without Taking Power»; Michael A. Lebowitz: «Holloway's Scream: Full of Sound and Fury»; Massimo De Angelis: «How?!?! An Essay on John Holloway's Change the World without Taking Power»; Leigh Binford: «Holloway's Marxism» und John Holloway: «No». Alle Übersetzungen von uns, MBRF.

gestellt werden, aber nur insofern wir die ArbeiterInnenklasse sind, haben wir das Bedürfnis, sie zu stellen.» (195). Stoetzler teilt auch das daraus resultierende nicht-reduktionistische Verständnis von Politik: Der Kampf gegen das Klassifiziert-Werden ist eine Artikulation des Nicht-Identischen gegen die Vereinheitlichungen von Kapital, Partei, Nation und Staat.

Mit dem von den ZapatistInnen entliehenen Prinzip der Würde und seinem quasi-anthropologischen Verständnis der Rede vom «Fluss des Tuns» vermenge Holloway aber, so Stoetzler, unzulässigerweise drei verschiedene Aspekte der sozialen Auseinandersetzung zu einem indifferenten «Fluss des Tuns»: Das unbestimmte «Tun im Allgemeinen», das «Schreien gegen die Herrschaft» und den «wirkungsvollen Widerstand» dagegen. (197) Die Unterscheidung dieser Aspekte sei aber von großer Bedeutung nicht zuletzt für die Bekämpfung reaktionärer Tendenzen und Bewegungen, wie beispielsweise eines «antisemitischen Antikapitalismus». (204) Dass es dabei keinen der Dialektik von Fetischismus und Entfetischisierung äußeren Maßstab gibt, folgt notwendig aus der streng immanenten Konzeption Holloways, wirft jedoch ein zentrales Problem seines paradoxen Revolutionsbegriffes auf. Stoetzler: «Was Holloway kreative Macht [i. O. »power-to-do»; Anm. MBRF] nennt, kann nur in der aktuell vorherrschenden Form als instrumentelle Macht [i. O. power-over; Anm. MBRF] existieren.» (203) Wie ist also Entfetischisierung, wie ist Revolution überhaupt denkbar, wenn wir uns notwendig in einem Fetischuniversum befinden? Hier bewegt sich Holloway auf dünnem Eis, wenn er, wie von Stötzler kritisiert, Zuflucht in den quasi-ontologischen Sphären des «Tuns im Allgemeinen» suchen muss.

Der vielleicht «allzu dialektische» Machtbegriff Holloways weist analoge Schwächen auf. Die «instrumentelle Macht [ist] nichts weiter als die Metamorphose kreativer Macht und deshalb vollkommen von dieser abhängig.» (Holloway 2002, 51) Die Bewegungen der kreativen Macht können sich nur innerhalb des Raumes der instrumentellen Macht und gleichzeitig antagonistisch zu ihr artikulieren. Holloway nennt dies «Anti-Macht, etwas, das sich radikal von instrumenteller Macht unterscheidet». (Ebd.) Die Verwandlung der Metamorphose zum radikal Anderen, von der Kreativität zum «Anti» zeigt bereits die Schwierigkeiten an.

«Anti-Macht ist deshalb keine Gegenmacht, sondern etwas sehr viel Radikaleres: Es ist die Auflösung instrumenteller Macht, die Emanzipation kreativer Macht. Dies ist die große,

absurde [sic!], unvermeidliche Herausforderung des kommunistischen Traums: durch die Auflösung instrumenteller Macht eine freie Gesellschaft ohne Machtbeziehungen zu schaffen.» (Holloway 2002, 51 f.; Herv. MBRF)

Die Beziehung zwischen verschiedenartigen sozialen Kämpfen stellt sich über die «Gemeinsamkeit ihres negativen Kampfes gegen den Kapitalismus» (209) her. Wie aber sieht die Beziehung der rein negativen Kämpfe zum unhintergehbaren «Fluss des Tuns» aus? Welche Rolle spielt das Begehren der Beteiligten, die gemeinsamen Wünsche und Ängste? Holloway verortet die revolutionären Prozesse zunächst in der Sphäre des Alltäglichen. Ist aber genau das Zerbrechen der kapitalistisch verfassten Zeit, das von Holloway geforderte «Schießen auf die Uhren» (274)[73], nicht die bestimmte Negation des Alltäglichen? Während Stoetzler angesichts der «Identifizierungs-Gefahr» der von Holloway ins Feld geführten «taktischen Identität» aller neu aufkeimenden sozialen Bewegungen (Frauen, Schwarze, Homosexuelle, Indigene) lieber doch auf das vermeintlich sichere Terrain aufklärerischer Kritik flüchtet (213 f.), packt Massimo De Angelis die Problemstellungen deutlich entspannter an. Ins Zentrum seines Beitrages stellt er nicht wie Stoetzler die negative Dialektik, sondern eine «immer schon existierende Multitude der verschiedenen ‹JAs›» (so Guido Starosta in seiner Einleitung, 165) sowie die Frage nach der Möglichkeit und Notwendigkeit politischer Organisierung.

Der Beitrag von Massimo De Angelis beginnt mit einem wichtigen Hinweis methodischer Natur, in dem zugleich ein schwerwiegendes Dilemma steckt: Nehme mensch die Kernthese Holloways ernst, dass jede Definition, jede Identifikation Herrschaft bedeute, so verbiete sich jedes Definieren, jedes «es geht um dies oder das». (233) Diesen Anspruch wirft er selbst aber sofort wieder über den Haufen, indem er den gemeinsamen Boden zu bestimmen verssucht, den er durch seine politische und theoretische Arbeit mit Holloways Buch teilt. Ja, um dieses Gemeinsame zu *definieren*, zitiert er es regelrecht aus

73 Holloway bezieht sich offensichtlich auf Walter Benjamins Geschichtsphilosophische Thesen. In der These 15 wird berichtet: «Das Bewußtsein, das Kontinuum der Geschichte aufzusprengen, ist den revolutionären Klassen im Augenblick ihrer Aktion eigentümlich. [...] Noch in der Juli-Revolution [von 1830; Anm. MBRF] hatte sich ein Zwischenfall zugetragen, in dem dieses Bewußtsein zu seinem Recht gelangte. Als der Abend des ersten Kampftages gekommen war, ergab es sich, daß an mehreren Stellen von Paris unabhängig voneinander und gleichzeitig nach den Turmuhren geschossen wurde.» (Benjamin 1965, 90 f.)

dem Vorwort der englischsprachigen Ausgabe herbei: «Wie können wir trotz alledem unsere eigene Kraft verstehen, unsere Fähigkeit eine andere Welt zu erschaffen?» (234) Dies führt ihn schnurstracks zu seinen zwei zentralen Kritikpunkten an «Die Welt verändern ...», dem «NEIN» als Ausgangspunkt der Hollowayschen Argumentation sowie der völligen «Abwesenheit der Problematik von Organisation». (235) Diese zwei Einwände – aus der (im Übrigen von allen Autoren des Historical Materialism-Symposiums auffällig-unauffällig be- und verschwiegenen) Theorie Hardt und Negris als Diskussionen um die «Kommunikation der Kämpfe» und die «Konstituierende Macht» bekannt – bilden fortan den Fokus der Überlegungen De Angelis'. Allerdings nicht ohne Umwege, auf denen sich bei näherer Betrachtung allerdings vortrefflich fragend voranschreiten lässt.

St. John says ...

Gegen den Schrei der Negativität, das NEIN als Ausgangspunkt setzt De Angelis eine «Multitude von JAs», die der Gefahr der Vereinheitlichung insofern entgeht, als sie Bedürfnisse und Wünsche, Affekte und verschiedenste soziale Beziehungen artikuliert – nichts weniger also, als die Fähigkeit, eine andere Welt ins Werk zu setzen. De Angelis gesteht jedoch ein, dass auch ein solch radikal anderer Ausgangspunkt noch nicht die Frage nach der «alternativen Artikulation» (237) dieser Multitude «als der zentralen Problematik der Revolution» (ebd.) beantwortet. Dies führt uns zum Verhältnis von Schreien, Sprechen und Tun. De Angelis stellt zunächst die Hollowaysche Entgegensetzung von Sprache und Schrei infrage. Wenn Holloway schreibt, «[i]m Gegensatz zum Schrei negiert das Wort nicht. Und das Wort schließt auch nicht einfach Tun mit ein, wie es der Schrei tut» (Holloway 2002, 35), dann wischt er die zentrale sprechakt- und diskurstheoretische Einsicht, dass Sprechen Tun ist, mit einem Federstrich vom Tisch und redet einer längst überwunden geglaubten Entgegensetzung von Theorie und Praxis, von «Schrei = Negativität = Tun = Dialektik = Einheit» und «Sprechen = Denken = Positivität = Trennung» das Wort (vgl. Holloway 2002, 35 f.).[74]

74 Endgültig absurd wird die Szenerie, wenn Holloway als «Beweis» für die Fehlerhaftigkeit der Aussage am Anfang des Johannesevangeliums (und Foucaults und ...) die berühmte Stelle aus dem Marxschen «Kapital» bemüht: «Was aber von vorneherein den schlechtesten Baumeister vor der besten Biene auszeichnet, ist, daß er die Zelle in seinem Kopf ge-

Dem setzt De Angelis die notwendige Verbundenheit von Sprechen und Tun entgegen, die Frage ist nicht «ob», sondern «‹wie› das Wort und der Diskurs ein Moment des Tuns sind». (241) Dieses «Wie» ist nicht nur Anstoß für das Nachdenken über das Verhältnis von theoretischer und politischer Praxis sondern auch Hintergrund des politischen Einsatzes hinsichtlich der Beziehung von Imagination und Konstitution (vgl. 241) für die Überwindung von Herrschaft im Allgemeinen und des Kapitalverhältnisses im Besonderen. Dies führt zum zweiten Themenkomplex in De Angelis´ Text, der Frage nach Organisation oder vielmehr nach Organisierung. (245) Und wieder wird dabei die Negativität als Ausgangspunkt zurückgewiesen. Um nicht der Subjekt-Objekt-Dialektik inklusive ihrer identifikatorischen Ausgangsmomente und der auf politischem Terrain damit verbundenen Zweck-Mittel-Rationalität auf den Leim zu gehen, müsse der zwangsläufig reduktionistische Ursprung im Schrei (im Singular) zurückgewiesen werden. Erst die Mannigfaltigkeit unserer JAs ermögliche eine nicht-hierarchische Form von Organisierung, die die Vielfalt unserer sozialen Beziehungen adäquat zum Ausdruck bringen könne: «Da gibt es keine Entschuldigung, kein Zögern, dein *Modus des Tuns, des Organisierens spricht für die Art (type) von Welt, die du willst, ja sie sind diese Art von Welt!» (245; Herv. i. O.)*

De Angelis Verständnis von Organisation beruht also auf der Positivität unserer sozialen Beziehungen. Vor diesem Hintergrund kann er dann auch gesellschaftliche Kämpfe in Kommunikation miteinander bringen. Dabei nützt ihm paradoxerweise gerade Holloways emphatischer Begriff des Tuns: Wenn Individuen nicht nur als Mitglieder partikularer Gruppen unterdrückt sind, sondern die gesellschaftlichen Antagonismen auch die Individuen selbst durchziehen, dann eröffnet sich genau an dieser Stelle die Möglichkeit des gemeinsamen politischen und also organisierten Bearbeitens dieser Widersprüche. Allerdings bringt der radikal positive Machtbegriff der «vielen JAs» auch eine vollständige Auslöschung der negativen Dialektik Holloways mit sich, was wiederum zu einer Vorstellung von sozialer

---

baut hat, bevor er sie in Wachs baut. Am Ende des Arbeitsprozesses kommt ein Resultat heraus, das beim Beginn desselben schon in der Vorstellung des Arbeiters, also schon ideell vorhanden war.» (Marx 1965, 178; vgl. Holloway 2002, 36 f.) De Angelis weist mit Recht darauf hin, dass Marxens Intention derjenigen Holloways genau gegenläufig ist: ohne «ideelles Vorhandensein», ohne Begriff, ohne Wort keine Vorstellung, keine Zelle, kein Tun (vgl. 240).

Auseinandersetzung als eine Art Kampf zweier (?), mit der jeweiligen «kreativen Macht» ausgestatter Titanen führt. (Vgl. auch 244) Ganz so leicht macht es sich De Angelis aber dann doch nicht, sind seine Titanen doch immerhin keine äußeren Mächte, sondern in uns selbst, und konstituieren durch ihr Verhältnis unsere Subjektivität. Politische Bewegungen erschaffen in der Auseinandersetzung der beteiligten Subjekte ihre eigenen Maßverhältnisse, die bei aller Anerkennung von Differenzen doch immer wieder auf die ihnen entgegenstehende Macht des Staates treffen. Das Umgehen mit der Tatsache, dass «auch wenn es wahr ist, dass es kein eigentliches ‹wir› und ‹sie› gibt, es genauso wahr ist, dass ‹wir› und ‹sie› andauernd produziert werden» (249), erfordert strategisches Denken, auch wenn es nicht darum geht, die Macht zu ergreifen.

Hegemonie oder NEIN?

Einen anderen Zugang wählt Leigh Binford, der wie Holloway an der Universität von Puebla in Mexiko unterrichtet. Sein stärker sozialwissenschaftlich ausgerichteter Blick nimmt einen Dauerbrenner der Theoriediskussion, das Verhältnis von *Struktur und Handlung*, zum Anlass, um Schwächen in Holloways Argumentation offen zu legen. Gegen dessen Zentralbegriff «Fetischismus» insistiert Binford auf der grundsätzlichen Analysierbarkeit kapitalistischer Strukturen, ohne aber einem «antihumanistischen» (Binford) Strukturalismus das Wort zu reden. Der Schlüsselbegriff, der ihm das ermöglicht, ist jener der *Hegemonie*. Dieses von Antonio Gramsci übernommene Konzept wird von Binford als konfliktuelles eingeführt. So berechtigt seine Kritik an der ausschließlich philosophisch-negativen Verfahrensweise auch sein mag, der politizistischen Falle entgeht auch Binford nicht. Angesichts seines letztlich positiv(istisch)en Verständnisses von ArbeiterInnenklasse und Politik ist die Defensive die einzig vorstellbare strategische Ausgangsbasis. «Objektive Bedingungen für revolutionäre Veränderungen» (262) müssten erst durch die «harte Arbeit (sic!)» der Theoretisierung des gegenwärtigen Kapitalismus sowie mittels des «Aufbaus von Massenbewegungen» (ebd.) geschaffen werden. In Anbetracht dessen ist John Holloways scharfe Antwort nur allzu gut nachvollziehbar: «Revolution-in-der-Zukunft macht aus der ‹revolutionären› Theorie der Gegenwart eine Theorie *der* Gesellschaft anstatt eine Theorie *gegen* die Gesellschaft.» (270; Herv. i. O.) Diese, so Holloway, «unterscheidet sich zwar in ihren Sympathien, nicht aber methodisch von bürgerlicher Theorie». (Ebd.)

Die Antwort John Holloways auf die Beiträge fällt der Sache gemäß äußerst unterschiedlich aus. Sie gliedert sich grob in drei Teile: Der Begründung, warum für eine Theorie der Überwindung des Kapitalismus vom NEIN auszugehen ist, folgt eine (leider zu) kurze Passage über die historischen und vor allem zeitlichen Aspekte von Revolution. Abschließend geht Holloway direkt auf seinen Interpreten und Kritiker ein.

Nicht weniger als zwölf Gründe nennt Holloway für ein Ausgehen vom NEIN. Dieses sei «experimentell», «ungehobelt» (uncouth), «dringlich», «Einheit», der «Schlüssel zu unserer Macht», es breche die Zustimmung zum Bestehenden, sei «asymmetrisch», «weist auf das Tun», «öffnet, bewegt», es sei «eine Frage» und es sei «unmittelbar». Mit einer Ausnahme könnten diese Gründe allerdings ebensogut als Argumente für ein Primat der «Multitude der verschiedenen JAs» eingesetzt werden. Nur eine «negative Einheit» ist die Multitude mitnichten, sondern geradezu ihr Gegenteil, und auch per definitionem nicht auf eine Einheit zu bringen. In seiner Begründung schreibt Holloway: «Es ist das Nein welches die interne (vielmehr als die externe) Einheit der Jas gibt». (266)

Hier wird – eingedenk der Hollowayschen Entgegensetzung von Sprache und Handlung – ein reduktionistisches Verständnis von Einheit nahe gelegt; eine Einheit, die ein Verständnis der kreativen Macht letztlich nur als abhängig von Herrschaft (nämlich als deren VerNEINung) zulässt. Darin zeigt sich erneut der Vorteil des Begriffs des Gemeinsamen, «Communen» (vgl. Hardt/Negri 2004, 196 ff.) gegenüber dem der Einheit. Holloway kommt mit seiner Einheit des NEIN in Bedrängnis, wenn er den Prozess der Revolution als einen der Entfetischisierung denken möchte, ohne zugleich eine (verloren gegangene, entfremdete) Essenz des Menschen zu unterstellen, die im Kommunismus endlich wieder zu sich kommt. Beim Vorgang des (Zer-)Brechens, der von Holloway ebenfalls ins Feld geführt wird, zeigt sich dieses Problem von einer anderen Seite: Während in «Die Welt verändern ohne die Macht zu übernehmen» im Bruch des Flusses des Tuns die wesentliche Bewegung der Herrschaft gesehen wird (vgl. Holloway 2002, 43), macht Holloway in seiner Antwort auf die Symposiumsbeiträge gerade die Fähigkeit des NEINs zum Bruch – wenngleich auch zum Bruch von Herrschaft – stark. Gerade Herrschaft existiert aber durch «den Fluss» ihrer Dauer, die in ihrem eigenen Vermögen, sich selbst aufrechtzuerhalten, immer auch mehr als «nur» instrumentelle Macht sein muss.

Auf Uhren schießen

Äußerst inspirierend, wenngleich ebenfalls zu knapp ausgefallen, ist der Teil seiner Replik, den John Holloway Fragen der Zeitlichkeit von Revolutionen widmet. Dabei teilt er nicht die traditionelle Vorstellung, wonach Revolution immer erst in der Zukunft stattfindet und in der Zwischenzeit eine Menge an «harter Arbeit» in Sachen Kapitalismusanalyse und Massenbewegungsaufbau auf uns wartet. Revolution ist jetzt:

«Revolution jetzt bedeutet, dass wir den Tod des Kapitalismus nicht als Dolchstoß ins Herzen denken, sondern vielmehr als Tod durch eine Million Bienenstiche oder eine Million Nadelstiche in einen Kredit-aufgeblähten Ballon, oder (besser) eine Million Risse, Spalten, Klüfte, Sprünge.» (271)

Angesichts der Zumutungen des Kapitalismus ist jeder Moment, den dieser weiterexistiert, zu viel. Wenn sich Revolution als Vielfalt der nicht einheitlich zur Deckung zu bringenden Formen des Kampfes im Hier und Heute vollzieht, dann kann sie nur aus den alltäglichen Formen unserer Schreie heraus in die Welt kommen. Zwar thematisiert Holloway die Frage der Kommunikation der Kämpfe, der Möglichkeit, in größeren Quantitäten größere Risse im Kapitalverhältnis schneller auszudehnen (das oben diskutierte «Wie»), nicht ausreichend genug, doch ist seine Verortung revolutionärer Prozesse im Alltäglichen eine wichtige Voraussetzung für das Denken von Politik jenseits von Repräsentation und Elitismus. Und dennoch ist das Zerbrechen der kapitalistischen Dauer, das Schießen auf Uhren, das Stillstellen herrschaftlich verfasster Zeitlichkeit nur als ein Ausbrechen aus der eigenen Alltäglichkeit denk- und machbar. Anders gesagt: Nur aus dem kapitalistischen Alltag heraus lässt sich die Möglichkeit eines post-kapitalistischen «Alltags» denken.

Die abschließende Replik Holloways auf seine Kritiker soll hier nur anhand jener dargestellt werden, die auch oben behandelt wurden. Massimo De Angelis, der in Holloways Buch die Thematisierung der Frage von Organisierung vermisst, wird entgegnet, dass Organisierung nicht abgetrennt von der Form der sozialen Beziehungen, die wir – ob wir wollen oder nicht – eingehen müssen, behandelt werden dürfe. Die Form dieser Beziehungen aber sei im Kapitalismus notwendig fetischisiert, was im Kampf dagegen entsprechende antifetischistische politische Formen vorgebe; Holloway nennt explizit «Horizontalität», «Würde» und «Liebe» (282). Wie aber, und genau das war De Angelis´ Fragestellung, diese entfetischisierenden Organisationsformen aussehen könnten, wird verschwiegen, denn «es sollen keine Regeln festgelegt werden» (ebd.) – wir drehen uns im Kreis! Dabei würde hier etwa die Rückbesinnung auf die operaistischen Diskussionen über Klassenzusammensetzung einen Spielraum eröffnen, der sowohl die oben eingeforderte Ebene strukturaler Analyse wie auch jene der Organisierungsformen historisch und analytisch bearbeitbar machen könnte. Holloway, der diese Debatten kennt, spricht die Thematik auch kurz an, führt aber den Gedanken nicht weiter aus.[75]

Harte Arbeit ...

Auch die Auseinandersetzung mit Stoetzlers Text fällt kurz aus, obwohl Holloway, wie er selbst schreibt, beim Verfassen des Buches auf diese Art von Kommentar gehofft habe. (282 f.) Dem Hauptvorwurf Stoetzlers, er vermenge in seinem Konzept von Negativität drei strikt zu unterscheidende Dinge, kann er dann auch einiges abgewinnen. Dennoch überantwortet Holloway die Austragung der Konflikte, die in der oben genannten Vermengung verschiedener Aspekte ihren Grund haben, den sozialen Bewegungen und entzieht sich so einer genaueren Überprüfung seiner eigenen theoretischen Konstruktionen. Es entsteht der Eindruck, dass es bei der von ihm ins Spiel gebrachten Räte-Konzeption lediglich um einen relativ unproblematischen Aushandlungsprozess, in dem die internen Widersprüchlichkeiten geglättet werden, geht. In dieser problematischen Hinsicht ähnelt die Hollowaysche Konzeption jener der Multitude von Toni Negri und Michael Hardt – zumindest in ihren schwachen Momenten: Dann erscheint die Multitude als unhintergehbare und unschuldige Vielheit, die grundsätzlich gegen hierarchische Organisationsformen, männliches Dominanzverhalten und rassistische Teilungen immun ist. Um nicht Stoetzlers Rückzug in die reine Kritik nachzuvollziehen, müssen Formen politischer Organisierung heute in einem Prozess ständiger Neukonstitution bleiben und die niemals neutralen Bedingungen und Asymmetrien ihres Tuns fortwährend kritisch

75 Vgl. 274. Zur Kritik an der neueren Entwicklung von Holloways Theorie aus operaistischer Sicht siehe Wildcat (1997).

reflektieren. In dieser einen Hinsicht also doch harte Arbeit.

Die diskutierten Debattenbeiträge sind beachtenswert, weil sie den Blick auf zentrale Stärken, aber auch Schwachpunkte der Hollowayschen Theorie legen. Jedoch vermissen wir bei allen Autoren sowohl einen Hinweis auf die das Fehlen einer Analyse kapitalistischer Strukturen in Holloways Denken (in diesem Punkt ist es dem von Hardt und Negri eng verwandt), als auch die Auseinandersetzung mit der Transformation der Ökonomie. Genau hier wäre eine Anknüpfung an die stärker «französisch» beeinflussten postoperaistischen Ansätzen lohnenswert. Diese mögliche und notwendige Begegnung steht aber nach wie vor aus, wie auch das mehr Aneinander-Vorbei- als Miteinander-Reden von Holloway und Negri bei ihrer ersten Begegnung 2006 in Rom beweist. (Vgl. Holloway/Negri 2006)

2. *Feministische Kritik und Biopolitik*

In den postoperaistischen Theorien fehlt eine Analyse des Geschlechterverhältnisses. (Vgl. Schultz 2002, 14) In Fußnoten und mit einigen Begrifflichkeiten wie «affektive Arbeit» wird zwar auf feministische Literatur Bezug genommen, doch greift die Analyse zu kurz, um patriarchale Macht tatsächlich erfassen zu können. Grund genug, die Theorie endlich um einen feministischen Blickwinkel zu erweitern.

Das operaistische Denken hat seinen Ursprung im Zeitalter des «Operaio Massa». Obwohl in den großen Fabriken nie nur Männer arbeiteten, war die Figur des «Massenarbeiters» eine männliche und die Theoriebildung des Operaismus zunächst stark männlich geprägt. Im Verlauf der Kämpfe bekam diese maskuline Dominanz allmählich Risse: Unter dem Eindruck von Feminismus, «StadtindianerInnen» und Homosexuellenbewegung war mit dem neuen Begriff des «Operaio Sociale» die geschlechtsspezifische Markierung der Theorie deutlich weniger männlich geworden. Dennoch gab es zum Teil handgreifliche Auseinandersetzungen über das Verhältnis von radikaler Linker und Frauenbewegung (wie bei der Demonstration vom 5. Dezember 1976, vgl. auch Venita 1999). Der Beginn der autonomen Frauenbewegung war nicht zufällig auch eine Bewegung hinaus aus den traditionellen linksradikalen Organisationen. Waren es etwa in der Kampagne um «Lohn für Hausarbeit» noch marxistische Begriffe und eine vor allem gegen ökonomische Herrschaftsmechanismen ausgerichtete Strategie, so verschoben sich Mitte der 70er Jahre die Themen hin zur Politik des Körpers und der Gesundheit. Viele vom Feminismus entwickelten Begrifflichkeiten wirkten in den Postoperaismus hinein.

Produktion und Reproduktion

Ein Mangel vieler neuerer feministischer Theorieansätze ist die Ausblendung des Kapitalismus. In diese Leerstelle stößt die *Subsistenztheorie*, maßgeblich vertreten durch die Bielefelder Entwicklungssoziologinnen Maria Mies, Claudia Werlhof und Veronika Bennholdt-Thomsen. (Vgl. Eichhorn 2004, 191 ff.; Knittler 2006; Birkner/Knittler 2006) Sie geht von Rosa Luxemburgs Imperialismustheorie aus, der zufolge der Kapitalismus ohne fortgesetzte ursprüngliche Akkumulation nicht überleben kann. Mit der unbezahlten Hausarbeit von Frauen und der ebenfalls vorwiegend weiblichen Subsistenzarbeit in der Landwirtschaft und den Slums des Trikonts wird fortwährend Reichtum außerhalb der Ausbeutung durch Lohnarbeit angeeignet. Der Kapitalismus baut auf der unbezahlbaren und unbezahlten (Frauen-)Arbeit auf. (Werlhof 1983, Werlhof et al. 1983) Die Theoriebildung der deutschen Zeitschrift «Autonomie – Neue Folge», aber auch des US-amerikanischen «Autonomen Marxismus» der Midnight Notes wurde durch diesen Theorieansatz beeinflusst. Revolutionäres Subjekt eines «neuen Antiimperialismus» wurde für sie die rebellierende Massenarmut der SubsistenzarbeiterInnen, weil diese noch nicht reell unter das Kapitalverhältnis subsumiert seien.

Wenn die Bielefelderinnen vom Proletariat sprechen, meinen sie immer die männliche Arbeit im Fordismus, d. h. die garantierte, sozial abgesicherte Lohnarbeit des «Familienerhalters». Hausfrauisierung ist dagegen das, was heute für gewöhnlich als Prekarisierung, als Aufhebung der Grenzen zwischen Lohnarbeit und Nicht-Lohnarbeit, als Dominanz persönlicher Dienstleistungen, als Neubewertung «weiblicher» Fähigkeiten wie Kommunikation, Beziehung, Emotion etc. charakterisiert wird («affektive Arbeit»). Für die Bielefelderinnen eroberte der Kapitalismus nicht immer mehr Bereiche («reelle Subsumtion des Lebens»), sondern dehnt vielmehr den Bereich der ursprünglichen Akkumulation aus, indem immer mehr Hausarbeit und Subsistenzarbeit ausgebeutet wird, während die männliche Normalarbeit verschwindet. Die Alternative zu Kapitalismus und Patriarchat ist für sie unbezahlte Subsistenzarbeit, die nach der Krise des Kapitalismus als einzige Möglichkeit des Überlebens bleibt.

Diese Überbetonung ist das Gegenstück zur Idealisierung der immateriellen Arbeit im Postoperaismus. Nicht unähnlich der These von der «Hausfrauisierung der Arbeit», die die Bielefelder Entwicklungssoziologinnen bereits in den achziger Jahren aufstellten, geht das postoperaistische Denken von einer Verschiebung der hegemonialen Arbeitsform aus, etwa wenn vom Frau-Werden der Arbeit («Devenir-femme»; vgl. Revel 2004) die Rede ist. Der Blickwinkel ist trotzdem ein anderer. Die Immaterialisierung der Produktion, weg von den Fertigungsindustrien hin zu Symbolproduktion und (persönlichen) Dienstleistungen geht mit einer Veränderung der Produktionsmodi hin zu affektiver Arbeit einher: Persönliches Wohlbefinden und die Produktion von «Stimmungen» werden zu wichtigen Bestandteilen postfordistischer Arbeit. Dieses «Frau-Werden» der Arbeit wird noch durch die Auflösung der Grenze zwischen produktiven und reproduktiven Tätigkeiten verstärkt: Im Zeitalter der «reellen Subsumtion» unter das Kapital verschwindet die Grenze zwischen Arbeitszeit und Freizeit, unsere ganze Persönlichkeit ist rund um die Uhr im Einsatz, um Werte zu schaffen.

An dieser Auflösung der Grenzen knüpfen aber auch feministische Kritikerinnen des Postoperaismus an, die (zurecht) die Verallgemeinerung postfordistischer Tendenzen bei Hardt/Negri in Frage stellen, aber auch die mangelnde Auseinandersetzung postoperaistischer TheoretikerInnen mit alten wie neuen Formen hierarchischer geschlechtlicher Arbeitsteilung kritisieren. So konstatiert Susanne Schultz das «Verschwinden von Reproduktionsarbeit» in «Empire», sieht eine Wiederholung geschlechtsspezifischer Stereotype (intellektuelle Arbeit gleich männlich, emotionale Arbeit gleich weiblich) und unterstellt Hardt/Negri einen unreflektierten Umgang mit feministischen Theorien sowie die «Idealisierung von Frauenarbeit und Reproduktionsarbeit als Ort der Nicht-Entfremdung und Herrschaftslosigkeit [...]». (Schultz 2002, 15) Bei diesen Einwänden vermischen sich jedoch berechtigte Aspekte und (absichtliche?) Missverständnisse. Wenn Schultz die Grenze zwischen unbezahlter und bezahlter Arbeit wieder ins Zentrum der Kritik gerückt sehen will, verweist das auf ein tatsächliches Defizit in Hardt und Negris Theorie. Dass beide allerdings überhaupt nicht die Frage nach der Produktivität von Hausarbeit stellten, stimmt nicht. Bereits Negris Texte aus den 1970er Jahren über die «gesellschaftliche ArbeiterIn» argumentieren vor dem Hintergrund des Produktivwerdens der gesamten Gesellschaft – bis in die Gefühle und Beziehungen hinein. Die neue Souveränitätsform des Empire fußt geradezu auf der Produktivität, der Wertschöpfung der gesamten Gesellschaft und eben auch der Reproduktion. Die trotz der oft unberechtigten Kritik Schultzes offene und wichtige Frage ist jene nach der Veränderung der geschlechtlichen Arbeitsteilung in der postfordistischen Transformation. (vgl. Birkner/Knittler 2006)

Auch Cornelia Eichhorn (2004) kritisiert, dass die Diskussion um «affektive Arbeit» aus ihrem geschlechtlich bestimmten Kontext herausgelöst wird, versucht aber zugleich, Verbindungen zur Theorie von Hardt und Negri aufrechtzuerhalten. In der Debatte über «immaterielle Arbeit» rund um «Empire» (vgl. auch Hardt 2004) lassen sich Ansatzpunkte für eine kritische Retheoretisierung geschlechtlicher Arbeitsteilung finden:

«Gerade für die feministische Globalisierungsdebatte könnte eine Beschäftigung mit dem Topos der immateriellen Arbeit fruchtbar sein, um die Aporien aufzulösen, die mit den auf die 1970er Jahre zurückgehenden Vorstellungen von sexistischer Arbeitsteilung verbunden sind. Angesichts des Zusammenbruchs des fordistischen Vergesellschaftungsmodells stimmen die einst aufgestellten Zuordnungen nicht mehr, das zentrale Element zur Erklärung der geschlechtsspezifischen Arbeitsteilung, nämlich die paradigmatische Trennung von Produktion und Reproduktion ist obsolet geworden.» (Eichhorn 2004, 198; vgl. auch Eichhorn 2004b)

Auch wenn der Unterschied von Produktion und Reproduktion verschwindet und Männer zunehmend in Tätigkeiten mit «weiblichem Charakter» gedrängt werden, existiert geschlechtliche Arbeitsteilung weiter. Da die Weiterentwicklung in Richtung einer Hegemonie immaterieller/affektiver Arbeit auch positive Aspekte hat, entsteht die Gefahr einer Idealisierung des «Frau-Werdens», auch wenn Michael Hardt (2004, 186) vor der «Verherrlichung der mütterlichen Tätigkeit» warnt und mahnt, die überdauernden und neu entstehenden Formen hierarchischer Arbeitsteilungen trotz der postfordistischen Grenzauflösungen nicht zu vernachlässigen. (Vgl. Hardt 2004, 183)

«Beim feministischen Zugang ging es explizit darum, Ausbeutungs- bzw. Abhängigkeitsverhältnisse von Frauen in und durch die Haus- bzw. Reproduktionsarbeit sichtbar zu machen. Dieser Zugang fehlt bei Hardt/Negri. Sie versuchen mit ihren Begriffen zwar die geänderten Arbeitsprozesse unter postfordistischen Bedingungen zu fassen, die Geschlechterverhältnisse werden allerdings nicht mitberücksichtigt, diese und ebenso immer noch vorhandene sexistische Arbeitsteilungen verschwinden hinter

den Begriff: Von affektiver Arbeit scheinen Männer wie Frauen gleichermaßen betroffen zu sein. [...] Hardt/Negri beziehen sich also mit ihrem Begriff der affektiven Arbeit auf jenen Teilaspekt eines feministischen Arbeitsbegriffes der typische Eigenschaften als weiblich geltenden Arbeitsvermögens beschreibt: Fürsorglichkeit, die Schaffung der Gefühle wie Wohlergehens und Geborgenheit usw. Sie lösen diesen aber aus dem Zusammenhang, aus dem er entstanden ist und breiten ihn über die ganze Gesellschaft aus in der beide Geschlechter scheinbar unterschiedslos leben. Damit aber decken sie die nach wie vor existierenden asymmetrischen Geschlechterverhältnisse zu. [...] Es gibt Arbeitsbegriffe die die Veränderungen postfordistischer Arbeitsverhältnisse fassen können. Diese sind aber wieder einmal weitgehend geschlechtsblind. Weibliches Arbeitsvermögen wird zwar zur Norm. Geschlechtsspezifische Differenzen und Machtgefälle verbleiben aber unsichtbar.» (Knittler 2006, 95 f.).[76]

Körper und Geschlecht

Für den Postoperaismus ist *Biopolitik* ein entscheidender Begriff, doch wird wie bei Foucault die spezifisch mit den Geschlechtern verbunden Machtaufteilung ignoriert (vgl. Schultz 2002, 14), obwohl doch gerade Feministinnen intensiv über diese Themen theoretisch gearbeitet haben (etwa Strobl 1991). Biopolitik ist die Kontrolle über Bevölkerungen, der Begriff «Sex» bzw. «Geschlecht» («le sexe»; Foucault 1983, 140)[77] eine Möglichkeit, Geschlechtlichkeit zu erfassen. Er bildet das Scharnier zwischen der Anwendung der Disziplinen auf den Körper und die Regulierung und Kontrolle der Bevölkerungen, der Biopolitik. Das betrifft Hygiene und Geburtenkontrolle, also in etwa das, was in der bürgerlichen Gesellschaft als Familienpolitik diskutiert wird. In der feministischen Diskussion wurden diese Maßnahmen als Bevölkerungspolitik bezeichnet und kritisiert.

Bei Virno ist Biopolitik das Vermögen der Arbeitskraft, die erzeugt und erhalten werden muss. Für Foucault bedeutet Bio-

76 Auch die Debatten um die Prekarisierung von Arbeit und Leben eröffnen spannende Perspektiven für eine Transformation geschlechtlicher Arbeitsteilung, die ohne den sentimentalen Blick zurück auf die «guten alten Zeit» auskommen. (Vgl. Ludwig/Mennel 2005, 33 f.)

77 In Foucault (1983, 13) wird «le sexe» mit «Sex» übersetzt, in Butler (1991) als «Sexus» bezeichnet. Es bedeutet aber auch Sexualität und Geschlecht, oder wie Graefe (2002) schreibt, Sex kann als Überschrift für Sexualität, Reproduktion und Geschlecht gelten.

macht rein negativ die Optimierung des Lebens, während Hardt/Negri (2002; 2004) sie auch als Organisation des Lebens *gegen* die Macht begreifen. Das hat ihnen den Vorwurf, eingebracht, eine «irrationale Lebensphilosophie» zu vertreten, die ein irgendwie geartetes Leben gegen die kalte Technologie des Kapitalismus setze. Doch ganz im Gegenteil sind Hardt/Negri eher «fortschrittsgläubig», weil für sie eine Befreiung nur durch das Empire, durch den Kapitalismus hindurch möglich ist. Biomacht ist ins Negative gewendeter Widerstand.

Ähnlich wie bei Foucault ist Biopolitik für den Feminismus als Ausdruck von Machtausübung eindeutig negativ bestimmt. (Vgl. Feyerabend 2002) Allerdings beschäftigen sich Feministinnen nicht nur mit der Kontrolle der Bevölkerungen, sondern des «ganzen Lebens». Widerstand gegen die Biomacht ist für sie zentral, denn der Zugriff auf die weiblichen Körper war und ist nicht nur disziplinierend, sondern zielt auch auf die Kontrolle der reproduktiven Fähigkeiten. So war der Kampf um die Freigabe der Abtreibung letztlich einer um die Verfügungsmacht über den eigenen Körper. Freilich veränderte sich dieser Blickwinkel auf reproduktive Rechte durch den Internationalismus des Feminismus. Denn während in Europa Abtreibungen reglementiert bzw. ganz verboten waren, wurde Geburtenkontrolle im Trikont gefördert und oft mit Gewalt (etwa durch Zwangssterilisationen) durchgesetzt. Dort war «Bevölkerungspolitik» eines der wichtigen Themen der feministischen Bewegung, lange bevor es mit dem Begriff der «Biopolitik» von der feministischen und linken Theoriediskussion aufgenommen wurde.

Die Weiterentwicklung der Medizin durch Gen- und Reproduktionstechnologien brachte auch neue Möglichkeiten der Verwertung des weiblichen Körpers. Gerade in der BRD waren diese Themen für die autonome Frauenbewegung von maßgeblicher Bedeutung. Aus dem Umfeld der Revolutionären Zellen (RZ), einer «Feierabendguerilla» mit einem Nahverhältnis zur autonomen Szene, führte die «Rote Zora» Anschläge auf Forschungseinrichtungen zu Gen- und Reproduktionstechnologie durch. (Früchte des Zorns 1993, 593 ff.) Im Dezember 1987 wurden das «Gen-Archiv» in Essen von der Polizei durchsucht und zwei Frauen wegen angeblicher Mitgliedschaft in den RZ verhaftet, was eine breite Welle der Solidarität der linken und feministischen Bewegungen mit den Aktivistinnen auslöste. Der Staat bedrohte alle, die sich mit «anschlagrelevanten Themen» (wie es die Staatsanwaltschaft formulierte) beschäftigten und Technologien kritisierten, die dazu da sind, das «Leben» der Verwertung zu unterwerfen. Auch heute noch kämpfen Feministinnen gegen die Kapitalisierung der weiblichen Körper, allerdings häufig unter moralischen Prämissen wie der einer «Unantastbarkeit des Lebens». Wo alles technologische Männermacht ist, wird oft auch etwas widerständig «Weibliches» oder «Natürliches» entdeckt – was tatsächlich «lebensphilosophisch» ist! Natur und Leben bestehen nicht vor dem Kapitalismus, sondern werden von der herrschenden Gesellschaft immer wieder produziert. Im Kapitalismus gibt es nichts, das nur «natürliche» Form, also unantastbar wäre, zugleich kann aber auch alles widerständig werden.

In seiner Kritik an einer allzu engen Sichtweise immaterieller Arbeit versucht Dyer-Witheford (2005, 157 ff.), die Diskussion um biopolitische Themen wie die Umwelt, das Körperliche, das Sinnliche, das Sexuelle und das Geschlechtliche zu erweitern. Dazu greift er auf den marxschen Begriff des Gattungswesens zurück, das die Fähigkeit hat, die Natur und die Lebensbedingungen des kollektiven Lebens zu vergegenständlichen und zu verändern. Die aktuellen Auseinandersetzungen um den Umgang mit Aids, die Gen- und Reproduktionstechnologie oder die künstlichen Gliedmaßen der Cyborgs (siehe unten) sind letztlich ein Kampf um die Produktion von Natur – wobei klar sein sollte, dass diese Natur immer etwas Produziertes ist, ein Produktionsmittel, das mit dem eigenen, meist weiblichen Körper verbunden ist und gegen die Enteignung durch das Kapital verteidigt werden muss. Um eine revolutionäre Perspektive zu eröffnen, müssen die ökologischen und biotechnologischen Kämpfe des Gattungswesens mit denen der lebendigen Arbeit (von den Aufständen der Massenarmut bis zu den Kämpfen der InformationsarbeiterInnen) verbunden und der General Intellect der kapitalistischen Nutzung entwendet werden. (Dyer-Witheford 2005, 161)

Nichtsdestotrotz werden Frauen in diesem Kapitalismus anders und mehr ausgebeutet als Männer, sie sind es, die für die Produktion und die Erhaltung des Lebens verantwortlich gemacht werden, wenn sie Kinder aufziehen oder Alte und Kranke versorgen – auch im Postfordismus. Allerdings hat der Übergang von der Disziplinar- zur Kontrollgesellschaft auch die «Institutionen» Mann und Frau nicht unberührt gelassen. So wurden die heterosexuellen Normen des fordistischen Familiensystems mit seinen festgefügten Rollenmustern durch den Feminismus, die Lesben-, Schwulen- und Transgenderbewegung infrage gestellt. Trotzdem bestehen sie weiter, jetzt aber als Kontrollpunkte, die in der Gesellschaft verankeret sind. (Vgl. Foltin 2004, 196 ff.)

Die Familien sind ebenso am Verschwinden wie die Trennung zwischen Produktion und Reproduktion, aber die Macht der Geschlechterrollen wirkt nun auf die ganze Gesellschaft. Schwule und Lesben wollen heiraten, die Hausarbeit machen Migrantinnen. Die Aufweichnung der starren Muster hat unterschiedliche Auswirkungen. Im Fordismus wurden Machtpositionen von Männern besetzt, Frauen waren die disziplinierten und geformten Körper mit einer materiellen, sinnlichen und sexuellen Realität. Durch die Veränderungen im Postfordismus begeben sich Männer auf die körperliche Seite (von Strippern bis hin zum metrosexuellen Mann), während die männliche Macht zu einem leeren Kommando wird. Das Patriarchat als Machtstruktur scheint auch «ohne Männer» weiter zu funktionieren. Es kommt nicht nur zur Hausfrauisierung der Arbeit, sondern zum Frau-Werden auch anderer Bereiche des Lebens. Die Macht nicht nur über den weiblichen Körper bleibt – und damit auch der Kampf um die Aneignung und Wiederaneignung von Körperlichkeit, Sinnlichkeit, Begehren und Sexualität. (Vgl. Foltin 2004, 198 ff.)

Wie kann diese Wiederaneignung aus emanzipatorischer Sicht aussehen? Judith Revel (2004) geht davon aus, dass sich heute ein «Frau-Werden» («Devenir-femme») nicht nur der Arbeit, sondern vieler Teilbereiche des Lebens vollziehe. Insgesamt gebe es eine Vervielfältigung der Identitäten, weil immer wieder neue Grenzen überschritten würden, etwa die zwischen Mensch und Maschine oder zwischen den Geschlechtern. In Anlehnung an Deleuze/Guattaris «Minoritär-Werden» geht es ihr um das «Werden» im Allgemeinen und darum, nicht in einer neuen Identität stecken zu bleiben, denn die Multitude existiert im Werden. Gerade die Überschreitungen «natürlicher» Grenzen, etwa zwischen Mensch und Maschine oder zwischen den Geschlechtern, werden gerne missverstanden. Darum sollen an dieser Stelle kurz die Konzepte von Donna Haraway und Judith Butler referiert werden.[78]

Das Thema Donna Haraways ist die Konstruktion von Natur besonders in den Naturwissenschaften. In verschiedenen Aufsätzen («Situiertes Wissen», «Im Streit um die Natur der Prima-

78 Die Bedeutung der Theorien Butlers und Haraways lässt sich an der Tatsache ermessen, dass die französischen Übersetzungen ihrer Bücher vom Verlag der postoperaistischen Zeitschrift «multitudes» herausgegeben werden.

ten», «Die Biopolitik postmoderner Körper»; alle in: Haraway 2005) arbeitet sie heraus, wie sich die Grundlagen dessen verschieben, was «natürlich» ist. So zeigt sie, wie durch das Eindringen von Frauen in die Primatenforschung das zuvor als Studienobjekt sehr beliebte Pascha-Männchen aus dem wissenschaftlichen Focus verschwindet. Am Beispiel der Erforschung des Immunsystems versucht sie, die Verschiebung von hierarchischen zu «egalitären» Modellen in der Wissenschaft nachzuweisen. Haraways Anliegen ist es, die Wandelbarkeit unserer Vorstellungen von «Natur» zu zeigen und so Möglichkeiten der Veränderung in emanzipatorische Richtung zu eröffnen – darum auch der Titel eines ihrer Bücher: «Die Neuerfindung der Natur» (Haraway 1995). Ein Versuch in diese Richtung ist die Einführung der Cyborg als emanzipatorische und antipatriarchale Figur. War der traditionelle Zugriff der Wissenschaft auf Technik vor allem an der Mechanik orientiert, wie es in Science-Fiction-Fantasien mit eckigen und klobigen Robotern zum Ausdruck kommt, so geht es heute um die Manipulation organischer Substanzen. In den neuen Technologien mit ihren Zugriffsmöglichkeiten auf das Leben ist die starre Trennung zwischen der Künstlichkeit des Technisch-Materiellen und dem organischen Natürlichen aufgehoben. Ideen von Cybernetic Organisms (Cyborg – geschlechtsneutral), etwa die Verbindung von Computerroutinen mit tierischen Organismen, sind keineswegs emanzipatorischen Bestrebungen entsprungen, sondern wurden besonders im militärisch-industriellen Komplex des Kapitalismus entwickelt. Sie sind ein Produkt des Patriarchats. In einer ironischen Wendung richtet Haraway nun dieses Konzept gegen seine Urheber, indem sie die Cyborg zum «Subjekt» anti-patriarchalen und antikapitalistischen Widerstands macht. Sie verkörpern das durch den Kapitalismus produzierte, aber auch widerständige Leben. In Phänomenen wie künstlichen Gliedmaßen oder auch der Kommunikation des General Intellect, fiktional weiterentwickelt in Cyberpunk-Romanen, verschwinden die Grenzen zwischen Menschen, Tieren und Maschinen. Diese Vermischung (Hybridisierung) schafft ein Spannungsverhältnis zwischen kapitalistischer Biomacht und widerständiger Biopolitik.

Hardt/Negris Cyborg-Konzept wird gerne als Idealisierung von Technologie missverstanden, tatsächlich ist es aber durchaus ambivalent zu sehen. Es geht um den Kampf um die Anwendung und die Art der Biotechnologie, ohne zu glauben, irgendeine dahinter steckende «Natur» zu retten – kein «Leben» gegen die Technologie, sondern der Kampf ums Leben innerhalb des technologischen Universums. Technik ist nicht neutral: Sie wird gegen Frauen eingesetzt, so wie auch die OperaistInnen erkannten, dass die Maschinen gegen die ArbeiterInnen eingesetzt werden. Es geht nicht um die Eroberung der vom Kapitalismus produzierten Maschinen, sondern darum, dass wir unser Leben und unsere Kreativität in ihre Konstruktion und Anwendung einbringen. Wir selbst sind die Maschinen, die Verbindung von General Intellect und lebendiger Arbeit. Um die Dynamik der Grenzüberschreitungen geht es Judith Revel (2004) in ihren Überlegungen zu Identität und Differenz in der Konstitution der Multitude:

«Werden ist die Multitude als unendliche Produktion von Differenzen. Die dualistische Auffassung von Sex/Gender im Rekurs auf ein Drittes zu überschreiten und zu kritisieren (wie in der Figur der Cyborg) oder Freiräume und transidentitäre Räume zu fordern (etwa Transgender), sind interessante Ansätze; doch auch hier besteht das Risiko, Identität zu reproduzieren, indem Identitäten vervielfältigt werden, statt sich von ihr oder von ihnen zu befreien. Daher die Notwendigkeit, das Konzept des Werdens politisch zu reformulieren: als Schaffung neuer Arrangements von Differenzen, die allein eine Konstitution des Gemeinsamen erlauben. Das Gemeinsame, Commune, ist nicht das Ende der Differenz, es ist ihre Produktion.» (Revel 2004, 261)

Judith Butler (1991, 1997) zeigte, wie «Frau» und «Mann» tagtäglich vom herrschenden System der heterosexuellen Matrix «konstruiert» werden. Die Geschlechter entstehen in jeder Lebensäußerung: Kleidung, Bewegung, Gang, Art der Sprache, Gesten, Blicke u. ä. Jedes Kind wächst in einer Umgebung auf, die durch alltägliche Aktivitäten immer wieder die Ordnung der zwei Geschlechter und damit die heterosexuelle Matrix bestätigt. Die Geschlechterordnung ist (wie die Sprache) schon vor den aktiven Menschen da, wird aber ständig von Männern und Frauen nicht nur bestätigt, sondern auch produziert. Deshalb erscheint das herrschende System der zwei Geschlechter unerschütterlich, quasi natürlich. Wenn aber das eigene Handeln immer wieder die Norm bestätigt, dann ist es auch möglich, durch das eigene Leben Normen zu unterlaufen oder gar zu verschieben – was das Ziel des Feminismus sowie der Schwulen-, Lesben- und Transgender-Bewegung war.

Aus der Kritik an neuen Identitätskonstruktionen in der Lesben- und Schwulenbewegung ging die *Queer-Bewegung* hervor. Das offene Auftreten von Transgendern, also Menschen, die zuvor zwangsweise an das eine oder das andere Geschlecht angepasst wurden, macht eine dritte und weitere Formen von Geschlechtlichkeit sichtbar, ja stellt jegliche Festlegung der Begehrensformen infrage. «Queer» ist eine Bezeichnung für das einzige Gemeinsame: dass es keine gemeinsame Identität gibt, aber Kommunikation, Beziehungen, Zusammenarbeit und Allianzen.[79] Es ist kein Zufall, dass dieses Konzept zu einem Zeitpunkt auftaucht, wo auch die Multitude als Ensemble von kommunizierenden Singularitäten in Erscheinung tritt.

79 Ähnlich ist die Bewegung der «Prekären» zu sehen, deren einzige Gemeinsamkeit ist, dass es nichts Gemeinsames gibt.

VI. Bewegung & Organisierung

Das operaistische Denken war von Anfang an eng mit der Geschichte der Klassenkämpfe verbunden. Wollten die Intellektuellen um die Quaderni Rossi ursprünglich noch die Wiederanbindung der FabrikarbeiterInnen an die traditionellen ArbeiterInnenorganisationen erreichen, stand mit der Entwicklung autonomer Kampfformen schon bald die Selbstaktivität der ArbeiterInnen im Zentrum der Theorie. Die militärische Zerschlagung der Autonomia Ende der 1970er Jahre, die Schwächung der Linken in den Achtzigern und schließlich der Zusammenbruch der staatskapitalistischen Systeme zwangen die Linke in eine Phase grundsätzlicher Umorientierung.

Die theoretischen Ansätze des Operaismus und der Autonomie, die schon seit Mitte der Siebziger zunehmend vom Poststrukturalismus beeinflusst waren, wurden vor allem – aber nicht nur – im französischen Exil produktiv weiterentwickelt. Im Gegensatz zum erstarrten Denken der übrig gebliebenen K-Gruppen und den neoreformistisch gewendeten poststalinistischen Parteien konnten postoperaistische Ansätze zunehmenden Einfluss in sozialen Bewegungen gewinnen. Sowohl in der Antirassismusbewegung, den Sozialforen und der globalen Protestbewegung, um nur drei wichtige zu nennen, als auch im linksakademischen und politisch-künstlerischen Milieu rückte durch den Erfolg von «Empire» die Frage nach grundsätzlichen Alternativen zum Kapitalismus wieder ins Zentrum der Diskussion.

Aber nicht nur in der längerfristigen Umorientierung der radikalen Linken spielen postoperaistische Ansätze eine wichtige Rolle. Es gibt zunehmend auch Berührungspunkte von postoperaistischen Zusammenhängen und Realpolitik – wie die Empfehlung Negris, bei der Abstimmung um die europäische Verfassung mit «Ja» zu stimmen, oder der explizite Bezug von Venezuelas Präsident Hugo Chavez auf Negris Schriften zu konstituierender Macht.[78] Auf diese nicht unproblematischen Aspekte und die «Fallstricke der Realpolitik» wird gegen Schluss dieses Bewegungskapitels kritisch eingegangen, zeigt sich darin doch eine problematische Tendenz in der (radikalen) Linken.

78 Vgl. Harnacker 2002. Wir danken Dario Azzellini, der uns auf diese Passage aufmerksam gemacht hat.

Zuvor aber möchten wir aus der Vielzahl sozialer Bewegungen mit Bezügen zum Postoperaismus vier herausgreifen, die gerade in ihrer Unterschiedlichkeit die multiplen «Einsatzmöglichkeiten» dieser Theorie anzeigen: die Entwicklung neuer linker Organisationsformen in Italien von den Ya Basta!-Gruppen über die Tute bianche bis zu den Disobbedienti, die Aufstände in Argentinien 2001, die jüngsten Entwicklungen des politischen Antirassismus mit besonderem Blick auf die in Deutschland «beheimatete» antirassistische Organisation Kanak Attak sowie die EuroMayDay-Kampagne. Dabei lassen sich einige Unterscheidungsmerkmale zu anderen Formen linker Politik bzw. sozialer Bewegung bestimmen. In Schlagworten: Nicht-Repräsentierbarkeit, Organisierung in Netzwerken, dezentrale und nicht-hierarchische Organisationsformen.

Dabei kann es weder um eine repräsentative Auswahl gehen, noch ist an dieser Stelle eine auch nur annähernd umfassende Darstellung oder Analyse dieser Formen möglich. Vielmehr soll schlaglichtartig die Verbindung von sozialen Bewegungen und postoperaistischer Theorie gezeigt werden. Unsere Intention dabei ist, zu einer weiteren Beschäftigung mit sozialer Bewegung in Theorie und politischer Praxis anzuregen.

1. Italien: Vom Ya Basta!-Netzwerk zum sozialen Ungehorsam

Als neue Form politischer Organisierung erregten die Tute bianche («Weiße Overalls»), und ab 2001 die Disobbedienti, die Ungehorsamen, großes Interesse in der radikalen Linken. Als politische Organisationen beackerten sie das gesamte Terrain nicht nur der italienischen Medienöffentlichkeit, weder Fußballschlagerspiele noch Livesendungen im Fernsehen waren vor ihnen sicher. Medienwirksamkeit und öffentliche Sichtbarkeit, aber ohne repräsentativen Anspruch: So kann die Gradwanderung der Ungehorsamen beschrieben werden. Ihre politischen Inhalte waren vor allem die Kritik am institutionalisierten Rassismus in Italien sowie das Öffentlichmachen prekärer Arbeits- und Lebensformen.[79] Wie ihre autonomen Vorfahren scheuen sie nicht die Konfrontation mit den Ordnungskräften,

79 Die subversive «Benützung» der Massenmedien brachte den AktivistInnen teils massive Kritik von Teilen der radikalen Linken ein. (vgl. Weiss 2006)

dem «traditionellen» Straßenkampf der 1960er und 1970er Jahre wird allerdings eine Strategie gegenübergestellt, die den subversiven Einsatz von Körperlichkeit im politischen Handeln ins Zentrum stellt.[80] Die Tute bianche, aus denen die Disobbedienti anlässlich der Ereignisse von Genua 2001 hervorgegangen sind, ersetzten das martialische Schwarz der «Autonomen» durch Weiß, Sinnbild für die Abwesenheit prekärer Arbeit und prekären Lebens in der bürgerlichen Öffentlichkeit und Repräsentation. Durch riesige Schläuche von LKW-Reifen geschützt, mit überdimensionalen Schaumgummiwürsten ausgestattet und durch spröde Kunststoff-«Schilder» von den uniformierten Reihen der Sicherheitskräfte geschützt, warfen die Tute bianche ihre Körper öffentlich und unübersehbar mitten ins Geschehen. Durch ihre pluralistische Organisationsweise sollte sowohl das Unsichtbare ausgedrückt als auch die Macht des Gegners in die Schranken gewiesen werden: Die Polizei schlug zu – aber sie traf nur auf Gummi. Die Periode zwischen Genua und dem Irakkrieg war die Hochzeit der Disobbedienti. Sie demontierten öffentlichkeitswirksam Abschiebegefängnisse, und eine vieltausendköpfige Menge – «Siamo una moltitudine!», schallte es vom Soundsystem – zog anlässlich des European Social Forum 2003 durch Florenz und ließ K-Gruppen wie Gewerkschaften alt aussehen. Die in Italien enorm starke Protestbewegung gegen den Irakkrieg brachte dann eine erneute Welle «ungehorsamer» Aktionsformen: Häfen wurden blockiert, Bahnhöfe besetzt …

Die Disobbedienti waren der politische Ausdruck der Bemühungen, die Erfahrung der sozialen Kämpfe der 1970er Jahre nach der «Konterrevolution» (Virno) der 80er zu reflektieren. Aber auch die Weiterentwicklung der Theorie hatte einen direkten Einfluss auf die neuen Organisationsformen. Dies hat sicherlich auch damit zu tun, dass in den 1990er Jahren junge AktivistInnen nach Paris gingen und dort mit den exilierten Intellektuellen und Militanten in Kontakt kamen. So kam es zu einem Austausch von Aktivismus und Theoriebildung, der viel zu der Erneuerung der radikalen Linken beitrug und einen Zyklus der Kämpfe und des Experimentierens einleitete.

Trotzdem konnte sich zur selben Zeit eine ultraneoliberale Regierung länger an der Macht halten als irgendeine zuvor in der Geschichte des republikanischen Italien. Berlusconi warf

80 Zum Einsatz der Körper in der politischen Strategie von Tute bianche und Disobbedienti siehe Weiss (2006) und Kühberger (2004, 30 ff.).

alle Usancen bürgerlich-demokratischer Machtausübung über Bord und lässt so die ambivalente Bedeutung des Begriffs vom «Laboratorium Italien» erkennen: Nicht nur die Linke fand durch und über die nachholende Industrialisierung der 1950er Jahre zu bislang unbekannten und unerhört wirksamen Formen politischer Selbstermächtigung, auch die Herrschenden waren nicht gerade erfindungsarm – von der blutigen «Strategie der Spannung» der frühen 70er Jahre bis hin zum mediokratisch überformten permanenten Ausnahmezustand der Berlusconi-Regierung reicht die Palette.

Schon lange waren die Protestbewegungen in Italien nicht mehr so intensiv wie in den letzten fünf Jahren und dennoch konnte sich eine Kaste an der Macht halten und reaktionäre Veränderungen durchsetzen, deren politische Wirkung die Rede Hardts und Negris vom «leeren Kommando» der Politik im Empire zumindest überzogen erscheinen lassen: Angefangen bei der Beteiligung Italiens am Irakkrieg über das rassistische Bossi-Fini-Gesetz bis hin zur nahezu völligen Deregulierung von Arbeitsmarkt und Bildungssystem. Dies hat auch auf Seiten der Linken Spuren hinterlassen, zum Beispiel die Abkehr der wichtigsten und erneuerungsfähigsten Partei der Linken, der Rifondazione Comunista, von der gleichberechtigten Zusammenarbeit mit sozialen Bewegungen. Als Teilnehmerin am linksliberalen Olivenbaum-Bündnis Romano Prodis fiel ihr die Abgrenzung nach links so leicht wie schon lange nicht. Ihr Chef Fausto Bertinotti distanziert sich neuerdings von allen militanteren politischen Aktionen wie den «proletarischen Einkäufen» während eines Aktionstages gegen Prekarisierung in Rom. (Rifondazione Comunista 2004)

Aktuell sind – parallel mit dem Abflauen der offenen Widerstandsformen seit der Antikriegsbewegung – viele von postoperaistischen Ansätzen beeinflusste AktivistInnen wieder in die mehr «unterirdischen» Bereiche der Basisarbeit gegangen und auch die Disobbedienti als organisatorische Struktur existieren seit 2004 nicht mehr. Bei der diskursiven Verankerung postoperaistischer Theorien spielen verschiedene Formen alternativer Wissensgenerierung zum Beispiel durch wandernde «Volksuniversitäten» eine bedeutende Rolle. Auch viele Militante und Bewegungsintellektuelle der 1970er Jahre nehmen daran Teil und es kommt zumindest in Ansätzen zu einer Verbindung von Aktivismus und Theorie. Ein ganz zentraler Aspekt in der jetzigen Neuorientierungsperiode ist dabei die Auseinandersetzung mit den verschiedenartigen Phänomenen der Prekarisierung von

Arbeit und Leben. Wurde das Thema bereits in den 1990er Jahren von den Tute bianche aufgegriffen, so sind es gegenwärtig vor allem die Debatten rund um die Kampagne und Parade des EuroMayDay.

2. *Prekarisierung in Aktion: EuroMayDay*

In den antirassistischen Projekten im Italien der 1990er Jahre, die vor allem im Umfeld der Sozialen Zentren existierten, war – und hier besteht ein gewisser Unterschied zur antifadominierten radikalen Linken im deutschsprachigen Raum – die «ökonomische Frage» nie gänzlich aus dem Blickfeld gerückt. Die zentrale Rolle, die MigrantInnen im Strom der Prekarisierung zukommt, ermöglichte jedoch eine Verbindung von Bewegung (und hier vor allem die Bewegung der Migration), Transformation der Arbeit und notwendiger Erneuerung politischer Kampfformen, die der traditionellen Linken bis dahin kaum des Aufwands wert erschienen war. Französische, katalanische und italienische AktivistInnen planten 2001 die erste MayDay-Parade in Mailand. Ausgehend vom Begriff der Prekarisierung bzw. des Prekariats als dessen subjektiver Zusammensetzung (Foti o. J.) sollte ein Gegenpol zu den überkommenen Ritualen der traditionellen ArbeiterInnenbewegung geschaffen werden.

Das Spannende an der Entstehung und Entwicklung des EuroMayDay ist der verschiedenartige Zugang der AktivistInnen, deren Bandbreite von Organisationen prekarisierter Supermarktkettenangestellter wie den Chainworkers aus Italien (www.chain workers.org) bis hin zu Medien- und KunstaktivistInnen, antirassistischen Initiativen und linken GewerkschafterInnen reicht. 2004 fand die Parade mit großem Erfolg erstmals auch in Barcelona statt und in Mailand folgten an die 100.000 Menschen dem (Not-)Ruf: «Mayday Mayday!» Im Jahr darauf wurde die Vernetzung auf europäischer Ebene vorangetrieben (www.eu romayday.org). In über 15 europäischen Städten wurden seitdem bereits Paraden veranstaltet, darunter auch in Hamburg und Wien. Ein wichtiger Anspruch dabei ist die Verbindung des eigenen Lebens mit dem politischen Aktivismus gegen Prekarisierung, weshalb die Paraden auch keine gewöhnlichen Latschdemos, sondern möglichst auffällige, laute und bunte Manifestationen des Widerstands der Multitude sein sollen (vgl. Raunig 2005) – was bislang freilich von Stadt zu Stadt unterschiedlich gut gelang.

Die theoretische Auseinandersetzung in den Vorbereitungsgruppen des Mayday orientiert sich nicht zufällig oft an postoperaistischen Ansätzen, stellt doch die Immaterialisierung der Arbeit, die im Zentrum der postoperaistischen Theoriebildung steht, zugleich den Dreh- und Ausgangspunkt sowohl der Transformation des gegenwärtigen Kapitalismus als auch des widerständigen Prekariats dar. Diese Form politischer Subjektivität geht von der Prekarisierung der Arbeits- und Lebensverhältnisse aus, ohne sich aber orthodox-gewerkschaftliche Positionen zu Eigen zu machen: Ihr geht es nicht um die Schaffung von gut abgesicherten Vollzeitarbeitsplätzen, sondern um die Umgestaltung der Prekarisierung zu Gunsten der Prekarisierten. Das Ziel sind nicht mehr und fixe Jobs, sondern weniger, dafür selbstbestimmte flexible Arbeit. Es geht nicht um die protektionistische Abschottung von Arbeitsmärkten gegen «Billiglohnkonkurrenz» und neokeynesianische Umverteilung und Re-Regulierung, sondern um das Recht auf Bewegungsfreiheit für die lebendige Arbeit und eine Bewegung der Aneignung.

Gleichwohl ist der Prozess des EuroMayDay nicht konfliktfrei: So muss der schon im Namen der Kampagne zum Ausdruck gebrachte gesamteuropäische Anspruch angesichts eines unübersehbaren «Westeurozentrismus» in Frage gestellt werden.[81] Zunächst einmal ist dieser «Schlagseite» durchaus nachvollziehbar, stützt sich die EuroMayDay-Kampagne doch zum großen Teil auf schon länger bestehende Netzwerke, Gruppen und Initiativen. Zudem sind die Polit- und KunstaktivistInnen, die alternative Medienszene und migrantischen Organisationen in Westeuropa oft stärker und besser untereinander vernetzt als in osteuropäischen Städten. Umso wichtiger wäre es, sich um eine engere Kommunikation und Kooperation und eine Ausdehnung und Verbreiterung des EuroMayDay-Prozesses gen Osten zu bemühen. Aber selbst der Wiener Vorbereitungsgruppe ist es trotz ihrer guten geografischen Ausgangsposition bislang noch nicht gelungen, in diesem Sinne neue Verbindungen aufzubauen. Ob der Anspruch des EuroMayDay, ein Prozess und nicht nur ein vorübergehendes Ereignis am 1. Mai zu sein, in der Praxis eingelöst werden kann, wird sich zeigen; ein Ansatz dazu ist der «Precarity WebRing» (www.precarity-map.net), der sich zur Aufgabe gemacht hat, verschiedene Ansätze militanter Untersuchung zu koordinieren.

81 Es gab zwar in Maribor eine Parade, ansonsten war der EuroMayDay aber eine rein «westeuropäische» Angelegenheit – obwohl Wien ja eigentlich östlicher liegt als Maribor …

Die Problematik der «europäischen Dimension» hat aber auch noch eine andere Ursache, die unseres Erachtens nach mit einem sehr ähnlich gelagerten Problem mancher postoperaistischer Theoretiker zusammenhängt, die gerade die Liebe zu Europa für sich zu entdecken beginnen.[82] Statt dieses, aus einer globalen Perspektive gesehen, neo-regionalistischen Ansatzes wäre es weitaus produktiver, die Beziehungen zu den weltweit existierenden Bewegungen zu intensivieren und die Vernetzung auf globaler Ebene voranzutreiben. 2006 ist im Rahmen der EuroMayDay-Vorbereitungen erstmals die Idee eines Mundo-Mayday aufgetaucht.

3. *Que se vayan todos! Argentinien im Dezember 2001 und das Colectivo Situaciones*

Eine Bewegung, die auf globaler Ebene wirksam geworden ist und auch in der europäischen radikalen Linken Spuren hinterlassen hat, möchten wir im Folgenden näher vorstellen. Nach der Erhebung in Chiapas 1994 und der globalen Protestbewegung gilt der Volksaufstand vom 19. und 20. Dezember 2001 in Argentinien als Meilenstein der neuesten Geschichte sozialer Bewegungen. Bemerkenswert sind sowohl die Intensität als auch die Breite und Vielfalt der Revolte, die die soziale Bewegung in Argentinien endgültig aus ihrer Lethargie im Gefolge der Militärdiktatur von 1976–1983 und der nachfolgenden Periode des militanten Neoliberalismus gerissen hat. Der scharf neoliberale Kurs der Regierung Menem in den frühen 1990er Jahren führte zu relativer ökonomischer Stabilität – allerdings auf Kosten einer extremen Segmentierung der Gesellschaft. (Vgl. hier und im Weiteren Wildcat 2003, 39 f.) Die Wirtschaftskrise von 1998 führte zu einer weiteren Verschärfung der Situation: Hunderttausende Industriearbeitsplätze wurden abgebaut, mittlerweile leben mehr als die Hälfte der ArgentinierInnen in Armut.

Die sich mehr und mehr ausbreitenden Proteste gegen diese Politik kulminierten im Dezember 2001 schließlich in einem zweitägigen Volksaufstand. Die Intensität dieser Bewegung,

---

82 Zur Kritik an Toni Negris «Ja»-Empfehlung bei der Abstimmung über die Europäische Verfassung siehe das Schlusskapitel; als Beispiel der neueren Affirmation eines «Europa von unten» siehe z. B. Mezzadra 2002.

die nicht weniger als fünf Präsidenten aus dem Amt jagte, ist nur aus dem Zusammenkommen verschiedenartigster ProtagonistInnen und Protestformen zu erklären. Diese Konstellation soll hier am Beispiel der Theorie und Praxis einer Gruppierung nachgezeichnet werden, die sich intensiv mit postoperaistischen Theorien auseinandersetzt und selbst als Kollektiv «militanter UntersucherInnen» versteht: dem Colectivo Situaciones (CS) aus Buenos Aires. Texte des CS und anderer Gruppierungen und AktivistInnen zum argentinischen Aufstand finden sich in dem empfehlenswerten Sammelband «Que se vayan todos!». (Colectivo Situaciones 2003)

Militante AktivistInnen der Arbeitslosenbewegungen (Piqueter@s), die Mütter des Plaza de Mayo[83], traditionelle Linke, IndustriearbeiterInnen und StudentInnen waren gemeinsam mit KleinsparerInnen auf der Straße, die durch die Peso-Abwertung und das Einfrierung der Dollar-Konten um ihr Geld betrogen worden waren. Die Bewegung wurde durch keine organisatorische Struktur ins Leben gerufen oder gar angeführt. «Que se vayan todos!», «Sie sollen alle abhau'n!», lautete der Schlachtruf. Es wurde also keine alternative Regierungsweise gefordert, sondern schlichtweg die Abschaffung staatlicher Politik. Das Colectivo Situaciones sieht darin eine zeitgemäße und also adäquate Reaktion auf eine grundsätzlich veränderte gesellschaftliche Landschaft, in der die repräsentative Demokratie nicht (mehr) in der Lage ist, für gesellschaftlichen Ausgleich zu sorgen.

Als Formen einer «Institutionalisierung von unten» gingen aus der Aufstandsbewegung unter anderem die «Asambleas» hervor, hunderte von Nachbarschaftsversammlungen, in denen die Menschen in den Stadtvierteln über soziale und politische Fragen des Zusammenlebens diskutierten – von der Verteilung von Lebensmitteln bis zur Vorbereitung von Protestaktionen. Daneben entwickelte sich aus den Protesten, wohl aber auch aus blanker Not angesichts der radikalen Wirtschaftskrise, ein weit verzweigtes Netz von Tauschkreisen, die sich zumindest bis zu einem gewissen Grad der kapitalistischen Marktlogik entzogen. Die meisten dieser Tauschkreise wurden allerdings bald in kapitalistische Formen gedrängt bzw. vom «normalen» kapitalistischen Kreislauf wieder absorbiert. Ein ande-

83 Die «Madres de Plaza de Mayo» (www.madres.org) sind politisch aktive Frauen, die bereits während der Diktatur gegen die politische Praxis des «Verschwinden-Lassens» von linken Oppositionellen, im konkreten Fall ihrer Kinder, aktiv waren und es auch heute noch sind.

rer ganz wichtiger Teil der Bewegung waren Betriebsbesetzungen. Die Kachelfabrik Zanon, das wohl berühmteste Beispiel, ist noch heute besetzt, und bislang konnten alle Versuche, die Besetzung mit militärischen Mitteln zu beenden, abgewehrt werden. (Vgl. z. B. Wildcat 2003b) In den besetzten Betrieben wurden die unterschiedlichsten Formen der ArbeiterInnenkontrolle erprobt; ebenso zahlreich – freilich nicht immer konfliktfrei – waren die Versuche, Rechtsformen für die besetzten Betriebe zu finden.[84]

Das Colectivo Situaciones ist in den 1990er Jahren aus linken universitären Zusammenhängen entstanden, seine Mitglieder waren seinerzeit vor allem mit Formen alternativer Wissensgenerierung und -vermittlung beschäftigt. So wurden beispielsweise autonome Seminare mit tausenden von TeilenehmerInnen abgehalten (Stubbe 2003), deren Ziel es vor allem war, der gesellschaftlichen Linken eine emanzipatorische, revoltierende und aufbegehrende Sprache zurückzugeben, die während der Militärdiktatur «verschwunden» gewesen war. Theoretisch orientiert sich das kleine, aber äußerst umtriebige Kollektiv am (Post-)Operaismus, an den Texten der Situationistischen Internationale und John Holloways. Beachtenswert sind die Theorien des Colectivo unseres Erachtens deshalb, weil sie aus der Verbindung von theoretischer und sozialer Praxis hervorgegangen sind. «Diffuses Netz» und «Neuer Sozialer Protagonismus» sind Kategorien, die das CS entwickelte. Die damit verbundenen Konzeptionen sollen nun in aller Kürze vorgestellt werden.

«Neuer Sozialer Protagonismus» könnte als die subjektive Seite der «konstituierenden Macht» Toni Negris verstanden werden und bezeichnet jene neuen Formen gesellschaftlicher Kooperation und Kommunikation, die die Bewegung seit dem Dezember 2001 hervorbrachte und die sich von den traditionellen Modi linker Politik grundsätzlich unterscheiden. Das Colectivo Situaciones nennt dabei – ausgehend von der Delegitimierung der überkommenen politischen Formen – drei zentrale «Dynamiken»: Die erste ist die «materielle Vergesellschaftung des eigenen Tuns» (Colectivo Situaciones 2003, 19), das ist die eigenverantwortliche Konzeption und Durchführung der sozialen und materiellen Reproduktion. Tauschringe, Betriebsbesetzungen und die Aneignung leerstehender Gebäude werden als

84 Zu den besetzten Betrieben siehe u. a. verschiedene Artikel auf www.wildcat-www.de sowie die entsprechenden Beiträge in Collectivo Situaciones 2003.

Beispiele für solche neuen direkt-demokratischen sozioökonomischen Beziehungen genannt. Die zweite Dynamik kommt in der Losung «Que se vayan todos!», dem Ruf nach Abschaffung der Politik, zum Ausdruck: Gesellschaftliche Übereinkünfte können nicht mehr einer gesonderten, zu sozialem Fortschritt unfähigen politischen Sphäre überantwortet werden, sondern müssen in unmittelbarer Form etwa in Nachbarschafts- und Stadtteilversammlungen gefunden werden. Die dritte Dynamik besteht in der «innere[n] Schwäche und Zerbrechlichkeit» (ebd., 22) dieser neuen sozialer Bewegungen, die sowohl aus der nach wie vor funktionierenden Gewaltausübung seitens des Staates als auch aus der relativen Unverbindlichkeit der neuen Strukturen resultiert.

Die «konstituierende Macht» ist ambivalent: In den Momenten des Aufstandes entfaltet sie ein gewaltiges, in seiner Vielfalt nicht repräsentierbares Vermögen, während sie sich beim langsamen Aufbau neuer gesellschaftlicher Formen dem Problem mangelnder Kontinuität und staatlicher Repression gegenübersieht. Diese Schwäche versuchen die nach wie vor existenten politischen Kräfte auszunutzen, was sich etwa in den Bestrebungen zur nationalen Vereinigung der Piqueter@s oder den Praktiken leninistischer Parteien zeigt, sich als Ausdruck der Bewegung zu präsentieren. Dass trotz aller berechtigten Kritik an klassischen Politikmustern die Weiterexistenz kapitalistischer Herrschaft nicht einfach ignoriert werden darf, weil «sie» eben nicht «alle abgehauen» sind, lässt sich gegen die im übrigen spannenden Ansätze des CS kritisch einwenden. (Vgl. Wildcat 2003, 36 f.)

Deutlich wird dies bei einem genauen Blick auf den Begriff des «Diffusen Netzes». Zunächst präzisiert das CS sein Verständnis von Politik über eine Kritik der «politischen Illusion»: «Die politische Illusion konstituiert sich an der Nahtstelle zwischen *der Politik* – als Kampf um Gerechtigkeit – und *dem Politischen* als Arena staatlichen Handelns.» (Colectivo Situaciones 2003b, 185; Herv. i. O.) Die Kritik einer Politik der Machtübernahme verlangt also nach einer Kritik des – notwendig staatlich verfassten – Politischen. «Explizite Netze», so der Gegenbegriff zu den «Diffusen Netzen», bleiben zumindest ein Stück weit in der Logik des Politischen gefangen, die nicht nur eine potenziell staatliche, sondern auch eine repräsentative ist. «Diffuse Netze» ermöglichen sozialen Bewegungen und AkteurInnen, Situationen zu verstehen und sich in ihnen zu bewegen: «Das diffuse Netz ist die Sichtweise, die uns erlaubt, von einem gemeinsamen Fundament aus die Verbindung zweier Situationen zu denken.» (ebd.) Durch «Resonanzen»zwischen «Diffusen Netzen» können die Erfahrungen vergangener Kämpfe für bestimmte soziale Bewegungen handhabbar werden, doch gibt es keinen kausalen Zusammenhang zwischen dem Vergangenem und dem Hier und Jetzt, der uns als Leitfaden dienen könnte. Es gibt keine Teleologie, keine Sicherheit. Dementsprechend ist die Erfahrung von Bewegung auch niemals auf Dauer sicherzustellen oder gar «anwendbar», sie muss durch Bewegungen (quasi als Resonanzböden) immer wieder aufs Neue hergestellt werden. Deutlich zeigt sich dies am Beispiel des «abgerissenen» Bewusstseins über die Geschichte der Kämpfe durch die verbrecherischen Praktiken der Militärdiktatur, aber auch dem Schweigen danach.

Neben vielen Orientierungs- und Anknüpfungspunkten in den Theorien des Colectivo Situaciones gibt es allerdings auch zu hinterfragende Aspekte, die – und das macht die Sache nicht gerade leichter – teilweise genau aus den zuvor genannten Stärken ihres Ansatzes resultieren.

Einerseits können (hierarchisch gegliederte) Organisationen tatsächlich oft für große Teile von Bewegungen Repräsentationseffekte erzeugen bzw. scheinbar oder tatsächlich bestimmten Bewegungen in Zeiten der Niederlage eine gewisse Dauer und Wirksamkeit sichern. Andererseits kommt es aber gerade in «autonomen» Zusammenhängen nicht seltener als in K-Gruppen zur Herausbildung von Führern (seltener: Führerinnen), die nicht nur RepräsentantInnen sind, sondern zu Identifikationsfiguren werden; genannt seien der «Leaderismo» der Autonomia Operaia und neuere «Helden» wie Subcomandante Marcos oder einzelne Sprecher der Disobbedienti in Italien. Dennoch bieten die Texte des CS, von denen neuere leider kaum ins Deutsche übersetzt sind, eine Fülle von Anknüpfungs- und Diskussionspunkten für eine Linke, die bereit ist, eingefahrene Bahnen zu verlassen .

4. Autonomie der Migration, politischer Antirassismus, Kanak Attak!

Aufgrund der zunehmenden Übergriffe durch Rechtsradikale und Neonazis in Deutschland wurde die Antifaarbeit zum zentralen Betätigungsfeld der autonomen Linken in den 1990er Jahren. Nach dem Fabrikaktivismus der frühen Siebziger und der teils beträchtliche Ausmaße annehmenden HausbesetzerInnenszene im Jahrzehnt darauf verschwand in der notwendigen Auseinandersetzung mit den neuen (und alten) Nazis die soziale Dimension der Kämpfe weitgehend aus dem Blickfeld. Neben neofeministischen Debatten stand vor allem die Theoretisierung der neopopulistischen politischen Bewegungen (wie Haiders FPÖ in Österreich, Le Pens Front National in Frankreich oder die norditalienisch-separatistische Lega Nord) im Brennpunkt des Interesses. Nach dem Untergang des so genannten «Realen Sozialismus» gerieten mit den orthodoxen Spielarten des Marxismus auch seine offenen bzw. autonomen Formen in die Defensive. Der Kapitalismus hatte gesiegt, aber sein Sieg war nicht von langer Dauer. Die vorerst defensiven Kämpfe gegen die sozialen Verschlechterungen in den 1990er Jahren mündeten – zumindest in Europa, aber auch in Lateinamerika – gegen Ende des Jahrtausends in eine breite Bewegung gegen die Hegemonie des neoliberalen Kapitalismus.

Eine ähnliche Verschiebung ist auch im antirassistischen Diskurs feststellbar. Befand sich dieser in den 1990er Jahren durch den Vormarsch der Rechten noch in einer Defensivsituation, so finden sich mittlerweile verschiedene Ansätze, die eine Verbindung von Rassismuskritik und der operaistischen Theorie der Klassenzusammensetzung wieder auf die Tagesordnung setzen. Die «Kulturalisierung» nicht nur des Rassismus[85], sondern auch des antirassistischen Diskurses vor allem durch den Begriff des Multikulturalismus stieß im Prozess der neoliberal-postfordistischen Transformation des Kapitalismus an ihre Grenzen.

Der von operaistischen Theorien und vom Denken Louis Althussers beeinflusste Theoretiker Yann Moulier Boutang prägte bereits zu Beginn der 1990er Jahre den Begriff der «Autonomie der Migration». (Vgl. Moulier-Boutang 1993, 38) Dieser Gedanke nimmt ein grundlegendes Muster des Operaismus, wonach die sozialen Auseinandersetzungen und Klassenkämpfe letztlich die Triebkräfte der Geschichte seien, wieder auf, um sie auf dem Terrain von Rassismus und Migration zum Einsatz zu bringen. Diese Intervention veränderte den Blickwinkel in dreierlei Hinsicht: Sie torpediert erstens die vorherrschende Sichtweise auf MigrantInnen als Opfer, indem sie diese als handeln-

85 Biologische Begründungen für die «Andersartigkeit» bzw. «Fremdheit» von MigrantInnen und Flüchtlingen wurden spätestens in den 1980er Jahren durch «kulturelle» abgelöst, was keineswegs bedeutet, dass der Neorassismus weniger aggressiv oder ausschließend wäre (zu «kulturellem» bzw. «Neo»-Rassismus vgl. Balibar 1998).

de (Kollektiv-)Subjekte ernst nimmt; sie verschiebt zweitens den Fokus von den Mechanismen der rassistischen Segregation (ohne diese außer Acht zu lassen) auf die vielfältigen Formen und Bewegungen der Migration «lebendiger Arbeit» (Marx) und ermöglicht damit drittens eine Neuverortung migrantischer und/oder antirassistischer Bewegungen als unhintergehbar soziale.

Die in Deutschland aktive Gruppe Kanak Attak (www.kanak-attak.de) theoretisiert und praktiziert einen postoperaistisch beeinflussten Antirassismus. Gegen die Ideologien des Multikulturalismus und Identitätspolitik gleichermaßen gerichtet, versucht Kanak Attak unter Bezugnahme auf die Theorie der Autonomie der Migration, die weltweiten Wanderungsbewegungen nicht nur als Produkt äußerer Ursachen zu betrachten (inklusive des dazugehörigen MigrantInnen-Subjekts als Opfer), sondern die migrantischen Netzwerke in den Herkunftsländern und die Organisierung von Fluchthilfe als soziale Bewegungen zu begreifen. Dem entspricht eine Politik der Dekonstruktion jeglicher Identitätsvorstellungen, durch die selbst eine noch so gut gemeinte «Pro-Ausländer»-Initiative letztlich die genuin rassistische Trennung von Eigenem und Fremdem ins Werk setzt. Kanak Attak wendet sich gegen jede «Frage nach dem Paß und der Herkunft» (Kanak-Attak-Manifest) und setzt stattdessen auf temporäre, «kanakische» Nicht-Identitäten, die sich gern auch mal (kultur-)industrielle Codes subversiv aneignen; nicht zufällig gleicht wohl das Kanak-Attak-Logo dem von Aldi.

Kanak Attak betreibt weder Lobbying noch Repräsentationspolitik, sondern versucht primär, über die Aneignung medialer Produktionsformen (wie z. B. Plakataktionen zur doppelten StaatsbürgerInnenschaft oder «kanak TV») Blicke und Zuschreibungen zu brechen, die noch im linksradikalsten Diskurs auf der Tagesordnung stehen. Mit der Kampagne zum «Recht auf Legalisierung» wird der rechtlose Status vieler MigrantInnen ebenso thematisiert wie das Bestreben der Migrationsregimes, immer feinere Segmentierungsstrategien zu entwickeln, um gemeinsame antirassistische Strategien zu blockieren und MigrantInnen den Anfordernissen des neoliberalen Kapitalismus anzupassen. Die Forderung nach einem «Recht auf Rechte» versucht darüber hinaus, die Koppelung von Rechten an bestimmten Territorien mit Ansprüchen auf Arbeitsverhältnisse zu durchbrechen. Dies eröffnet zugleich neue Sichtweisen auf die Migrationsströme als Bewegungen von Arbeitskräften.

Auch der in Hardt und Negris «Empire» propagierte Kampf für eine WeltbürgerInnenschaft zielt auf die politische Durchsetzung der Mobilität der lebendigen Arbeit adäquat zu jener der globalen Kapitalströme. Aus der Perspektive der «Autonomie der Migration» analysieren die AktivistInnen von Kanak Attak aber nicht nur die neorassistischen Formen von Herrschaft im Empire, sondern auch die Veränderungen in der Klassenzusammensetzung migrantischer ArbeiterInnen (Bojad ijev/Kara - kayali/Tsianos 2003). Hier zeigt sich die analytische Stärke operaistischer Begriffe wie derjenige der Klassenzusammensetzung, der es ermöglicht, aus einer Perspektive widerständiger Subjektivität heraus scheinbar Getrenntes (in unserem Fall Rassismus und Kapitalverhältnis) auf nicht-reduktionistische Weise zusammenzudenken. Dies ist wohl eine der wichtigsten Voraussetzungen für die Bildung zukünftiger emanzipatorischer Allianzen – gegen die «NGOisierung» des Antirassismus und ein nach wie vor vorhandenes reduktionistisches Nebenwiderspruchsdenken in der mehrheitsgesellschaftlichen Linken.

VII. Staat und Revolution

Wie Revolutionen nicht gemacht werden sollen, wissen wir mittlerweile aus der geschichtlichen Erfahrung. Die Orientierung auf den Staat war immer ein Hindernis für Emanzipation. Es geht also mit Holloway gesprochen darum, die Welt zu verändern ohne die Macht zu übernehmen. Die großen leninistischen Modelle sind gescheitert und wurden von einer Vielfalt an Bewegungen abgelöst, die sich an partikularen Identitäten orientierten. Diese zwangen den Kapitalismus zwar zu Veränderungen, eine gesamtgesellschaftliche revolutionäre Perspektive ging dabei jedoch verloren. Erst jetzt, mit dem Aufkommen der globalen Protestbewegung, wagen wir es wieder, über den Kapitalismus hinauszudenken. Wir haben in dieser Einführung verschiedene Stränge operaistischer bzw. postoperaistischer Theorie (und Praxis) zusammengeführt. Ihre Differenzen sollten zwar kritisch, aber nicht negativ gesehen werden, weil es keine Gewissheit über den Weg geben kann, sondern verschiedene Herangehensweisen diskutiert und in den Bewegungen ausprobiert werden müssen. Dieser experimentelle Charakter der Revolution ist auch der Grund für die manchmal eklektizistisch oder willkürlich erscheinende Zusammenschau. Es geht darum, sich in die Auseinandersetzungen um die Produktion von Körper und die Geschlechterordnung einzumischen, es ist aber um nichts weniger wichtig, wenn ArbeiterInnen in den Weltmarkfabriken auf «traditionelle» Weise mit Streiks oder über den Aufbau gewerkschaftlicher Organisation gegen ihre Ausbeutung kämpfen.

Manchmal bereitet das Verhältnis zwischen Theorie und Praxis Probleme. So erscheint der philosophische Blickwinkel Paolo Virnos in der «Grammatik der Multitude» pessimistisch: Die Revolution ist vorbei, der «Kommunismus des Kapitals» hat gesiegt. Trotzdem sieht er in den Kämpfen von 1977 auch den Vorschein zukünftige Kämpfe, die Möglichkeit künftiger Revolten. (Virno 1998, 86) John Holloways Vorschläge der «Erweiterung der Risse und Sprünge» (Holloway 2004) im herrschenden Kapitalismus sind oft sehr abstrakt. Aber auch er bezieht sich auf reale Bewegungen und ihre konkreten Probleme, wenn er die ZapatistInnen als beispielgebend für eine neue Theorie und Praxis revolutionärer Transformation ins Feld führt und zugleich die Probleme der Umsetzung der revolutionären Phrase in die Politik des Alltags oder die Schwierigkeiten eines Zapatismus im urbanen Raum aufzeigt. Das opulenteste theoretische Modell weisen Hardt und Negri auf, wobei in «Empire» die konkreten Ansätze sehr blass bleiben. Weiter gehen die beiden im Nachfolgeband «Multitude», wo sie freilich zuweilen den Fallstricken eines revolutionären Taktizismus erliegen, wenn sie etwa über eine neue Geopolitik räsonieren (Multitude, 345 ff.): Multinationale Konzerne und gewichtige Nationalstaaten (die «Aristokratie») stünden in einem Widerspruch zum Unilateralismus der USA (dem «Monarchen»), weshalb die Autoren strategische Bündnisse der Multitude mit diesen «Aristokratien» vorschlagen und eine Magna Charta für einen Multilateralismus befürworten. Durch Allianzen wie diese sollen neue Möglichkeiten der Subversion entstehen. Dies widerspricht allerdings ihrem eigenen Konzept der Multitude, die per se nicht repräsentierbar ist und deshalb auch niemals ein «Verhandlungsmandat» erteilen kann.

Ähnlich problematisch, obgleich aus einem richtigen antinationalen Impetus heraus, ist Negris Aufforderung, bei der Abstimmung der EU-Verfassung in Frankreich mit «Ja» zu stimmen, um die EU gegen die USA zu stärken und so die Krise des herrschenden Empire zu verschärfen – was unserer Ansicht nach eine Illusion ist. (vgl. Scalzone 2005) Wenn das politische Kommando hohl und die Ökonomie unumstößlich politisch geworden ist, wie kann dann eine Politik der Multitude auf die überkommenen Form der Trennung von Ökonomischen und Politischen abstellen? Hardt und Negri übernehmen von Spinoza den Begriff der «absoluten Demokratie». Mit dem Versuch, eine Zerstörung der Souveränität wie in der russischen Revolution mit einem institutionellen Modell, das sich so dynamisch weiterentwickelt wie das der amerikanischen Revolution, zu versöhnen, scheinen sie manchmal auf klassische demokratietheoretische Muster zurückzugreifen. Damit wird letztlich wieder Staat gemacht, wenngleich diesmal ein transnationaler. Demgegenüber wäre aus den Erfahrungen konkreter Bewegungen nach Möglichkeiten der Selbstorganisierung und -konstituierung zu fragen, die zumindest den Raum für die Bildung von nicht herrschaftlich verfassten Institutionen eröffnen. Die Diskussionen des Colectivo Situaciones über die aus der Dezemberrevolte entstandenen Strukturen bieten hier ein wichtiges Anschauungsmaterial.

Dialektik am Ende

Für den Marxismus des 20. Jahrhunderts war Dialektik die entscheidende Methode: Die objektiv vorgefundene Situation, Monopolkapitalismus und bürgerlicher Staat, wird durch die Negation, durch den subjektiven Kampf, die Organisationen der ArbeiterInnenklasse, bekämpft. Ziel war die Vermittlung zwischen dem kapitalistischen Staat und der Partei, gleichviel ob bolschewistischen, sozialdemokratischen oder befreiungsnationalistischen Typs. Das Ergebnis: ein anderer Staat – allerdings, wie wir inzwischen wissen, keiner außerhalb des kapitalistischen Weltsystems. Die Bewegungen seit 1968 verursachten eine Krise der revolutionären Theoriebildung, die sich an der Machtübernahme im Staat orientierten – Sozialismus, «Kommunismus» und nationale Befreiungsbewegungen) – (vgl. Wallerstein 2002, 39 ff.), ohne aber das so entstandene Vakuum füllen zu können. «Die Revolution» schien ihre Perspektive verloren zu haben.

Demgegenüber entwickelten sich aus der operaistischen Tradition heraus verschiedene Ansätze, der traditionellen revolutionären Strategie eine emanzipatorische Theorie entgegenzustellen, die nicht auf eine Machtübernahme im Staat hinausläuft. *John Holloway*, den wir in diesem Buch ausführlich vorgestellt haben, versucht die Errichtung eines neuen Unterdrückungssystems im revolutionären Prozess zu vermeiden, indem er sich auf die Seite einer negativen Dialektik schlägt. Der Kapitalismus ist die Negation unseres «Flusses des Tuns», unserer lebendigen Arbeit, unserer Kreativität. Die Negation der Negation ist der Schrei der Revolte, die Perspektive besteht in der Verbreiterung und Vernetzung jener Risse und Brüche, die durch gesellschaftliche Kämpfe dem herrschenden System zugefügt werden.

Bei *Hardt/Negri* und *Virno* ist die Dialektik an ihr Ende gekommen. Durch die reelle Subsumtion des ganzen Lebens in der Kontrollgesellschaft gibt es kein Ziel in einem Außerhalb mehr. Dagegen-Sein gibt es trotzdem, aber nicht als Negation, die dann wieder versöhnt wird, sondern als *Subtraktion*, was mit den Begriffen «Desertion» und «Weigerung» gefasst wird. Sowohl Virno wie auch Hardt/Negri nennen Beispiele für diesen Typus eines revolutionären Projekts, für das sie gerne die biblische Bezeichnung «Exodus» verwenden: Die Binnenwanderung des 19. Jahrhundert vom Osten der USA in den «offenen Westen» zwang die Unternehmen zu Lohnsteigerungen und

Verbesserungen der Arbeitsbedingungen, weil ihnen buchstäblich die ArbeiterInnen davonliefen. (Empire, 181 ff., Virno 2005, 97 ff.) Eine ähnliche Situation entstand in den 1960er und 1970er Jahren in den Industrieländern, wo viele Jugendliche der Arbeit in der Fabrik ein unsicheres Leben vorzogen. (Empire, 283 ff.) Das führte selbst in Regionen ohne Klassenkämpfe zu Lohnsteigerungen. Für Virno ist besonders die 1977er-Bewegung in Italien durch diese «Flucht aus der Fabrik» geprägt. (Virno 1996, 199 ff.; Virno 2005, 98 ff.) Am spektakulärsten aber war der Zusammenbruch des «Realen Sozialismus» zuerst durch die Verweigerung der Arbeit und schließlich durch die Massenflucht in den Westen. (Hardt/Negri 1997, 125 ff.; Empire, 287 ff.)

«Ein Gespenst geht um in der Welt und sein Name ist Migration.» (Empire, 225) Im Verhältnis zur heutigen Massenmigration erscheinen die erwähnten Bewegungen früherer Jahre geradezu marginal. Trotz immer brutalerer Maßnahmen und höheren Mauern ist die Mobilität der Multitude nicht aufzuhalten. Doch was können die MigrantInnen gewinnen, wenn sie keinen «Westen» mehr als Fluchtziel vorfinden und in schrecklichen Arbeits- und Lebensbedingungen landen? Was lediglich wie eine Bewegung hin zur Arbeit aussieht, ist ebenso eine Mobilität hin zu einem besseren Leben. Dieser Nomadismus wirkt auch an den Arbeitsplätzen, denn auch dort suchen alle nach Verbesserungen und verschwinden so bald als möglich aus der Fabrik. Ein sich verstärkender Wirbel entsteht, beschleunigt durch das Kapital, das die Flüchtenden zu ersetzen versucht und dadurch die Mobilität noch einmal beschleunigt. Rassistische Maßnahmen und Rhetorik dienen nicht wirklich der Abgrenzung, sondern der Spaltung und Bändigung der widerspenstigen Arbeitskräfte.[86]

Realpolitik und Exodus

In «Empire» schlagen Hardt/Negri drei «realpolitische» Forderungen vor. Mit den französischen Illegalisierten, den Sans Papiers, fordern sie ein Recht auf WeltbürgerInnenschaft. (Empire, 403 ff.) Es stellt sich jedoch die Frage, an welche Institution eine solche Forderung gestellt werden kann. Der Kampf der MigrantInnen um Rechte findet verschiedene Formen: Es geht um

86 Aber auch das Kapital flieht vor den ArbeiterInnen (Holloway 2002, 207 ff.) in immer neue Regionen, in neue Produkte und selbst ins Finanzkapital (Silver 2005, 167 ff.).

die Überwindung von Mauern und Zäunen ebenso wie um Rechte in Nationalstaaten oder in der EU. Forderungen wie die nach einem Recht auf Legalisierung schreiben sich in diese Dynamik von «Autonomie der Migration» auf der einen und Notwendigkeit der Bezugnahme dieser Bewegungen auf «real existierende politische Strukturen» auf der anderen Seite ein. Am Beispiel des politischen Antirassismus von *Kanak Attak* wurde eine offensive Umgangsweise mit diesem Spannungsfeld vorgestellt.

Die zweite «realpolitische Forderung» in «Empire» ist jene nach einem allgemeinen Grundeinkommen. (Empire, 407 ff.) Auch hier stellt sich die Frage, wie der nationalstaatliche Rahmen überwunden werden kann. Dazu muss die Grundeinkommensforderung als eine breite und vielfältige begriffen werden, die wiederum die Kommunikation verschiedenster Bewegung erfordert – egal ob Erwerbslose um Einkommen kämpfen, ArbeiterInnen um höhere Löhne oder prekär Lebende für soziale Absicherungen. Erst so könnte eine transnationale Strategie für ein bedingungsloses Grundeinkommen entwickelt werden. Darüber hinaus gilt es, auch die Bereiche der aufständischen Massenarmut, der gewerkschaftlichen Organisation in den freien Produktionszonen und Weltmarktfabriken und die Kommunikation der immateriellen informationellen ArbeiterInnen einzubeziehen.

Dies verweist schließlich auf die dritte Forderung von Hardt und Negri: das Recht auf Wiederaneignung der (biopolitischen) Produktion(-smittel) und des Lebens. (Empire, 410 ff.) Dies beinhaltet die Kämpfe gegen die Vernichtung der Lebensgrundlagen durch ökologische Zerstörung, gegen die Patentierung von Leben und für die Anerkennung des Wissens indigener Gemeinschaften ebenso wie den Widerstand gegen die kapitalistische Aneignung von Reproduktion. Die Forderung richtet sich gegen die Unterdrückung von Frauen durch Genitalverstümmelung und Zwangsheiraten sowie gegen familiäre Gewalt in und außerhalb der noch bestehenden Familien. Das Recht auf Wiederanneignung des Lebens meint die Emanzipation unterschiedlicher Geschlechts- und Begehrensformen, wie sie die Lesben-, Schwulen- und Transgenderbewegung und queere Politik anstreben. Aber auch «traditionellere» Formen der Aneignung gesellschaftlichen Reichtums, etwa der Produktionsmittel in den noch existierenden fordistischen Zusammenhängen, werden hier mitgedacht.

Wie sollen diese unterschiedlichen Kämpfe einer Multitude

zusammengebracht werden? Die *Immaterial Workers of the World* sehen nicht zufällig die *Wobblies* als ein Vorbild. Eine «Gewerkschaft», die auch die biopolitische Selbstorganisation einbezieht, erkennen sie in den Centri Sociale: «Zentrum zur permanenten Aufnahme illegaler Einwanderung, autonomes und alternatives Arbeitsamt der Massenintellektualität, Datenbank und Archiv für Informationen und Erfahrungen, Rote Rechtshilfe zu arbeitsrechtlichen Fragen, Fonds zur gegenseitigen Hilfe». (Immaterial Workers of the World 2006, 6) Zu ergänzen wäre das noch durch die Verbindung der Auseinandersetzungen um prekäre Arbeit, kulturelle und intellektuelle Aktivitäten.

Die Vielfalt des alltäglichen Widerstandes, das Leben der Multitude in ihrem Zusammentreffen mit akuten Kämpfen und Aufständen: Darin besteht das Vermögen der konstituierenden Macht, power-to-do, als Selbstorganisation der Revolte. Dergestalt ist die Revolution der Horizont postoperaistischer Politik. Revolution als ereignishaftes Aufsprengen des Kontinuums der Zeit (vgl. Benjamin 1965, 90), aber auch als immer schon stattfindende Umwälzung, als experimentierender und fragender Prozess: in den Selbstverwaltungversuchen in Argentinien, im Wechselspiel von staatlicher Macht und Basisaktivitäten in Venezuela, in der Selbstorganisation legaler und illegaler MigrantInnen, in Hausbesetzungen und der Einrichtung sozialer Zentren, in der Organisierung von Streiks und Demonstrationen und in vielem anderen. Die Revolution ist der Prozess der Selbstkonstitution der Multitude.

VIII. Literatur

Texte, die wir als weiterführende Lektüre empfehlen und die auf Deutsch lieferbar bzw. im Internet frei verfügbar sind, haben wir mit ✪ gekennzeichnet.

Zitierte Werke von Karl Marx und Friedrich Engels:

Marx, Karl (1953): Grundrisse der Kritik der politischen Ökonomie. Berlin, Dietz Verlag

Marx, Karl (1969): Resultate des unmittelbaren Produktionsprozesses. Frankfurt, Verlag Neue Kritik.

Karl Marx und Friedrich Engels: Werke, herausgegeben vom Institut für Marxismus-Leninismus beim Zk der SED, Berlin 1956 ff. (zit. als MEW):
MEW 4: Das Elend der Philosophie. Antwort auf Proudhons «Philosophie des Elends», 63–182;
MEW 8: Der achtzehnte Brumaire des Louis Bonaparte, 111–207;
MEW 13: Vorwort zur Kritik der politischen Ökonomie, 7–11;
MEW 19: Fragebogen für Arbeiter, 230–237;
MEW 23: Das Kapital. Kritik der politischen Ökonomie. Erster Band: Der Produktionsprozeß des Kapitals;
MEW 25: Das Kapital. Kritik der politischen Ökonomie. Dritter Band: Der Gesamtprozeß der kapitalistischen Produktion.

Adorno, Theodor W. (1973): Negative Dialektik. Frankfurt a. M., Suhrkamp.

Agamben, Giorgio (2001): Mittel ohne Zweck. Noten zur Politik. Freiburg/Berlin, diaphanes.

Agamben, Giorgio (2002): Homo sacer. Die souveräne Macht und das nackte Leben. Frankfurt am Main, Suhrkamp.

Albers, Detlev (1983): Versuch über Otto Bauer und Antonio Gramsci: Zur politischen Theorie des Marxismus. Berlin, Argument Verlag.

Alquati, Romano (1974): Klassenanalyse als Klassenkampf. Arbeiteruntersuchungen bei FIAT und OLIVETTI. Herausgegeben und eingeleitet von Wolfgang Rieland. Frankfurt a. M., Athenäum Fischer.

Althusser, Louis (1975): Elemente der Selbstkritik. Berlin (West), VSA.

Althusser, Louis (1993): Die Zukunft hat Zeit. Die Tatsachen. Zwei autobiographische Texte. Frankfurt a. M., S. Fischer Verlag.

Althusser, Louis und Etienne Balibar (1972): Das Kapital lesen. 2 Bde. Reinbek bei Hamburg, Rohwolt.

Antikapitalismus-AG im BgR (Bündnis gegen Rechts) Leipzig. (o. J.): «Transformation der Arbeitsgesellschaft – Immaterielle

Arbeit als neue Dominante postfordistischer Produktion.» http://www.anarchismus.at/txt1/arbeit2.htm (abgefragt am 16. 4. 2006).
Antiquariat «Schwarzer Stern», Hg. (o. J.): Der Blues. Gesammelte Texte der Bewegung 2. Juni. Dortmund, Antiquariat «Schwarzer Stern».
Arbeitskreis Westeuropäische Arbeiterbewegung, Hg. (1979): Eurokommunismus und Theorie der Politik. Argument Sonderband. Berlin (West), Argument.
Arrighi, Giovanni (2003): Entwicklungslinien des Empire: Transformationen des Weltsystems, in: Kritik der Weltordnung. Globalisierung, Imperialismus, Empire, herausgegeben von T. Atzert and J. Müller, 11–28.
Assemblea Autonoma von Alfa Romeo, Hg. (1973): Tagebuch eines Betriebskampfes. München, Trikont.
Atzert, Thomas, Hg. (1998): Umherschweifende Produzenten. Immaterielle Arbeit und Subversion. Berlin, ID-Verlag.
Atzert, Thomas und Jost Müller (2003): Empire und die konstituierende Macht der Multitude. Interview mit Toni Negri, in: Kritik der Weltordnung. Globalisierung, Imperialismus, Empire, herausgegeben von T. Atzert and J. Müller, 49–62.
Atzert, Thomas und Jost Müller, Hg. (2003): Kritik der Weltordnung. Globalisierung, Imperialismus, Empire. Berlin, ID-Verlag.
Atzert, Thomas und Jost Müller, Hg. (2004): Immaterielle Arbeit und imperiale Souveränität. Analysen und Diskussionen zu Empire. Münster, Westfälisches Dampfboot.
Aufheben. (o. J.): «From Operaismo to ‹Autonomist Marxism›.» http://www.geocities.com/aufheben2/auf_11_operaismo.html (abgefragt am 14. 4. 2006).
Austin, John Langshaw (1979): Zur Theorie der Sprechakte (How to do Things with Words). Stuttgart, Reclam.
AUTONOMIE (1977): Subsumption und Camembert. Protokolle eines RK-Betriebsarbeiters, in: Autonomie. Materialien gegen die Fabrikgesellschaft 9: 25–35.
AUTONOMIE Neue Folge. Materialen gegen die Fabrikgesellschaft (1982): Nr. 9: Fabrik und neue Klassenzusammensetzung. Das Beispiel Fiat.
AUTONOMIE Neue Folge. Materialen gegen die Fabrikgesellschaft (1982): Nr. 10: Antiimperialismus in den 80er Jahren.
AUTONOMIE Neue Folge. Materialen gegen die Fabrikgesellschaft (1982): Nr. 11: Imperialismus in den Metropolen. Zwang zur Arbeit. Neue Armut.
AUTONOMIE Neue Folge. Materialen gegen die Fabrikgesellschaft (1983): Nr. 12: Sozialbewegung und «Autonomia».
AUTONOMIE Neue Folge. Materialen gegen die Fabrikgesellschaft (1985): Nr. 14: Klassengeschichte – Soziale Revolution.
Azzellini, Dario (o. J.): Genua. Italien, Geschichte, Perspektiven. Berlin, Assoziation A.
Backhaus, Hans-Georg (1969): Zur Dialektik der Wertform, in:

Beiträge zur marxistischen Erkenntnistheorie, herausgegeben von A. Schmidt, 128–152.
Backhaus, Hans-Georg et al., Hg. (1977): Gesellschaft. Beiträge zur Marxschen Theorie 10. Frankfurt a. M., Suhrkamp.
Balestrini, Nanni (1974): Wir wollen alles. Roman der Fiatkämpfe. München, Trikont.
Balestrini, Nanni (2001): Die Unsichtbaren. Berlin, Assoziation A. ✪
Balestrini, Nanni und Primo Moroni (2002): Die goldene Horde. Arbeiterautonomie, Jugendrevolte und bewaffneter Kampf in Italien. Berlin, Assoziation A. ✪
Balibar, Etienne (1998): Gibt es einen «Neo-Rassismus»?, in: Rasse, Klasse, Nation, herausgegeben von E. Balibar and I. Wallerstein, 23–38.
Balibar, Etienne und Immanuel Wallerstein (1998): Rasse, Klasse, Nation. Hamburg, Argument.
Bartuschat, Wolfgang (1996): Baruch de Spinoza. München, C.H. Beck.
Basso, Lelio (1969): Zur Theorie des politischen Konflikts. Frankfurt a. M., Suhrkamp.
Battaggia, Roberto (1997): Massenarbeiter und gesellschaftlicher Arbeiter – einige Bemerkungen über die «neue Klassenzusammensetzung», in: Wildcat-Zirkular 36/37 (April 1997), 115–130.
Benjamin, Walter (1965): Geschichtsphilosophische Thesen, in: Walter Benjamin: Zur Kritik der Gewalt und andere Aufsätze, Frankfurt a. M., Suhrkamp, 78–94.
Bennholdt-Thomsen, Veronika, Maria Mies und Claudia von Werlhof, Hg. (1983): Frauen die letzte Kolonie. Reinbeck bei Hamburg, Rowohlt.
Berlinguer, Enrico (1978): Die internationale Politik der italienischen Kommunisten. Reden und Schriften. Stuttgart, Klett-Cotta.
Bierbrauer, Ingrid (1987): Operaismus. Politisches Denken im Wandel. Institut für Politische Wissenschaften. Hamburg, Universität Hamburg.
Birkner, Martin (2004): «Autonomie der Migration» vs. «Imperialer Rassismus» – Zur Nicht-Dialektik von Migration und Rassismus in Hardt/Negri's Buch «Empire», in: grundrisse.zeitschrift für linke theorie & debatte 12, 37–50.
Birkner, Martin (2005): Vom Operaismo zur postoperaistischen Theorie des Empire. Herätischer Marxismus in Italien nach 1945. Diplomarbeit am Institut für Philosophie der Universität Wien.
Birkner, Martin und Käthe Knittler (2006, im Erscheinen): Frau am Herd & Arbeitswert. Zur Geschichte und möglichen Zukunft feministischer Auseinandersetzungen mit der Marxschen Kritik der Politischen Ökonomie, in: Das Kapital neu lesen. Beiträge zur radikalen Philosophie, herausgegeben von Jan Hoff et al.

Bock, Gisela (1976): Die andere Arbeiterbewegung in den USA von 1909–1922. Die I. W. W. The Industrial Workers of the World. München, Trikont.

Bojadzijev, Manuela, Karakayali, Serhat, Tsianos, Vasilis (2003): Das Rätsel der Ankunft – Von Lagern und Gespenstern. Arbeit und Migration: Agamben, Negri/Hardt und der Ausnahmezustand der Migration, in: Kurswechsel 3/2003, 39–52.

Bologna, Sergio, Paolo Bolzani, Francesco Ciafaloni (1972): Techniker als Produzenten und als Produkt. Berlin (West).

Bologna, Sergio. (1977): «The Tribe Of Moles.» http://www.geocities.com/cordobakaf/moles.html (abgefragt am 26. 1. 2006).

Bologna, Sergio (1981): Composizione di classe e sistema politico, in: Crisi delle politiche e politiche nella crisi. Neapel, Libreria L'Ateneo di G. Pronti.

Bologna, Sergio (1983): Die Kunst des Überlebens einer machtpolitischen Schicht, in: Autonomie Neue Folge. Materialien gegen die Fabrikgesellschaft 12, 4–19.

Bologna, Sergio (2005): Negri's Proletarians and the State: A Critique, in: The philosophy of Antonio Negri, herausgegeben von T. S. Murphy and A.-K. Mustapha, 38–47.

Bologna, Sergio (2006): Die Zerstörung der Mittelschichten. Thesen zur Neuen Selbständigkeit. Graz, Wien, Nausner & Nausner Verlag.

Bologna, Sergio und Massimo Cacciari (1973): Zusammensetzung der Arbeiterklasse und Organisationsfrage. Berlin, Merve.

Bonefeld, Werner (2003): Human Practice and Perversion: Beyond Autonomy and Structure, in: Revolutionary Writing. Common Sense Essays in Post-Political Politics, herausgegeben von W. Bonefeld, 73–85.

Bonefeld, Werner, Hg. (2003): Revolutionary Writing. Common Sense Essays in Post-Political Politics. New York, Autonomedia.

Bonefeld, Werner, Richard Gunn, John Holloway und Kosmas Psychopedis, Hg. (1995): Open Marxism, Volume 3: Emancipating Marx. London, Pluto Press.

Bonefeld, Werner, Richard Gunn und Kosmas Psychopedis, Hg. (1992a): Open Marxism, Volume 1: Dialectics and History. London, Pluto Press.

Bonefeld, Werner, Richard Gunn und Kosmas Psychopedis, Hg. (1992b): Open Marxism, Volume 2: Theory and Practice. London, Pluto Press.

Bonefeld, Werner und John Holloway (1995): Global Capital, National State and the Politics of Money. London, Macmillan.

Brockhaus, Eckhard (1975): Zusammensetzung und Neustrukturierung der Arbeiterklasse vor dem Ersten Weltkrieg. Zur Krise der professionellen Arbeiterbewegung. München, Trikont.

Butler, Judith (1991): Das Unbehagen der Geschlechter. Frankfurt am Main, Suhrkamp.

Butler, Judith (1997): Körper von Gewicht. Die diskursiven Grenzen des Geschlechts. Frankfurt am Main, Suhrkamp.
Caffentzis, George (1998): Ende der Arbeit oder Wiederkehr der Sklaverei? Eine Kritik an Rifkin und Negri, in: Wildcat-Zirkular 45, 11–30.
Callinicos, Alex. (2002): «Antonio Negri in historischer Perspektive. Empire und die Grenzen autonomer Theorie und Praxis», http://www.sozialismus-von-unten.de/archiv/text/empire_negri.htm (abgefragt am 12. 2. 2006).
Cleaver, Harry. (1993): «An Interview with Harry Cleaver, by Massimo De Angelis.» vis-a-vis 1, http://www.geocities.com/CapitolHill/3843/cleaver.html?200625 (abgefragt am 11. 2. 2006).
Cleaver, Harry (2000): Reading Capital Politically. Leeds, Edinburgh, San Francisco, Anti/Theses, AK Press. Eine deutsche Übersetzung des zentralen fünften Kapitels findet sich in: grundrisse.zeitschrift für linke theorie & debatte, Nr. 15/2005, 47–64. ✪
Colectivo Situaciones u. a. (2003): Que se vayan todos! Krise und Widerstand in Argentinien. Herausgegeben von Ulrich Brand. Berlin/Hamburg/Göttingen, Assoziation A.
Colletti, Lucio (1976): Hegel und der Marxismus. Frankfurt a. M./Berlin/Wien, Ullstein.
Colletti, Lucio (1977): Marxismus und Dialektik. Frankfurt a. M. / Berlin / Wien, Ullstein.
Coup d´ Etat, Hg. (1988): Arbeiter/innenmacht gegen die Arbeit. Eine Autonomie Anthologie. Freiburg i. B.
Curcio, Renato (1997): Mit offenem Blick. Ein Gespräch zur Geschichte der Roten Brigaden in Italien von Mario Scialoja. Berlin/Amsterdam, ID-Archiv.
Dalla Costa, Mariarosa (2003): Development and Reproduction, in: Revolutionary Writing. Common Sense Essays in Post-Political Politics, herausgegeben von W. Bonefeld, 135–160.
Dalla Costa, Mariarosa und Selma James (1973): Die Macht der Frauen und der Umsturz der Gesellschaft. Berlin, Merve.
Day, Richard J.F. (2005): Gramsci is Dead. Anarchist Currents in the Newest Social Movements. London / Ann Arbor / Toronto, Pluto Press and Between the Lines.
De Giovanni, Biago, Gerratana, Valentino und Paggi, Leonardo (Hg.) (1978): Gramsci-Debatte 1. Hegemonie, Staat und Partei. Hamburg, VSA.
Deleuze, Gilles (1992): Foucault. Frankfurt am Main, Suhrkamp.
Deleuze, Gilles (1993): Spinoza und das Problem des Ausdrucks in der Philosophie. München, Wilhelm Fink.
Deleuze, Gilles und Félix Guattari (1979): Anti-Ödipus. Kapitalismus und Schizophrenie. Frankfurt am Main, Suhrkamp.
Deleuze, Gilles und Félix Guattari (1992): Tausend Plateaus. Kapitalismus und Schizophrenie. Berlin, Merve Verlag.
Della Mea, Luciano und Adriano Sofri (1971): Zur Strategie und Organisation von «Lotta Continua». Berlin, Merve.

Della Volpe, Galvano (1969): Logica come scienza storica. Roma, Editori Riuniti.

Della Volpe, Galvano (1973): Für eine materialistische Methodologie. Berlin (West), Merve.

Do you remember. Resolution (2006): Castellano, Lucio, Arrigo Cavallina, Giustiono Cortiana, Mario Dalmaviva, Luciano Ferrari Bravo, Chicco Funaro, Toni Negri, Paolo Pozzi, Franco Tommei, Emilio Vesce und Paolo Virno: Do you Remember Revolution?, in: grundrisse.zeitschrift für linke theorie & debatte 17, 52–59. ✪

Domestico, Comitato Triveneto per il Salarion al Lavoro (1977): Der Lohn als Hebel zur Macht, in: Politik der Subjektivität. Texte der italienischen Frauenbewegung, herausgegeben von M. Wunderle, 79–92.

Dreßen, Wolfgang (Hg.) (1970): Gegen den Dogmatismus in der Arbeiterbewegung. Sozialistisches Jahrbuch 2. Berlin, Wagenbach.

Dyer-Witheford, Nick (1999): Cyber-Marx: Cycles and Circuits of Struggle in High-Technology Capitalism. Urbana, Chicago, University of Illinois Press.

Dyer-Witheford, Nick (2004): Boomendes kognitives Kapital. Klassenzusammensetzung in der Video- und Computerspieleindustrie, in: Immaterielle Arbeit und imperiale Souveränität. Analysen und Diskussionen zu Empire, herausgegeben von T. Atzert and J. Müller, 203–210.

Dyer-Witheford, Nick (2005): Cyber-Negri: General Intellect and Immaterial Labor, in: Resistance in Practice. The Philosophy of Antonio Negri, herausgegeben von T. S. Murphy and A.-K. Mustapha, 136-162.

Eichhorn, Cornelia (2004): Geschlechtliche Teilung der Arbeit. Eine feministische Kritik, in: Immaterielle Arbeit und imperiale Souveränität. Analysen und Diskussionen zu Empire, herausgegeben von T. Atzert and J. Müller, 189–202. ✪

Eichhorn, Cornelia. (2004b): «Geschlechtliche Teilung der Arbeit. Eine kritische Durchsicht der feministischen Ansätze seit der neuen Frauenbewegung.» Jungle World 12/2004, http://www.jungle-world.com/seiten/2004/11/2777.php (abgefragt am 19. 2. 2006).

Feyerabend, Erika (2002): Sklavenhalter unter sich. Wie menschliche Körper Ware werden, in: Fantomas. magazin für linke debatte und praxis 2: 26–29.

Foa, Vittorio und Marcenaro, Pietro (1982): Tempo Tempo. Dialog über die Zukunft der Arbeit. Berlin (West), Verlag Klaus Wagenbach.

Foltin, Robert (2002): Immaterielle Arbeit, Empire, Multitude. Neue Begrifflichkeiten in der linken Diskussion. Zu Hardt/Negris «Empire», in: grundrisse.zeitschrift für linke theorie & debatte 2: 6–20.

Foltin, Robert (2004): Und wir bewegen uns doch. Soziale Bewegungen in Österreich. Wien, edition.grundrisse.

Foti, Alex. (o. J.): «MAYDAY, MAYDAY! Flex Workers, PreCogs

und das europäische Prekariat. Übersicht über Episoden des Konflikts.» http://www.republicart.net/disc/precariat/foti01_de.htm (abgefragt am 11. 2. 2006)
Foucault, Michel (1977): Überwachen und Strafen. Die Geburt des Gefängnisses. Frankfurt am Main, Suhrkamp.
Foucault, Michel (1983): Der Wille zum Wissen. Sexualität und Wahrheit I. Frankfurt am Main, Suhrkamp.
Franceschini, Alberto (1990): Das Herz des Staates treffen. Wien, Zürich, Europaverlag.
Frombeloff (1993): ... und es begann die Zeit der Autonomie. Politische Texte von Karl Heinz Roth. Hamburg, Verlag Libertäre Assoziation.
Geronimo (1997): Feuer und Flamme. Zur Geschichte der Autonomen. Berlin, Amsterdam, Edition ID-Archiv.
Graefe, Stefanie (2002): Way of life, way of death. Zur Normalisierung des «Lebenswertes», in: Fantomas. magazin für linke debatte und praxis 2, 30–33.
Grauwacke, A.G. (2003): Autonome in Bewegung aus den ersten 23 Jahren. Berlin, Hamburg, Göttingen, Assoziation A.
Gruber, Klemens (1989): Die zerstreute Avantgarde. Strategische Kommunikation im Italien der 70er Jahre. Wien/Köln, Böhlau Verlag.
Gruppe Arbeiterkampf (1973): Streik bei Ford Köln. Fr. 24. – Do. 30. August 1973. Köln, Rosa Luxemburg Verlag.
Gruppe Arbeitersache (1973): Was wir brauchen müssen wir uns nehmen. Multinationale Betriebs- und Regionsarbeit der Gruppe Arbeitersache München. München, Trikont.
Guattari, Félix (1978): Wunsch und Revolution. Ein Gespräch mit Franco Berardi (Bifo) und Paolo Bertetto. Heidelberg, Verlag Das Wunderhorn.
Gueroult, Martial (1968–74): Spinoza (2 Bände). Paris, Aubier.
H. (2003): Proto-faschistische Elitentheorie? Detlef Hartmanns Kritik an Empire von Hardt/Negri, in: Wildcat 66: 80–82.
Haraway, Donna (1995): Die Neuerfindung der Natur. Primaten, Cyborgs und Frauen. Frankfurt am Main / New York, Campus.
Hardt, Michael (1996): Introduction: Laboratory Italy, in: Radical Thought in Italy. A Potential Politics, herausgegeben von P. Virno and M. Hardt, 1–10.
Hardt, Michael (2004): Affektive Arbeit, in: Immaterielle Arbeit und imperiale Souveränität. Analysen und Diskussionen zu Empire, herausg. von T. Atzert and J. Müller, 175–188.
Hardt, Michael (2005): In the Factory: Negri's Lenin and the Subjective Caesura (1968–73), in: The philosophy of Antonio Negri, herausgegeben von T. S. Murphy and A.-K. Mustapha, 7–37.
Hardt, Michael und Toni Negri (2002): Empire. Die neue Weltordnung. Frankfurt am Main, New York, Campus. (Zit. als «Empire».)
Hardt, Michael und Toni Negri (2004): Multitude. Krieg und De-

mokratie im Empire. Frankfurt am Main, New York, Campus. (zit. als «Multitude»)
Harnecker, Marta. (2002): «Entrevista a Hugo Chavez. El Tránsito pacífico: Un Parto Institucional Muy Doloroso.» Rebelión, http://www.rebelion.org/harnecker/chavez080802.pdf (abgefragt am 12. 2. 2006).
Hartmann, Detlef (2002): «Empire». Linkes Ticket für die Reise nach rechts. Umbrüche der Philosophiepolitik. Hardt/Negri, Sloterdijk, Foucault. Berlin, Hamburg, Göttingen, Assoziation A.
Hauer, Dirk (2000): Auch große Würfe gehen mal daneben. Antonio Negri und Michael Hardt zu Globalisierung, Arbeit und Befreiung, in: ak – analyse + kritik. Zeitung für linke Debatte und Praxis 442, 3.
Hausmann, Friederike (1997): Kleine Geschichte Italiens von 1943 bis heute. Aktualisierte und erweiterte Neuausgabe. Berlin, Verlag Klaus Wagenbach.
Heinrich, Michael (2004): Kritik der politischen Ökonomie. Eine Einführung. Stuttgart, Schmetterling Verlag.
Hess, Henner et.al., Hg. (1988): Angriff auf das Herz des Staates. Soziale Entwicklung und Terrorismus. Zweiter Band. Frankfurt a. M., Suhrkamp.
Historical Materialism? (2005): Historical Materialism. Research in Critical Marxist Theory, Ausgabe 13.4, Leiden (NL), Brill.
Hobsbawm, Eric J. und Napolitano, Giorgio (1977): Auf dem Weg zum ‹historischen Kompromiß›. Ein Gespräch über Entwicklung und Programmatik der KPI. Frankfurt a. M., Suhrkamp.
Holland, Eugene. (1998): «Spinoza and Marx.» cultural logic. An electronic journal of marxist theory & practice, 2.1., http://clogic.eserver.org/2-1/holland.html (abgefragt am 12. 2. 2006).
Holloway, John (1995): Capital Moves, in: Wildcat-Zirkular 21, 47–55.
Holloway, John (1996): Globales Kapital und Nationalstaat. Wildcat-Zirkular: 84–107.
Holloway, John (1996b): Der Abgrund tut sich auf: Aufstieg und Niedergang des Keynesianismus, in: Wildcat-Zirkular (28/29), 21–48.
Holloway, John (1998): Offene Antwort auf einen offenen Brief, in: Wildcat-Zirkular 45, 5–10.
Holloway, John (2002): Die Welt verändern, ohne die Macht zu übernehmen. Münster, Westfälisches Dampfboot.
Holloway, John. (2002b): «Zwölf Thesen über Anti-Macht.» http://www.buko.info/kongress/buko25/holloway.html (abgefragt am 9. 2. 2006). ✪
Holloway, John. (2002c): «Schritte in die falsche Richtung, oder: Mephisto statt Franz von Assisi.» http://www.wildcat-www.de/material/rhe8holl.htm (abgefragt am 12. 2. 2006).
Holloway, John (2003): In the Beginning was the Scream, in: Re-

volutionary Writing. Common Sense Essays in Post-Political Politics, herausgegeben von W. Bonefeld, 15–24.
Holloway, John (2004): Aufhören, den Kapitalismus zu machen, in: grundrisse.zeitschrift für linke theorie & debatte 11, 6–12.
Holloway, John (2005): No, in: Historical Materialism 13.4.
Holloway, John (2006): Die zwei Zeiten der Revolution. Würde, Macht und die Politik der Zapatistas. Mit einer Einleitung von Jens Kastner. Wien, Turia + Kant.
Holloway, John und Toni Negri (2006): Die Revolution hat bereits begonnen. Ein Gespräch mit John Holloway und Antonio Negri von Vittorio Sergi und Marcello Tarì von Uninomade, in: ak – analyse + kritik. Zeitung für linke Debatte und Praxis, 504.
Holloway, John und Sol Picciotto (1977): Capital, Crisis and the State, in: Capital & Class 2, 76–101.
ID-Archiv im IISG / Amsterdam, Hg. (1993): Die Früchte des Zorns. Texte und Materialien zur Geschichte der Revolutionären Zellen und der Roten Zora. Berlin, Edition ID-Archiv.
Il Manifesto (1972): Für eine organisierte politische Bewegung. Berlin, Merve.
Immaterial Workers of the World. (o. J.): «Was soll ich dir raten?» www.labournet.de/diskussion/arbeit/iww.htm (abgefragt am 2. 3. 2006). ✪
Indianer (1978): Indianer und P38. Italien: Ein neues '68 mit anderen Waffen. München, Trikont.
Internationale Sozialistische Publikationen (1974): Pierburg – Neuss. «Deutsche und ausländische Arbeiter – ein Gegner – ein Kampf». Hamburg, Internationale Sozialistische Publikation.
Jost, Annette (1978): Italien – Kommunisten an der Macht, in: Eurokommunismus. Fakten, Analysen, Interviews, herausgegeben von H. Timmermann, 65–95.
Kallscheuer, Otto (1986): Marxismus und Erkenntnistheorie in Westeuropa. Eine politische Philosophiegeschichte. Frankfurt a. M. / New York, Campus.
Karakayali, Serhat (2005): Lotta Continua in Frankfurt, Türkenterror in Köln. Migrantische Kämpfe in der Bundesrepublik, in: grundrisse.zeitschrift für linke theorie & debatte 14, 48–55.
Karlhuber, Petra und Beat Weber (2002): Ursprüngliche Akkumulation im Postfordismus, in: grundrisse.zeitschrift für linke theorie & debatte 2, 21–26.
Karlsruher Stadtzeitung (1985): Karlsruher Stadtzeitung: Reprint wichtiger Artikel aus den letzten drei Jahren. Karlsruhe, Karlsruher Stadtzeitung.
Kebir, Sabine (1991): Gramsci's Zivilgesellschaft. Alltag – Ökonomie – Kultur – Politik. Hamburg, VSA-Verlag.
Knittler, Käthe (2006): Zur feministischen Kritik an der Marxschen Arbeitswertlehre. Diplomarbeit am Institut für Volkswirtschaft der Wirtschaftsuniversität Wien.

kolinko. (2001): «Klassenzusammensetzung», in: http://www.nadir.org/nadir/initiativ/kolinko/deut/d_klazu.htm (abgefragt am 12. 2. 2006).

kolinko (2002): hotlines – Callcenter. Untersuchung. Kommunismus. Oberhausen, kolinko. ✪

Kongreßlesebuch-Gruppe, Hg. (1995): Der Stand der Bewegung. 18 Gespräche über linksradikale Politik. Lesebuch zum Autonomie-Kongreß Ostern 1995. Berlin, Kongreßlesebuch-Gruppe.

kpD und Kleines Postfordistisches Drama (2005): Prekarisierung von KulturproduzentInnen und das ausbleibende «gute Leben», in: arranca! für eine linke Strömung (32), 23–25.

Kühberger, Leo (2004): we make history. bewegungen – widerstand – GLOBAL – institutionen – kapitalismus. graz, grüne akademie / crew 8020.

Lanza, Luciano (1998): Bomben und Geheimnisse. Geschichte des Massakers von der Piazza Fontana. Hamburg, Edition Nautilus.

Lay, Conrad (1980): Das tägliche Erdbeben. Ein Bericht über die Stadt Neapel: Arbeitslosigkeit, Schmuggel, Mafia, Revolten. Berlin, Wagenbach.

Lazzarato, Maurizio (1998a): Immaterielle Arbeit. Gesellschaftliche Bedingungen unter den Bedingungen des Postfordismus, in: Umherschweifende Produzenten. Immaterielle Arbeit und Subversion, herausgegeben von T. Atzert, 39–52. ✪

Lazzarato, Maurizio (1998b): Verwertung und Kommunikation. Der Zyklus immaterieller Produktion, in: Umherschweifende Produzenten. Immaterielle Arbeit und Subversion, herausgegeben von T. Atzert, 53–65.

Lee, Frederic S. (2001): Conference of Socialist Economists and the Emergence of Heterodox Economics in Post-War Britain, in: Capital & Class 75, 15–40.

Levi, Carlo (1983): Worte sind Steine. Drei Reisen nach Sizilien. München, Deutscher Taschenbuch Verlag.

Lotta Continua (1972): Nehmen wir uns die Stadt! Klassenanalyse, Organisationspapier, Kampfprogramm. Beiträge der Lotta Continua zur Totalisierung der Kämpfe. München, Trikont.

Lucas, Erhard (1976): Zwei Formen des Radikalismus in der deutschen Arbeiterbewegung. Frankfurt / Main, Verlag Roter Stern.

Ludwig, Gundula und Birgit Mennel (2005): Ganz normal prekär? Feministische Aspekte von Arbeits- und Lebensverhältnissen, in: grundrisse.zeitschrift für linke theorie & debatte 14, 31–34.

Mantelli, Brunello (1999): Kurze Geschichte des italienischen Faschismus. Berlin, Wagenbach.

Marazzi, Christian (1998): Der Stammplatz der Socken. Die linguistische Wende der Ökonomie und ihre Auswirkungen in der Politik. Zürich, Seismo.

Materialien (1993): Strategien der Unterwerfung – Strategien der Befreiung, in: Materialien für einen neuen Antiimperialismus Nr. 5. Berlin, Schwarze Risse.

Mayer, David. (2002): «Hardt und Negri und das ‹Empire›. Des Anarchismus letzter Seufzer.» Der Funke, 45, http://www.derfunke.at/zeitung/f45/empire.htm (abgefragt am 1. 5. 2006).

Mezzadra, Sandro (2002): DeriveApprodi: Abdrift und Ankunft: Die soziale Bewegung auf dem Weg in ihre europäische Dimension, in: Fantomas. magazin für linke debatte und praxis (2), 38–41.

Midnight Notes. (1990): «The New Enclosures.» http://www.midnightnotes.org/newenclos.html (abgefragt am 14. 5. 2006).

Miliband, Ralph (1972): Der Staat in der kapitalistischen Gesellschaft. Eine Analyse des westlichen Machtsystems. Frankfurt a. M., Suhrkamp.

Miliband, Ralph und Nicos Poulantzas (1976): Kontroversen über den kapitalistischen Staat. Berlin.

Möller, Carola (2001): Immaterielle Arbeit - die neue Dominante in der Wertschöpfungskette, in: UTOPIE kreativ (Juni 2001): 517–524.

Montag, Warren (2004): Der neue Spinoza, in: Immaterielle Arbeit und imperiale Souveränität. Analysen und Diskussionen zu Empire, herausgegeben von T. Atzert und J. Müller, 29–44. ✪

Montano, Mario (1988): Bemerkungen zur internationalen Krise, in: Thekla 10, 40–66.

Moreau, Pierre-Francois (1994): Spinoza. Versuch über die Anstößigkeit seines Denkens. Frankfurt a. M., Fischer.

Moulier-Boutang, Yann (1993): Interview mit Yann Moulier-Boutang, in: Materialien: 29–55.

Müller, Jost (2004): Die kritischen Intellektuellen und die Vergesellschaftung der Intelligenz. Einige Hinweise auf Geschichte und Theorie der Massenintellektualität, in: Immaterielle Arbeit und imperiale Souveränität. Analysen und Diskussionen zu Empire, herausgegeben von T. Atzert and J. Müller, 117–145.

Müller, Leo A. (1991): Gladio – das Erbe des Kalten Krieges. Reinbek bei Hamburg, Rowohlt Taschenbuch Verlag.

Murphy, Timothy S. und Abdul-Karim Mustapha, Hg. (2005): Resistance in Practice. The Philosophy of Antonio Negri. London, Pluto Press.

Negri, Toni (1972): Zyklus und Krise bei Marx. Berlin, Merve.

Negri, Toni (1973): Krise des Plan-Staats, Kommunismus und revolutionäre Organisation. Berlin (West), Merve.

Negri, Toni (1977): Staat in der Krise. Berlin, Merve.

Negri, Toni (1980): Il Comunismo e la Guerra. Milano, Feltrinelli.

Negri, Toni. (1982): «Archaeology and Project. The Mass Worker and the Social Worker.» http://www.geocities.com/cordobakaf/massworker.html (abgefragt am 26. 1. 2006).

Negri, Toni (1982): Die wilde Anomalie. Spinozas Entwurf einer freien Gesellschaft. Berlin, Wagenbach.

Negri, Toni (1989): The Politics of Subversion: A Manifesto for the Twenty-First Century. Cambridge, Polity.

Negri, Toni (1991): Marx beyond Marx. Lessons on the Grundrisse. Brooklyn, Autonomedia.

Negri, Toni (1998): Ready-Mix. Vom richtigen Gebrauch der Erinnerung und des Vergessens. Berlin, b_books.

Negri, Toni (1998b): Repubblica Costituente. Umrisse einer konstituierenden Macht, in: Umherschweifende Produzenten. Immaterielle Arbeit und Subversion, herausgegeben von T. Atzert, 67–81.

Negri, Toni (1999): Insurgencies: Constituent Power and the Modern State. Minneapolis, London, University of Minnesota Press.

Negri, Toni (2002): Die Niederlage von 1977, in: Die goldene Horde. Arbeiterautonomie, Jugendrevolte und bewaffneter Kampf in Italien, herausgegeben von N. Balestrini and P. Moroni, 390–396.

Negri, Toni. (2002b): «The Imperialist backlash on Empire. 9/11: a clash in the Western mind. Antonio Negri interviewed by Ida Dominijanni.» http://www.generation-online.org/t/backlash.htm (abgefragt am 10. 4. 2006).

Negri, Toni (2003a): Eine ontologische Definition der Multitude, in: Kritik der Weltordnung. Globalisierung, Imperialismus, Empire, herausgegeben von T. Atzert und J. Müller, 111–125.

Negri, Toni (2003b): Constituent Republic, in: Revolutionary Writing. Common Sense Essays in Post-Political Politics, herausgegeben von W. Bonefeld, 243–253.

Negri, Toni (2003c): Time for Revolution. London, New York, continuum.

Negri, Toni (2004): Subversive Spinoza. (Un)Contemporary Variations. Edited by Timothy S. Murphy. Manchester / New York, Manchester University Press.

Negri, Toni. (2004b): «Postface to the Complete Text of the Journal Futur Antérieur (1989–98).» http://multitudes.samizdat.net/Postface-to-the-Complete-Text-of.html (abgefragt am 15. 5. 2006).

Negri, Toni (2005): Books for Burning. London, New York, Verso.

Negri, Toni und Michael Hardt (1997): Die Arbeit des Dionysos. Materialistische Staatskritik in der Postmoderne. Berlin, Edition ID-Archiv. Auch hier: http://www.nadir.org/nadir/archiv/Diverses/pdfs/negri_dionysos ✪

Panzieri, Raniero (1972): Mehrwert und Planung, in: Spätkapitalismus und Klassenkampf. Eine Auswahl aus den Quaderni Rossi, herausgegeben von C. H. Pozzoli, 56–86.

Pop, Paul (2005): Rot-Schwarze Flitterwochen: Marx und Kropotkin für das 21. Jahrhundert, in: grundrisse.zeitschrift für linke theorie & debatte 14, 35–47.

Potere Operaio (1972): Was ist Arbeitermacht? Materialien zur Kaderbildung. Berlin, Merve.

Pozzoli, Claudio, Hg. (1972): Spätkapitalismus und Klassenkampf. Eine Auswahl aus den «Quaderni Rossi». Frankfurt a. M., Europäische Verlagsanstalt.

precarias a la deriva. (2004): «Streifzüge durch die Kreisläufe feminisierter prekärer Arbeit.» http://www.republicart.net/disc/precariat/precarias01_de.htm (abgefragt am 11. 5. 2006).

Priester, Karin (1972): Der italienische Faschismus. Ökonomische und ideologische Grundlagen. Köln, Pahl-Rugenstein.

Projektgruppe Ruhrgebietsanalyse (1973): Opel streikt. Ausbeutung und Kämpfe bei Opel. Bochum, Projektgruppe Ruhrgebietsanalyse.

Quaderni Rossi (1972): Arbeiteruntersuchung und kapitalistische Organisation der Produktion. München, Trikont.

Que faire, Hg. (1972): Klassenkämpfe in Frankreich seit dem Mai 1968. Berlin, Merve.

Radikal (1996): 20 Jahre radikal. Geschichte und Perspektiven autonomer Medien. Hamburg, Münster, Berlin, Verlag Libertäre Assoziation, Unrast Verlag, Schwarze Risse / Rote Straße, Edition ID-Archiv.

Rajchenberg, Enrique und Carlos Fazio (2001): Rebellion X. Das Jahr des Streiks an der Universität in Mexiko-Stadt. Münster, UNRAST-Verlag.

Ramirez, Bruno (1988): Der Kampf der Arbeiterklasse gegen die Krise. Die eigenmächtige Herabsetzung der Preise in Italien, in: Thekla 10, 147–153.

Raunig, Gerald (2002): Transversale Multituden, in: Transversal. Kunst und Globalisierungskritik., herausgegeben von G. Raunig, 11–18.

Raunig, Gerald. (2005): «La inseguridad vencerá. Streethacking und antiprekärer Aktivismus in Barcelona.» http://nadir.org/nadir/kampagnen/euromayday-hh/de/2005/03/83.shtml (abgefragt am 15. 5. 2006).

Raunig, Gerald (2006): Einige Fragmente über Maschinen, in: grundrisse.zeitschrift für linke theorie & debatte 17, 41–49.

Regini, E. und Reyneri, E. (1973): Akkord, Lohn, Qualifikation als Kampfinhalte italienischer Arbeiter. München, Trikont.

Reitter, Karl (2003): Wo wir stehen. Überlegungen zu John Holloways Buch «Die Welt verändern ohne die Macht zu übernehmen», in: grundrisse.zeitschrift für linke theorie & debatte 6/2003, 13–27.

Reitter, Karl (2005): Multitude & Empire, oder: Negris gar nicht so heimlicher Spinozismus, in: grundrisse.zeitschrift für linke theorie & debatte 14, 20–30.

Reitter, Karl (2006): Das Kapital wieder lesen. Eine Alternative zur wertkritischen Interpretation, in: grundrisse.zeitschrift für linke theorie & debatte 17, 13–27. ✪

Renshaw, Patrick (1999): The Wobblies. The Story of the IWW and Syndicalism in the United States. Chicago, Ivan D. Dee.

Revel, Judith (2004): Devenir-femme der Politik, in: Immaterielle Arbeit und imperiale Souveränität. Analysen und Diskussio-

nen zu Empire, herausgegeben von T. Atzert und J. Müller, 255–262.
Rieland, Wolfgang (1974): Einleitung des Herausgebers, in: Alquati, Romano: Klassenanalyse als Klassenkampf. Arbeiteruntersuchungen bei FIAT und OLIVETTI, herausgegeben von W. Rieland.
Rieland, Wolfgang (1977): Organisation und Autonomie. Die Erneuerung der italienischen Arbeiterbewegung. Frankfurt a. M., Verlag Neue Kritik.
Rieland, Wolfgang (Hg.) (1970): FIAT-Streiks. Massenkampf und Organisationsfrage. München, Trikont.
Rifondazione Comunista. (2004): «So wird ein Schaden für die gesamte Bewegung hervorgerufen.» http://antifa.unihannover.tripod.com/PRC-Bewegungsschaden.htm (abgefragt am 28. 1. 2006).
Rote Armee Fraktion (1997): Texte und Materialien zur Geschichte der RAF. Berlin.
Roth, Karl Heinz (1994): Die Wiederkehr der Proletarität. Dokumentation einer Debatte. Köln, Neuer ISP Verlag.
Roth, Karl Heinz (2005): Der Zustand der Welt. Gegen-Perspektiven. Hamburg, VSA-Verlag. ✪
Roth, Karl Heinz und Elisabeth Behrens (1977): Die «andere» Arbeiterbewegung und die Entwicklung der kapitalistischen Repression von 1880 bis zur Gegenwart. Ein Beitrag zum Neuverständnis der Klassengeschichte in Deutschland. München, Trikont.
Sablowski, Thomas (1998): Italien nach dem Fordismus. Regulation und organische Krise einer kapitalistischen Gesellschaftsformation. Münster, Westfälisches Dampfboot.
Scalzone, Oreste. (2005): «Negris ‹Ja› zum Europäischen Verfassungsvertrag: Scalzones Einwände. Interview von Massimo Nava.» http://antifa.unihannover.tripod.com/Scalzone_contra_Negri.htm (abgefragt am 15. 6. 2006).
Schultz, Susanne (2002): Aufgelöste Grenzen und «affektive Arbeit». Über das Verschwinden von Reproduktionsarbeit und feministischer Kritik in Empire, in: Fantomas. magazin für linke debatte und praxis (2/2002), 13–16.
Schultze, Thomas und Almut Gross (1997): Die Autonomen. Ursprünge, Entwicklung und Profil der Autonomen. Hamburg, Konkret Literatur Verlag.
Schulze, Bodo (1989): Autonomia - Vom Neoleninismus zur Lebensphilosophie. Über den Verfall einer Revolutionstheorie, in: Archiv für die Geschichte des Widerstandes und der Arbeit 10, 141–170.
Segre, Sergio (1978): Antworten von Sergio Segre (KPI), in: Eurokommunismus. Fakten, Analysen, Interviews, herausgegeben von H. Timmermann, 181–187.
Silver, Beverly J. (2005): Forces of Labor. Arbeiterbewegungen und Globalisierung seit 1870. Berlin/Hamburg, Assoziation A. ✪
Spinoza, Baruch de (1977): Die Ethik. Lateinisch/Deutsch. Stuttgart, Philipp Reclam jun.

Spinoza, Baruch de (1994): Theologisch-politischer Traktat, herausgegeben.
Steffen, Michael (2002): Geschichten vom Trüffelschwein. Politik und Organisation des Kommunistischen Bundes 1971 bis 1991. Berlin/Hamburg/Göttingen, Assoziation A.
Stubbe, Lars (2003): Die Asymmetrie der Gegenmacht. Zur Perspektive sozialer Kämpfe in Argentinien: colectivo situaciones im Gespräch, in: ak – analyse + kritik. Zeitung für linke Debatte und Praxis 477, 3.
Teile der Moltitudine. (2005): «Der traurige Epos der Senza Volto. Offener Brief an die Bewegung der Bewegungen.» http://antifa.unihannover.tripod.com/Trauerspiel_Senza_Volto.htm (abgefragt am 15. 5. 2006).
Thekla 10 (1988): Zerowork. Politische Materialien zum nordamerikanischen und internationalen Klassenkampf. Berlin, Sisina.
Thompson, Edward P. (1987): Die Entstehung der englischen Arbeiterklasse. Zwei Bände. Frankfurt a. M., Suhrkamp.
Timmermann, Heinz, Hg. (1978): Eurokommunismus. Fakten, Analysen, Interviews. Informationen zur Zeit. Frankfurt a. M., Fischer Taschenbuch Verlag.
Togliatti, Palmiro (1958): Der Leninismus im Denken und Handeln von Antonio Gramsci. Notizen für einen Beitrag auf einer Konferenz über Antonio Gramsci in Rom vom 11. bis 13. Januar 1958, in: Antonio Gramsci heute. Aktuelle Perspektiven seiner Philosophie, herausgegeben von H. H. Holz and G. Prestipino, 140–163.
Tronti, Mario (1974): Arbeiter und Kapital. Frankfurt a. M., Verlag Neue Kritik. Das empfehlenswerte Kapitel «Fabrik und Gesellschaft» findet sich hier: http://www.wildcat-www.de/dossiers/operaismus/qr2_tron.htm. ✪
Tronti, Mario (2002): Lenin in England, in: Die goldene Horde. Arbeiterautonomie, Jugendrevolte und bewaffneter Kampf in Italien, herausgegeben von N. Balestrini and P. Moroni, 86–93.
Venita, Simonetta (1999): Interview von Kerstin Kellermann mit Venita Simonetta, in: an.schläge. Das feministische Magazin (Oktober 1999), 22–23.
Viale, Guido (1979): Die Träume liegen wieder auf der Straße. Offene Fragen der deutschen und italienischen Linken nach 1968. Berlin, Wagenbach.
Virno, Paolo (1996): Virtuosity and Revolution: The Political Theory of Exodus, in: Radical Thought in Italy. A Potential Politics, herausgegeben von P. Virno and M. Hardt, 189–210.
Virno, Paolo (1998): Do You Remember Counterrevolution? Soziale Kämpfe und ihr Double, in: Umherschweifende Produzenten. Immaterielle Arbeit und Subversion, herausgegeben von T. Atzert, 83–111. ✪
Virno, Paolo. (2002): «General Intellect, Exodus, Multitude.» www.generation-online.org/p/fpvirno2.htm (abgefragt am 14. 4. 2006).

Virno, Paolo (2004): Wenn die Nacht am tiefsten ... Anmerkungen zum General Intellect, in: Immaterielle Arbeit und imperiale Souveränität. Analysen und Diskussionen zu Empire, herausgegeben von T. Atzert and J. Müller, 148–155.

Virno, Paolo (2005): Grammatik der Multitude. Öffentlichkeit, Intellekt und Arbeit als Lebensformen. Mit einem Anhang: Die Engel und der General Intellect. Individuation bei Duns Scotus und Gilbert Simondon. Wien, Turia + Kant.

Virno, Paolo und Michael Hardt, Hg. (1996): Radical Thought in Italy. A Potential Politics. Minneapolis, London, University of Minnesota Press.

Votsos, Theo (2001): Der Begriff der Zivilgesellschaft bei Antonio Gramsci. Hamburg, Argument.

Wallerstein, Immanuel (2002): Utopistik. Historische Alternativen des 21. Jahrhunderts. Wien, Promedia.

Weiss, Stefanie (2006): «Lass' uns nach Genua fahren ...» Gegenkultur, Aktionsformen und Körperlichkeit in der globalisierungskritischen Bewegung in Italien. Diplomarbeit am Institut für Politikwissenschaft an der Unviersität Wien.

Werlhof, Claudia von (1983): Der Proletarier ist tot, es lebe die Hausfrau?, in: Frauen die letzte Kolonie, herausgegeben von V. Bennholdt-Thomsen, M. Mies and C. v. Werlhof.

Wildcat (1995): Renaissance des Operaismus?, in: Wildcat 64/65, März 1995, 99–110.

Wildcat (1997): Offener Brief an John Holloway, in: Wildcat-Zirkular 39: 31–44.

Wildcat. (2001b): «Antirassistische Mobilisierung und Selbstorganisation der MigrantInnen in Italien.» http://www.wildcat-www.de/material/m008a3fe.htm (abgefragt am 11. 2. 2006).

Wildcat (2003): Forces of Labor: Die ArbeiterInnen und die Globalisierung, in: Wildcat 67, 56–59.

Wildcat. (2003b): «Argentinien: Räumung verhindert – Zanon gehört den Arbeitern!» http://www.wildcat-www.de/aktuell/a027arge.htm (abgefragt am 15. 4. 2006).

Wildcat, (Hg.) (2001): Demaskiert die WEISSEN ÜBERZIEHER, in: Wildcat-Zirkular 59/60 (Juli/August 2001), 57–62.

Wright, Steve (2005): Den Himmel stürmen. Eine Theoriegeschichte des Operaismus. Berlin, Assoziation A. ✪

Wright, Steve. (2005a): «Reality Check: Are We Living in an Immaterial World?» http://www.metamute.com/look/article.tpl?IdLanguage=1&IdPublication=1&NrIssue=30&NrSection=10&NrArticle=1553 (abgefragt am 1. 4. 2006).

Wright, Steve. (o. J.): «A Party of Autonomy?» http://libcom.org/library/party-autonomy-steve-wright (abgefragt am 15. 2. 2006).

Wunderle, Michaela, Hg. (1977): Politik der Subjektivität. Texte der italienischen Frauenbewegung. Frankfurt a. M., Suhrkamp.

Janis Schmelzer:

IG Farben.

Vom Rat der Götter – Aufstieg und Fall

200 Seiten, 14.80 EUR,
broschiert,
ISBN 3-89657-469-8

Die Verbrechen der Manager der IG Farben in zwei verheerenden Weltkriegen sind belegt und weltweit bekannt, weniger jedoch die Methoden, Kunstgriffe und Maßnahmen, die zu ihrer Machtfülle und zu deren Missbrauch führten. Genau davon ist in Janis Schmelzers neuem Buch vorrangig die Rede.

Seine Darstellung möchte einen wesentlichen Beitrag zum Verständnis des Phänomens IG FARBEN leisten, vor allem dazu, wie ein gut bürgerliches, international anerkanntes Unternehmen sich zum NS-Musterbetrieb entwickeln konnte. Die Geschichte des größten Chemiekonzerns Europas umfasst das Werden der Vorläufer des Konzerns von der Jahrhundertwende über die Gründung des «Gemeinschaftsrates» (Rat der Götter») mitten im 1. Weltkrieg, dessen Wirken bis zum endgültigen Zusammenschluß und sein Verfall 1937/38. Das Jahr 1932 wird als Weichenstellung für den weiteren Werdegang des Konzerns gekennzeichnet. Dabei war die Orientierung des Heereswaffenamtes auf die Kriegswürdigkeit des synthetischen Benzin von ausschlaggebender Bedeutung.

Anliegen des Autors ist es, nicht nur Personen mit Vor- und Sachkenntnis zu erreichen, sondern vor allem auch LeserInnen zu gewinnen, die noch nie von der IG Farben gehört haben, oder andere, die wissen möchten, was die IG Farben waren, welche Rolle sie spielten und weshalb es wichtig ist, sich auch heute noch mit diesem außergewöhnlichen Monopol zu beschäftigen.

schmetterling verlag

Brigitte Kiechle

Das Kriegsunternehmen Irak – Eine Zwischenbilanz

Ca. 300 Seiten, broschur,
ca. 16.80 EUR,
ISBN 3-89657-569-4

Alle von den USA genannten Kriegsgründe haben sich als Lügen erwiesen. Der irakischen Bevölkerung hatte die US-Regierung Demokratie, Freiheit und Menschenrechte versprochen. Was ist davon fast drei Jahre nach der Invasion in Sicht? Befindet sich das Land nicht eher in einer nicht enden wollenden Gewaltspirale? Sind Falludscha und Abu Ghraib nicht zu einem Synonym für den Terror der Besatzer geworden?

Die militärischen Auseinandersetzungen verdecken den von der Besatzerseite zielgerichtet betriebenen Nation-Building-Prozeß, mit dem v.a. für die künftige Wirtschaftsordnung schwer widerrufliche Fakten geschaffen werden sollen. Das große Plündern hat bereits begonnen.

Im Irak überlagern sich heute viele Konflikte, die eine differenzierte Analyse erfordern. Der breiten Unterstützung des Widerstandes gegen die Besatzung steht eine ebenso weite Ablehnung des willkürlichen Terrors gegen die Zivilbevölkerung entgegen. Wenige soziale Kräfte, wie die Gewerkschaften und Frauenbewegung, stehen gegen eine gewollte religiöse Spaltung der Gesellschaft und versuchen die Ausseinandersetzungen entlang sozialer Fragen zu führen.

In ihrem neuen Buch zum Irak geht Brigitte Kiechle daher ausführlich auf den hier wenig beachteten Widerstand von Gewerkschaften, Arbeitslosen- und Frauenorganisationen sowie Selbstorganisationsstrukturen ein.

schmetterling verlag